Martin Simon

Der große IQ-Trainer

Martin Simon

Der große IQ-Trainer

Die besten Aufgaben, die je gestellt wurden.

FRANZIS
BRAINBOOKS

Layout & DTP: Presse- & Verlagsservice Martin Simon
Bildnachweis: © 2009 jupiterimages
art & design: www.ideehoch2.de
Druck: Neografia, a.s.
Printed in Slovakia

ISBN 978-3-7723-**1827-6**

Einführung

Was ist der IQ? Welche Arten von Intelligenz gibt es? Was muss bei Tests beachtet werden? Fast jeder kann seinen IQ verbessern!

ab Seite 7

Einstiegs-IQ-Test

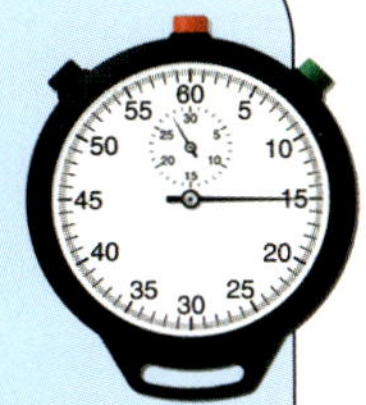

Machen Sie diesen Test, noch bevor Sie mit den Übungen beginnen. Er dient einem späteren Leistungsvergleich.

ab Seite 22

IQ-Übungen I

→ leichte Aufgaben

Lernen Sie zunächst die Vielfalt der typischen IQ-Fragen auf leichtem Niveau kennen.

ab Seite 44

IQ-Übungen II

→ mittelleichte Aufgaben

Im zweiten Übungsabschnitt sind Sie schon etwas sicherer.

ab Seite 100

IQ-Übungen III

→ mittelschwere Aufgaben

Mit zunehmender Vertrautheit werden auch die IQ-Rätsel anspruchsvoller.

ab Seite 156

IQ-Übungen IV

→ schwere Aufgaben

Knifflige IQ-Aufgaben für Hochbegabte!

ab Seite 212

Abschluss-IQ-Test

Sind Sie neugierig, wie sehr Sie sich durch die Übungen verbessern konnten?
Dieser Test zeigt es Ihnen.

ab Seite 268

Lösungen inkl. Erklärungen!

Nicht bloße Lösungsbuchstaben, sondern auch Erklärungen! Denn je mehr Sie am Ende verstehen, desto besser sind Sie beim nächsten Mal vorbereitet.

ab Seite 290

Vorwort

Herzlich willkommen bei unserem großen, farbigen IQ-Trainer. Schön, dass Sie sich für dieses Buch entschieden haben. Es soll Ihnen helfen, Ihre kognitiven Fähigkeiten selbst besser einzuschätzen, es soll Ihnen zeigen, wo Sie nachbessern können, und nicht zuletzt soll es Sie auch auf Intelligenztests im Berufsleben vorbereiten. Personalchefs greifen vor einer Neueinstellung gern zu diesem Mittel, doch wer ist heute noch lebenslang für lediglich einen Arbeitgeber tätig? Gut möglich also, dass Sie häufiger in die Verlegenheit kommen werden, einen solchen Test zu absolvieren. Umso besser, wenn man dann gewappnet ist und mit trainiertem Kopf zu Werke gehen kann.

Denn um Training dreht sich alles auf den nachfolgenden Seiten. Verstehen Sie dieses Buch einfach als eine „Hantel fürs Gehirn" – jedoch mit deutlich geringerem Gewicht und sogar bequem im Wohnzimmersessel oder gar während einer Zugfahrt zu bearbeiten. Sie benötigen lediglich Interesse am reinen, vorbedingungsfreien Rätseln und einen wachen Geist. Eine ruhige Umgebung und eine ordentliche Portion Gelassenheit sind dem Lernerfolg mit diesem Buch ebenfalls zuträglich.

Wer sportlich aktiv ist, weiß, dass wir bei Training und Wettkämpfen viel über uns selbst, unsere Fähigkeiten und unsere Grenzen lernen. Das kann sehr erfüllend, bisweilen aber auch recht unangenehm sein, wenn die Latte auch zum wiederholten Mal gerissen wird, weil der Sprung über eine bestimmte Höhe partout nicht gelingen will. Bei einem Intelligenztraining ist das nicht anders. Wenn Sie daher einmal eine Aufgabe nicht lösen können: nur nicht die Flinte ins Korn werfen!

Sie sollten sich immer darüber bewusst sein, dass in jeder Testsituation zwei Dinge mit im Raum stehen: zum einen die Neugier, etwas über sich selbst in Erfahrung zu bringen und sich zu beweisen, zum anderen die Angst, den gestellten Anforderungen nicht zu genügen. Bei manchen Intelligenztests wird die Leistung am Ende sogar in einem einzigen Zahlenwert, dem Intelligenzquotienten, zusammengefasst. Sehr praktisch, aber eben auch nicht ganz frei von Unbehagen. Was ist, wenn die Zahl zu gering ausfällt? Habe ich dann Grund, an meiner Intelligenz zu zweifeln?

So einfach liegen die Dinge glücklicherweise nicht. Bevor es daher richtig an das Lösen der Aufgaben geht, beschäftigen wir uns auf den folgenden Seiten zunächst kurz damit, was Intelligenz eigentlich ist, wie Intelligenztests aufgebaut sind und was deren Ergebnisse eigentlich beschreiben. Die Lektüre lohnt sich, Sie können gefasster an jedes zukünftige Testat gehen, denn Ihre Persönlichkeit mitsamt ihrer ganz eigenen Intelligenz ist viel zu komplex und einmalig, als dass sie sich in eine Zahl zwängen ließe. Na, wenn das keine positiv stimmende Erkenntnis ist!

Spielerische Herausforderungen und viel Freude mit diesem Buch wünscht Ihnen

Ihr Martin Simon

Alles nur eine Frage der Intelligenz?

„Schön, witzig und intelligent soll er/sie sein.“ Wie oft liest man das in Kontaktanzeigen? Mit der Schönheit verhält es sich da noch recht einfach, das Risiko liegt bei 50 zu 50. Was nicht passt, wird vor dem heimischen Spiegel einfach etwas „nachgearbeitet“, der Rest liegt von jeher im Auge des Betrachters. Witz ist da schon kniffliger, weil es den Humor des Gegenübers zu treffen gilt. Mit etwas Schlagfertigkeit steigen die Chancen hier exponentiell. Doch Obacht, wenn Sie zu viel des Guten einsetzen, ist Ihr Schwarm womöglich „ganz erschlagen“ von Ihnen. Aber Intelligenz? Auf diese Eigenschaft scheint ja alles hinzulaufen: Wer als intelligent gilt, genießt mehr Beachtung und hat Erfolg. Intelligenz ist also zweckdienlich wie Schönheit und Witz und dem Menschen als Wesensmerkmal innewohnend. Wie Schönheit und Witz ist sie „tagesformabhängig“ und glücklicherweise auch beeinflussbar. Wenn sie nur nicht so schwer zu beschreiben wäre!

Versuchen wir es mit einem bildhaften Vergleich. Nach dem Flirten geht es jetzt jedoch in die schnöden Niederungen der Technik: Sicherlich haben Sie schon einmal an einem Computer gesessen. Im Innern dieser Geräte werkelt die sogenannte Hardware, das sind zum Beispiel Prozessoren, Transistoren, Festplatten, Arbeitsspeicher und dergleichen mehr. Die Hardware bildet die technische Ausgangsbasis dafür, was ein Computer an Rechenvorgängen zu leisten imstande ist und was nicht. Auf dem Computer sind diverse Anwendungsprogramme installiert, die sogenannte Software. Mit diesen Programmen lassen sich ganz konkrete Aufgaben erledigen, beispielsweise kann man Informationen aus dem Internet abrufen, digitale Fotografien bearbeiten oder Texte wie diesen hier verfassen. Hard- und Software werden von einem Betriebssystem miteinander verbunden. Hier wird bestimmt, wie und wo welche eingegebenen Daten technisch verarbeitet und abgespeichert werden. Das Betriebssystem ist zum Arbeiten mit dem Computer zwingend erforderlich. Es bestimmt außerdem maßgeblich, wie die Arbeitsvorgänge auf dem Monitor des Computers dargestellt werden. Ein wenig „Chic“ ist also ebenfalls mit von der Partie.

Übertragen wir das einmal auf einen „Computer aus Fleisch und Blut“ aus der Gattung Homo sapiens: Was der Mensch vermag, seine physische und intellektuelle „Grundausstattung", kurz, seine Fähigkeiten, das ist die Hardware des Menschen. Eine konkrete Technik oder Kenntnisse zum Lösen einer Aufgabe erlernt zu haben und bei Bedarf abzurufen, das ist die Software des Menschen. Einen Bedarf als solchen zu erkennen, dementsprechende Techniken und Kenntnisse abzurufen und dabei Physis und Intellekt richtig dosiert und zielorientiert einzusetzen, dazu bedarf es eines menschlichen Betriebssystems. Das ist die Intelligenz.

Für viele Aufgabenstellungen im Leben gibt es verschiedene Wege zu einer Lösung. Mancher davon ist besonders schnell, benutzt eine ungewöhnliche Technik oder fällt anderweitig den Mitmenschen als „smart" auf. Dann wird Intelligenz im sozialen Über-, Unter- und Miteinander relevant, dann kommt der „Chic" ins Spiel, dann ist unser Verhältnis zur Intelligenz nicht mehr neutral. Vielmehr wird die Angelegenheit recht kompliziert: Dem Intelligenten schreibt man Bedeutung zu, die Fähigkeiten und Kenntnisse des weniger Smarten werden dagegen gar in Zweifel gezogen. Dabei führen viele Wege nach Rom, ist es doch alles nur eine Frage der Vernetzung beziehungsweise des menschlichen Betriebssystems. Mit anderen Worten, NUR eine Frage der Intelligenz.

Was ist eigentlich Intelligenz?

Nicht jedem Leser wird der Mensch-Maschine-Vergleich aus dem vorangegangenen Abschnitt gefallen, jedoch lässt die Intelligenz kaum eine klare Begriffsdefinition zu. Im weiteren Verlauf dieser Einführung werden Sie erfahren, welche Aspekte der Intelligenz man wie testen kann. Doch ist dies immer nur ein wohliges Waten an den seichten Ufern der Empirie. Zum Herzen der Dinge, zum Wesen der Intelligenz gelangt man nicht, denn es sind nur Ausschnitte eines nicht verallgemeinerbaren, da hochgradig subjektiven Ganzen messbar.

Einige Forscher versuchten sich dennoch an theoretischen Beschreibungen. Der Psychologe William Stern definierte Intelligenz als „allgemeine Fähigkeit eines Individuums, sein Denken bewusst auf neue Anforderungen einzustellen, sie ist die allgemein geistige Anpassungsfähigkeit an neue Aufgaben und an neue Bedingungen des Lebens". Stern legte also noch Wert auf die rein kognitiven Fähigkeiten. Der amerikanische Intelligenzforscher David Wechsler hingegen empfand diese Definition als zu eng. Unter seinen Intelligenztest-Probanden, Soldaten im Ersten Weltkrieg, taten sich nämlich immer gerade jene schwer, die sich in den Kampfhandlungen durch besonders viel Kampfgeist, Durchhaltewillen und physische Belastbarkeit hervortaten. Er zog daraus folgende Konsequenzen: Wenn man Intelligenz definieren wollte, musste man es über den Intellekt hinaus tun und sie als handlungsleitende Konstante des menschlichen Lebens beschreiben. Er selbst tat dies so: „Intelligenz ist die globale Befähigung eines Individuums, zweckvoll zu handeln, vernünftig zu denken und sich erfolgreich mit seiner Umwelt auseinanderzusetzen."

Auch diese Definition wirft weitere Fragen, etwa nach Vernunft und Erfolg, auf. Setzt man diese beiden als hochgradig von gesellschaftlichen Normen bestimmt voraus, so ist Intelligenz das persönliche Reservoir an Vermittlungskompetenzen dieser externen, gesellschaftlichen Faktoren mit den persönlichen Kenntnissen und Fähigkeiten eines einzelnen Menschen. Doch warum sprechen wir dann von „Erfolgserlebnis"? In diesem Wort klingt mehr subjektives Gefühl und weniger die öffentliche Anerkennung einer Leistung mit. Die Sache mit der Intelligenz taugt also zumindest dazu, sich in einem Gewirr von Annahmen ordentlich zu verheddern. Es knarrt im Gebälk, das „menschliche Betriebssystem" ist offensichtlich weder perfekt noch gänzlich frei von Fehlfunktionen.

Also zurück zu einem kleineren gemeinsamen Nenner. Einigkeit herrscht darüber, dass sich Intelligenz aus unterschiedlichen geistigen Fähigkeiten zusammensetzt, wie etwa der Fähigkeit, Beziehungen und Zusammenhänge zwischen Sachverhalten zu erfassen und Schlussfolgerungen zu ziehen, Probleme durch Denken zu lösen und sich in neuen Situationen zurechtzufinden. Intelligenztests bestehen deshalb aus vielen Einzeltests, die diese und andere Fähigkeiten unabhängig voneinander untersuchen. Auf dieser Basis lässt sich arbeiten. Natürlich erinnert sie mit ihrer Betonung des Intellekts wiederum sehr an William Stern, Unbehagen angesichts unzulänglicher Personenbeschreibung ist also auch hier vorprogrammiert.

Ob es ratsam ist, Personalentscheidungen oder Wertungen und Urteile im zwischenmenschlichen Miteinander von einer nur recht schwer greifbaren Größe wie der Intelligenz abhängig zu machen, vermag dieses Buch nicht zu klären. Doch sind wir Menschen darauf konzipiert, unsere Umwelt systematisch zu ordnen und das heißt auch zu bewerten. Man muss einer Welt der Zweckdienlichkeiten und Sachzwänge nicht das Wort reden, doch um über sie hinauszudenken, empfiehlt es sich, ihre Regularien und Prämissen zu verstehen und sich gemäß der eigenen Intelligenz und Persönlichkeit optimal darin zu positionieren. Von einem solchen Punkt aus sind weitere Zielmarken samt ihrer moralischen oder sonstigen Einschätzung besser bestimmbar. Einem Lehrbuch wie diesem steht es sicherlich gut zu Gesicht, Sie einer solchen ersten Selbsteinschätzung näherzubringen. Nicht mehr und nicht weniger.

Wie hängen Intelligenz, soziale Herkunft und beruflicher Erfolg zusammen?

Menschen sind unterschiedlich befähigt, Probleme zu lösen und Herausforderungen zu meistern. Unterschiedliche Berufe bedürfen dieser Fähigkeit in unterschiedlichem Maße und auf unterschiedliche Art und Weise.

In den vergangenen Jahren war in der Diskussion um das deutsche Schulsystem viel von einer Bildungsschere zwischen Arbeitern und Akademikern die Rede. Jedoch, für das Verhältnis von Bildung und Intelligenz ist vorrangig die Qualität ihrer Kopplung ausschlaggebend, auf welchem Bildungsniveau auch immer. Einen „schichtspezifischen Intelligenzquotienten" gibt es nicht. Denken Sie einmal an einige Figuren der Weltliteratur: „Kleine Geister", vom braven Soldaten Schwejk bis zu Forrest Gump, sind uns so sympathisch, weil sie die Welt gemäß ihrem von Symbolen und Abstraktionen weitgehend freien Denkrahmen betrachten. Ihre bisweilen abstruse Blüten treibende Weltsicht trägt die Komik in sich, sie erwächst aus einer Echtheit, die uns siebengescheiten Lesern abhanden gekommen ist. Genau diese bestechend simple Intelligenz suchen wir in diesen ironischen Figuren. Don Quixote hingegen ist das genaue Gegenteil, dieser sehr belesene Adlige versteigt sich in eine Traumwelt. Seine Bildung findet keinen Weg ins Hier und Jetzt, er wirkt wie aus der Zeit gefallen. Hier resultiert quasi Intelligenzversagen in satirischer Komik.

In jeder sozialen Schicht finden sich Menschen mit allen möglichen kognitiven Fähigkeiten – von hochintelligenten bis weniger intelligenten Menschen. Auch ist es umgekehrt extrem schwierig, im Einzelfall aufgrund der Intelligenz auf die soziale Herkunft zu schließen. Bei einer Diskussion um die Verteilung der Intelligenz und ihren Stellenwert in der Gesellschaft darf nicht vernachlässigt werden, dass Intelligenztests nicht jene persönlichen Variablen wie Ausdauer und Fleiß erfassen, die ebenfalls ein Kriterium für Erfolg und Karriere darstellen. Um diese Parameter abzubilden, sind andere Tests notwendig. Merke: Intelligenz im herkömmlichen Sinn ist nur eine Facette in der gesamten Bandbreite der Persönlichkeit eines Menschen. Auch wenn es mancher gern anders hätte: Selbst die Wissenschaft räumt ein, dass die gesamte Intelligenz eines Menschen nicht zu messen ist. Die mithilfe eines Tests ermittelte Zahl, der Intelligenzquotient, lässt lediglich Rückschlüsse auf das vorhandene Potenzial eines Menschen zu. Bitte behalten Sie dies auch bei der Aus- und Bewertung des eigenen Tests im Hinterkopf.

Intelligenz und Erfolg sind dennoch eng miteinander verzahnt. Menschen mit niedrigerem Intelligenzquotienten haben weniger oder keinen Erfolg bei Tätigkeiten, die hohe geistige Anforderungen stellen. Hier können weder Ausdauer noch Fleiß die kognitiven Fähigkeiten ersetzen. Im Umkehrschluss darf man jedoch nicht davon ausgehen, dass alle Menschen, die über eine gewisse Intelligenz verfügen, auch erfolgreich sind. Neben den naturgegebenen geistigen Voraussetzungen setzen auch äußere Umstände enge Grenzen für den Erfolg im Leben. Intelligenz kann also die Grundlage einer erfolgreichen Karriere sein, niemals jedoch ein Garant dafür.

Was sind Intelligenztests, und was messen sie?

Die Intelligenzforschung entstand etwa zu Beginn des 20. Jahrhunderts, genauso lange gibt es auch Intelligenztests. Sie bestehen aus Fragen und Aufgaben, bei deren Lösung bestimmte kognitive Fähigkeiten zum Einsatz kommen. Darunter versteht man eine Vielzahl unterschiedlicher persönlicher Fähigkeiten zur Wahrnehmung und Verarbeitung von Informationen. Dazu gehören zum Beispiel: Beobachtungsgabe, Erinnerung, Aufmerksamkeit und Abstraktionsvermögen.

Das heute gebräuchlichste Modell der Intelligenz stammt von Louis Leon Thurstone. Dieser amerikanische Psychologe beschrieb in den späten 1930er-Jahren sieben intellektuelle Primärfaktoren, die relativ unabhängig voneinander die Grundlagen menschlicher Intelligenz bestimmen, als da sind: logisches Denken, Sprachverständnis, optische Aufnahmefähigkeit, Gedächtnis, schlussfolgerndes Denken, Wortflüssigkeit und die Auffassungsgeschwindigkeit. Diese Unterteilung ist noch heute für den Aufbau vieler Intelligenztests maßgeblich. Ein Intelligenztest besteht deshalb gewöhnlich aus verschiedenen Einzeltests, mit denen Fähigkeiten wie Auffassungsgabe, Sprachbeherrschung, analytisches Denken, logisches und folgerichtiges Denken, Abstraktionsvermögen, Merkfähigkeit, Zahlenverständnis und Rechenfertigkeit, räumliches Vorstellungsvermögen sowie Wahrnehmungstempo und -genauigkeit untersucht werden.

Ein Großteil der Intelligenztests misst die Fähigkeit zum logischen Denken, Handeln und Kombinieren. Die Leistungsfähigkeit des Gedächtnisses wird ebenso getestet wie praktische Fähigkeiten und Auffassungsgabe. Nicht zuletzt erfassen Intelligenztests grundsätzliche Kenntnisse unserer Kultur, des Schul- und Allgemeinwissens sowie sprachliche Ausdrucksfähigkeit. Die Tests weichen dabei in Aufbau und Gestaltung voneinander ab, sodass sie unterschiedliche Herausforderungen bergen. Der Inhalt der Tests hängt dabei in nicht unerheblichem Maße von den Kenntnissen des jeweiligen Autors ab und auch davon, was er unter Intelligenz versteht. Deshalb ist es auch offensichtlich, dass ein Intelligenztest nur einen kleinen Teil unserer Intelligenz oder unseres als intelligent bezeichneten Verhaltens abbilden und bewerten kann. Der Test sollte nicht als Messinstrument für beispielsweise den sozialen Erfolg eines Einzelnen missverstanden werden; dazu bedarf es zusätzlicher Informationen.

Wie laufen Intelligenztests ab?

Die Messung von Intelligenz in offiziellen Tests, beispielsweise im Zuge eines Bewerbungsverfahrens, geschieht überwiegend im „Paper-Pencil-Test“. Die Teilnehmer erhalten hierbei schriftlich formulierte Aufgaben, die sie auf unterschiedliche Art und Weise schriftlich lösen sollen: entweder durch Ankreuzen von vorgegebenen Antwortmöglichkeiten (Multiple-Choice-Verfahren) oder durch Angabe eines Lösungsbuchstabens bzw. Lösungsworts.

Der Vorteil von Paper-Pencil-Tests ist, dass sie sich einfach einsetzen und schnell auswerten lassen. Eine ganze Gruppe von Teilnehmern kann ohne großen Aufwand gleichzeitig getestet werden, und der Test erfasst viele Bereiche der Intelligenz. Manuelle Fähigkeiten sind auf diese Weise jedoch nicht überprüfbar.

Die Durchführung von Intelligenztests findet meistens in Gruppen mit mehreren Teilnehmern statt, die zur gleichen Zeit getestet werden. Ein Testleiter gibt Anweisungen zur Durchführung, die Instruktionen werden allen Teilnehmern gleichzeitig gegeben.

Wo kommen Intelligenztests zum Einsatz?

Zunehmend mehr Personalchefs wenden Intelligenztests bei der Rekrutierung und Selektierung ihres Personals an. Die Testergebnisse sind bei der Auswahl der Bewerber meist nicht allein entscheidend, sie bilden aber ein zunehmend gewichtigeres Kriterium bei der Entscheidungsfindung. Die bei zukünftigen Mitarbeitern gewünschten Eigenschaften sind neben Intelligenz auch Selbstdisziplin, Motivation, Loyalität usw. Daher kommen neben reinen Intelligenztests auch Leistungs- und Persönlichkeitstests zum Einsatz. Der Vorteil dieses Vorgehens ist offensichtlich. Die Tests sind so konzipiert, dass sie hochgradig standardisiert sind und auch bei Wiederholung stabile Ergebnisse liefern. Diese Ergebnisse sind dabei weitgehend objektiv und erlauben eine Bewertung des Bewerbers, die von subjektiven Einflüssen abstrahiert. Daher gelten Tests als sichere Beurteilungsgröße in allen Arten der beruflichen Bewerberauswahl.

Der wichtige Unterschied zu herkömmlichen Intelligenztests ist dabei, dass es vorrangig nicht darum geht, den Intelligenzquotienten des Bewerbers zu errechnen. Vielmehr möchte der Beurteilende Erkenntnisse über sogenannte Soft Skills erhalten, also berufliche Qualifikationen, die über fachliche Kenntnisse hinausreichen. Dazu gehören beispielsweise Belastbarkeit in Stresssituationen, sicheres Auftreten und soziale Kompetenzen. Durch den Test erhofft er sich, Einblicke in diesen Bereich der Qualifikationen des Bewerbers zu erhalten und daraus Rückschlüsse auf das zukünftige berufliche Verhalten ziehen zu können. Dabei sind es vor allem Leistungstests, die neben den klassischen Intelligenztests verwendet werden. Der Begriff der Leistung bezieht sich hauptsächlich auf den Bereich der psychischen Energie: Es soll getestet werden, wie gut sich der zu Beurteilende konzentrieren kann, wie lange Aufmerksamkeit und Ausdauer anhalten und wie sich optische Wahrnehmung und motorische Leistungen ergänzen. Das Ziel bei solchen Tests ist es, möglichst viele Aufgaben in der vorgegebenen Zeit zu erledigen. Je besser sich dabei ein Kandidat konzentrieren kann, desto schneller können die Aufgaben bearbeitet werden, und desto besser wird sein Testergebnis sein.

Es ist wichtig zu erkennen, dass Intelligenz nicht nur das ist, was mit Tests erfasst werden kann. Intelligenz umfasst auch Bereiche des praktischen Handelns und der Problemlösung im Alltag sowie soziale Kompetenz und Kreativität. Ein Problem ist jedoch allen Tests inhärent: Durch die Auswahl der Aufgaben wird bereits im Vorfeld festgelegt, welche Fähigkeiten untersucht werden sollen und somit welche Vorstellungen der Testautor von Intelligenz hat. Der Ausspruch „Intelligenz ist, was der jeweilige Intelligenztest misst" bringt dieses wissenschaftstheoretische Problem auf den Punkt. Das Ergebnis der Tests wird in einen Normwert umgerechnet, der als Intelligenzquotient (IQ) bekannt ist. Dies ist ein relativer Wert: Er setzt das Ergebnis des Getesteten in ein Verhältnis zu einer bestimmten Bezugsgruppe. Dabei ist zu beachten, dass Menschen mit gleichem Intelligenzquotienten sehr unterschiedliche Stärken und Fähigkeiten haben können – denn Intelligenz ist eben kein absoluter Wert.

Was drückt der Intelligenzquotient (IQ) aus?

Der bereits erwähnte Psychologe William Stern prägte 1912 den Begriff Intelligenzquotient (IQ) als Maßzahl für die Intelligenz. Als Mittelwert wurde 100 festgelegt, dies entspricht der Zahl der Testaufgaben, die in einem Test durchschnittlich von einer Personengruppe gelöst werden. Stern setzte die Zahl 100 als Norm für eine hinsichtlich des Alters durchschnittliche Intelligenz an. Er multiplizierte dann das mentale Alter mit 100 und dividierte das Ergebnis durch das reale Alter. Die daraus entstehende Zahl ist unter dem Namen Intelligenzquotient bekannt. Lag die errechnete Zahl unter 100, ergab sich für die betreffende Testperson ein IQ, der unter dem Durchschnitt lag; im gegenteiligen Fall ergab sich ein überdurchschnittlich hoher Intelligenzquotient. Der Parameter Alter beziehungsweise mentales Alter spielte in unseren bisherigen Ausführungen noch keine Rolle. Diese bis heute im IQ enthaltene Erkenntnis Sterns hat übrigens folgende Vorgeschichte:

Im Jahr 1905 waren der französische Psychologe Alfred Binet und der Arzt Théodore Simon vom französischen Erziehungsministerium beauftragt worden, herauszufinden, wie man schwächer begabte Kinder an öffentlichen Schulen besser fördern könne. Dazu entwickelten sie eine Skala, um zunächst die geistigen Fähigkeiten und Fertigkeiten der zurückgebliebenen Schüler zu erfassen. Diese Skala ergab sich aus einer Serie von 30 verschiedener Aufgaben, anhand deren die beiden die Urteilsfähigkeit, das Verständnis und das logische Denken der Schüler messen konnten. Ziel war es, die Forschung vom Lernen in der Schule zu trennen und die kognitiven Fähigkeiten der Schüler unabhängig von der Förderung im Unterricht zu betrachten. Deshalb waren die Aufgaben bewusst so konzipiert, dass sie ohne fachspezifische Vorbildung zu lösen waren. Dabei verfügten sie über unterschiedliche Schwierigkeitsgrade. Als Maßstab galt die durchschnittliche Häufigkeit, mit der eine Aufgabe von einem Altersjahrgang gelöst wurde. Bis heute gilt der Binet-Simon-Test als der erste wissenschaftlich ernsthafte Intelligenztest überhaupt.

William Stern führte diese Art der Untersuchung fort und weitete sie auf alle Personen, auch außerhalb der untersuchten Gruppe von Schülern, aus. Er verwendete für jede Altersstufe Aufgaben, die Personen der entsprechenden Altersgruppe im Allgemeinen lösen konnten. Im Test begannen die zu testenden Personen mit den Aufgaben mit den niedrigsten Anforderungen, die der untersten Altersstufe entsprachen. Sie arbeiteten sich so lange hoch, bis sie die Aufgaben nicht mehr lösen konnten. Kam zum Beispiel ein 14-Jähriger nur bis zu den Aufgaben, die für 12-Jährige gedacht waren, galt er als für sein Alter unterdurchschnittlich intelligent. Kam er dagegen bis zu den Aufgaben für 16-Jährige, war er überdurchschnittlich intelligent. Durch diese Testmethode wurde der Begriff des Intelligenzalters oder geistigen Alters geprägt. Der oben erwähnte Kandidat hätte also das reale Alter von 14 Jahren und davon abweichend, je nach Begabung, ein höheres oder niedrigeres Intelligenzalter. In der Berechnung des Intelligenzquotienten stecken diese Altersvariablen nach Stern bis heute.

Wodurch wird das Testergebnis beeinflusst?

Damit man Testergebnisse, z.B. Intelligenzquotienten, beurteilen, bewerten und mit den Ergebnissen anderer Personen vergleichen kann, muss ein Intelligenztest normiert werden. So wird ein verbindlicher Maßstab geschaffen, der die Testergebnisse vergleichbar macht. Dazu wird ein Intelligenztest, bevor er angewandt wird, an einer repräsentativen Bevölkerungsgruppe geeicht. Repräsentativ meint, dass eine möglichst breite Schicht der Bevölkerung mit ihren Eigenschaften widergespiegelt wird. Die Gruppe muss hinsichtlich Geschlecht, Alter und Ausbildung möglichst ähnlich strukturiert sein wie die spätere Testgruppe und muss mindestens 1.000 Personen umfassen. Die dabei gewonnenen Werte bilden den Maßstab, anhand dessen ein Testergebnis eingestuft werden kann. Erst durch die Normierung sind Vergleiche zwischen verschiedenen Personengruppen möglich, und der Test wird aussagekräftig.

Den Intelligenzquotienten kann man nicht so genau messen und in absoluten Zahlen ausdrücken wie beispielsweise das Gewicht oder die Körpergröße eines Menschen. Es handelt sich hierbei um ein psychologisches Merkmal, das Schwankungen unterliegt und leicht von Störfaktoren beeinflusst werden kann. So wird das Ergebnis eines Intelligenztests maßgeblich mitbestimmt von Alter und Tagesform der Testperson, ebenso sind die gesundheitliche Verfassung, Müdigkeit und die jeweilige Konzentration oder Motivation wichtige Faktoren, die bei der Auswertung beachtet werden müssen. Und nicht zuletzt können gewisse Differenzen durch Messfehler verursacht werden. Als Faustregel gilt jedoch: Je besser das Gedächtnis arbeitet, desto besser fallen das Testergebnis und damit der errechnete Intelligenzquotient aus.

Zu den fördernden Einflüssen gehören Lob, Anreiz und Ehrgeiz genauso wie Entscheidungsfreiheit, Anerkennung und das Zulassen von Fehlern. Diese Faktoren haben insofern einen positiven Einfluss auf die kognitive Leistung, als sie ein entspanntes Umfeld erzeugen, in dem die Leistung erbracht wird, und so Fehlern vorbeugen. Zu diesem angenehmen sozialen Umfeld gehören aber auch ein finanziell gesicherter Hintergrund, gesellschaftliche Akzeptanz und die individuelle Förderung von Interessen und Talenten. Sind diese Voraussetzungen nicht gegeben, wird die Person, die unter dem Druck steht, eine Leistung zu bringen, behindert und kann ihre kognitiven Fähigkeiten nicht voll entfalten. Umgekehrt bestehen daher natürlich auch hemmende Einflüsse wie Verweis, Tadel und Strafe, aber auch Langeweile, mangelndes Selbstwertgefühl und fehlender Ehrgeiz. Diese fördernden und hemmenden Faktoren werden unter dem Begriff „Lernklima“ zusammengefasst. Dem Lernklima wird große Bedeutung beigemessen in seiner Wirkung auf die Förderung von Intelligenz. Es besteht daher der Grundsatz, dass es nur dann einen Ansatz zur Intelligenzentwicklung geben kann, wenn das Lernen neu gesehen wird.

Ist Intelligenz trainierbar?

Die Intelligenz eines Menschen ändert sich im Laufe des Lebens. Sie verändert sich bei Kindern mit jedem Lebensjahr und ebenso bei Erwachsenen. In Kindheit und Jugend steigt die Intelligenzleistung stetig an, bis sie ihren Höhepunkt bei den meisten Menschen zwischen Mitte 20 und Mitte 30 erreicht. Mit steigendem Alter nimmt die geistige Leistung langsam wieder ab. Studien haben zudem gezeigt, dass sich Intelligenz und Leistung in gewissen Grenzen trainieren lassen. Dies betrifft vor allem einen Aspekt der Testleistung, nämlich die Routine und die Sicherheit im Hinblick auf die Lösung von Testaufgaben.

Wie auf viele andere Prüfungsarten und -situationen kann man sich auch auf einen Intelligenztest vorbereiten. Indem man die Vorgehensweise bei den Tests immer wieder gründlich studiert und übt, lassen sich die eigenen Leistungen peu-à-peu verbessern. Die Fragen und Aufgabenstellungen in Intelligenztests sind meist in verschiedene Aufgabentypen unterteilt, die bestimmte Grundmuster aufweisen. Durch das regelmäßige Bearbeiten dieser Aufgaben kann man rasch Lösungsmöglichkeiten lernen und die besten Bearbeitungstechniken entwickeln und einüben. Mit der Zahl der bearbeiteten und gelösten Aufgaben steigen auch Routine und Übung, sodass man bei unbekannten Aufgabentypen das erworbene Können im Transfer anwenden und auf die neuen Herausforderungen übertragen kann.

Wie nutzt man den IQ-Trainer sinnvoll?

Bei der Bearbeitung von Testaufgaben sollten Sie einige Ratschläge beachten. So ist es wichtig, dass Sie ungestört und entspannt arbeiten können. Setzen Sie sich nicht selbst unter Leistungsdruck und versuchen Sie auch, auf den Zeitdruck gelassen zu reagieren. Wenn Sie nervös oder hektisch werden, schleichen sich leicht Fehler ein, die sich ungünstig auf das Testergebnis, d. h. auf die Ermittlung des persönlichen Intelligenzquotienten auswirken. Den meisten Tests wird ein Beispiel vorangestellt. Es ist ratsam, sich diese Beispielaufgabe genau anzusehen, denn sie birgt oft wertvolle Tipps für die Bearbeitung und erklärt, worauf es bei dem Test ankommt. So sparen Sie Zeit und gewinnen zusätzlich an Sicherheit.
Es ist sinnvoll, die Aufgaben in der angegebenen Reihenfolge zu bearbeiten. Bei vielen Intelligenztests steigt der Schwierigkeitsgrad der Aufgaben an. Die zu Anfang noch relativ leicht zu lösenden Aufgaben geben Ihnen die nötige Sicherheit und das Selbstvertrauen, auch die schwierigeren Aufgaben ruhig anzugehen und souverän zu meistern. Arbeiten Sie dabei zügig, um den Zeitdruck nicht übermächtig werden zu lassen, doch auch sorgfältig, um keine ärgerlichen Flüchtigkeitsfehler zu riskieren.

Versuchen Sie, gelassen zu bleiben, auch wenn Sie erkennen, dass Sie nicht alle Aufgaben schaffen können. Es ist wichtiger, dass Sie Ruhe bewahren und so die bearbeiteten Aufgaben wenigstens richtig lösen. Meist ist die Zeit so knapp bemessen, dass es unmöglich ist, alle Aufgaben abzuschließen. Wenn Sie feststellen, dass Sie eine Aufgabe nicht lösen können, beißen Sie sich nicht daran fest. Zu groß ist die Gefahr, dass Sie nervös und fahrig werden und dadurch Fehler machen. Gehen Sie lieber zur nächsten Aufgabe weiter; zu unerledigten Aufgaben können Sie zurückkehren, wenn Sie am Ende noch Zeit haben. Sollten Sie bei Auswahlaufgaben (Multiple-Choice-Aufgaben) die richtige Lösung nicht sicher wissen, gehen Sie nach der Ausschlussmethode vor: Schließen Sie die Antworten aus, die auf keinen Fall infrage kommen, und wählen Sie die Lösung, die Ihnen am wahrscheinlichsten erscheint.

Wenn die Testergebnisse schlechter ausfallen, als Sie es erwartet haben, sollten Sie sich nicht entmutigen lassen. Generell gilt, dass die Resultate eines Intelligenztests nicht überbewertet werden dürfen. Es kann gut sein, dass Sie einfach einen schlechten Tag hatten und deshalb entsprechende Ergebnisse erhielten. Denken Sie erst einmal nach, ob es nicht plausible Erklärungen für eine schlechte Tagesform gibt, beispielsweise eine beeinträchtigte Gesundheit oder Müdigkeit, mangelnde Konzentration oder ein unruhiges Umfeld. Vor allem zu Beginn, wenn Sie mit der Art der Aufgabenstellung und der Bearbeitung von Intelligenztests noch nicht vertraut sind, sind Fehler ganz normal. Es bedarf einer Eingewöhnungszeit, da Sie im Test mit anderen Herausforderungen konfrontiert werden als in Schule und Berufsleben. Je länger Sie sich jedoch mit den Aufgaben befassen, desto besser werden die Resultate.

Gut Ding will Weile haben. Selbst wenn einmal eine Übungsaufgabe eine intelligente Ad-hoc-Entscheidung erfordert, dieser IQ-Trainer ist auf eine langfristige Wirkung hin konzipiert. Wie beim Sport wird sich mit der Zeit ein Trainingseffekt einstellen, und Sie werden immer weniger Fehler machen. So wird „der Ernstfall Testat“ zwar noch nicht zu einem Spaziergang, jedoch haben Sie sich ganz praktisch eine entspannte innere Einstellung zur Intelligenz erarbeitet, die Ihnen bei jeder Herausforderung von Nutzen sein kann.

6	8	10
2	3	4
9	7	5

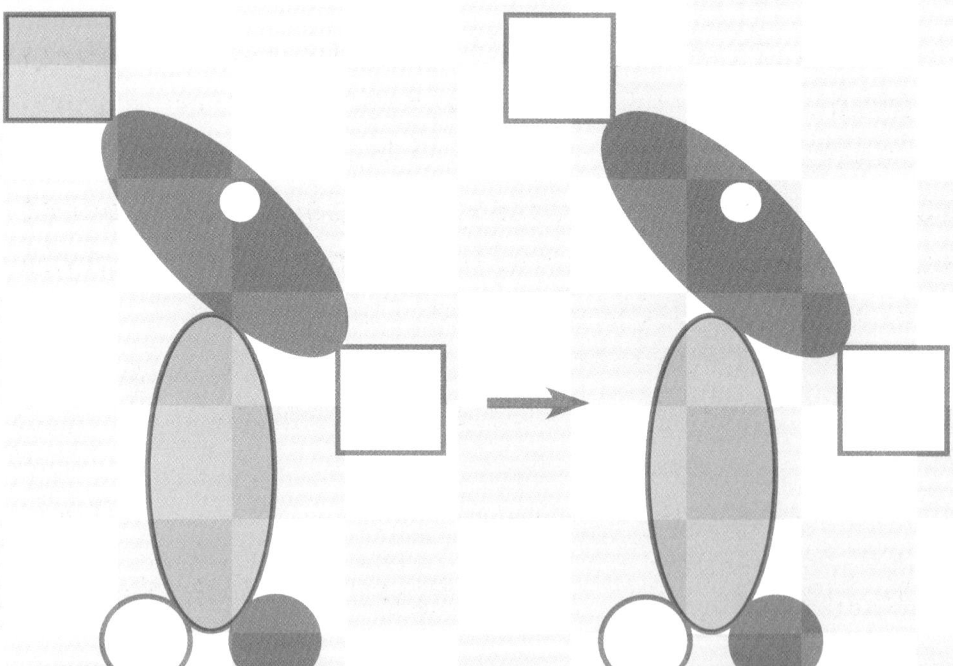

IQ Einstiegstest

Der große Praxisteil dieses Buchs beginnt mit einem Einstiegstest. Sie dürfen dabei gern ins kalte Wasser springen und ohne weitere Vorbereitung beginnen. Nehmen Sie sich 20 Minuten Zeit. Sorgen Sie dafür, dass Sie konzentriert und ohne Unterbrechung arbeiten können. Bleiben Sie entspannt. Dieser Test misst nicht Ihren IQ; er soll einen Wert hervorbringen, an dem Sie später in Verbindung mit einem Abschlusstest Ihren Leistungsfortschritt erkennen können.

Es erwarten Sie nun 44 Aufgaben, die weder höhere Bildung noch sonstiges Wissen voraussetzen. Außer Rechnen und Schreiben müssen Sie eigentlich nichts können, um einen IQ-Test zu bestehen. Eine sehr wichtige Komponente hierbei ist die Denkgeschwindigkeit. Die meisten Menschen werden die folgenden IQ-Test-Aufgaben lösen können. Das größte Problem ist die Zeit. Aufgrund ihrer Begrenzung ist die halbe Punktzahl bereits ein guter Wert.

Zeit: 20 Minuten

Erreichte Punktzahl: ______ richtig gelöste Aufgaben

Datum: ___.___.______

1

Beobachten Sie die Veränderungen in der oberen Würfelreihe. Nach welchem Muster läuft sie? Einer der Würfel unter a bis d passt an die Stelle des Fragezeichens. Welcher?

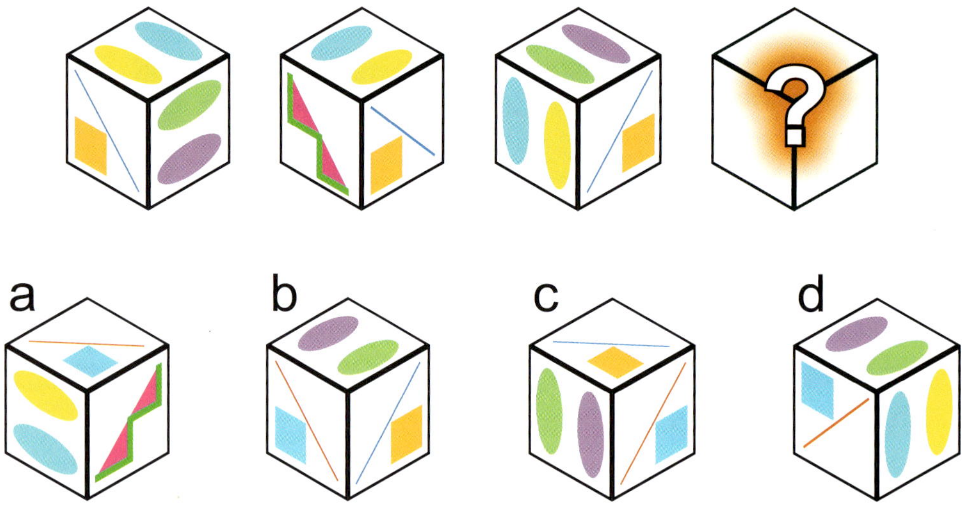

2

Gleiche Symbole stehen für die gleiche Zahl. Tragen Sie die fehlende Zahl in das leere Kästchen ein.

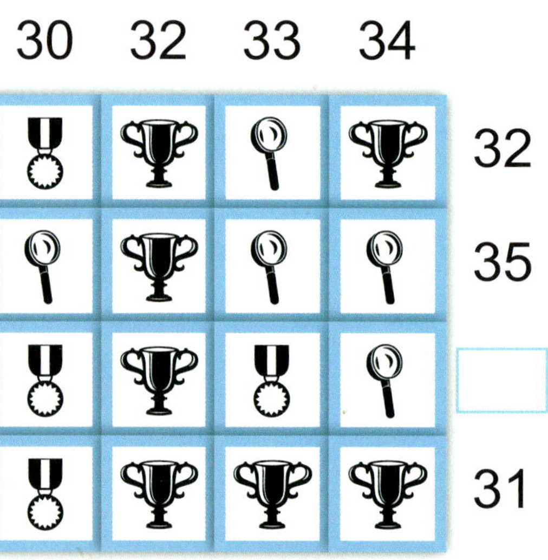

3

Welche zwei Formulierungen haben eine ähnliche Bedeutung?

a) mit jemandem ins Gericht gehen
b) sein Augenmerk auf jemanden richten
c) mit jemandem Pferde stehlen können
d) jemandem Sand in die Augen streuen
e) jemandem die Leviten lesen

4

Was müsste an der Stelle des Fragezeichens stehen?

a)

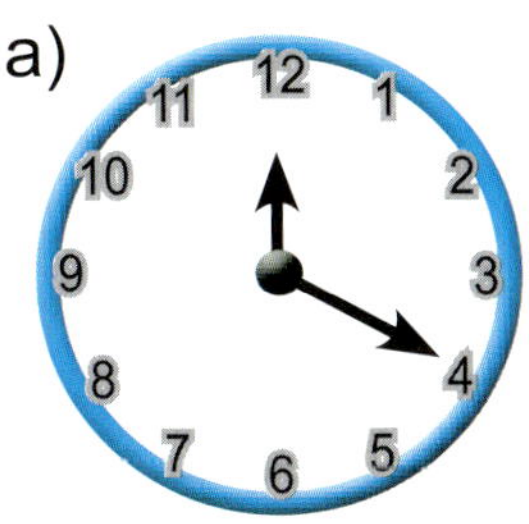

b)

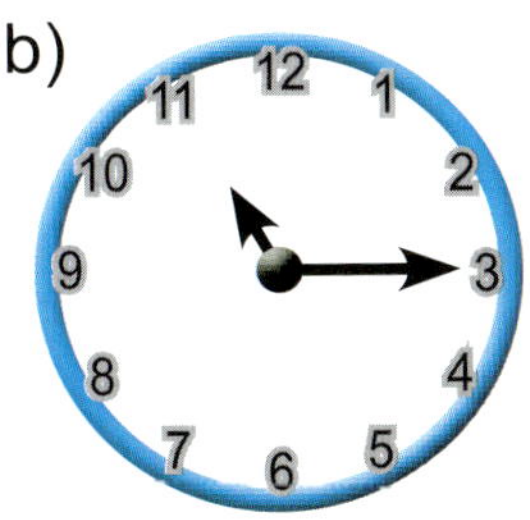

c)

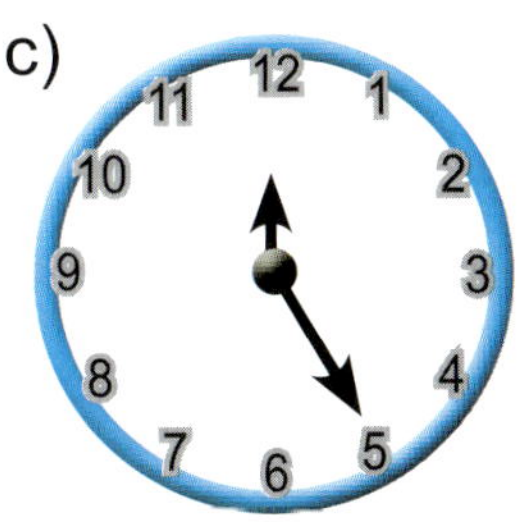

5

Welche Buchstaben stehen hinter den Symbolen?

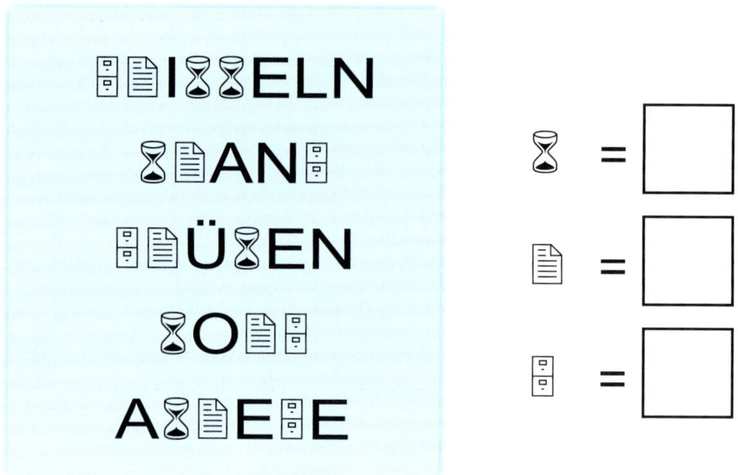

6

Beantworten Sie diese Frage.

In vier Wochen produzieren zwei Bienen 1.000 Milligramm Honig. Wie viele Bienen sind nötig, um 2.000 Milligramm Honig in einer Woche zu produzieren?

Antwort: ☐ Bienen

7

Mit welcher der zur Auswahl stehenden Grafiken geht die Reihe weiter?

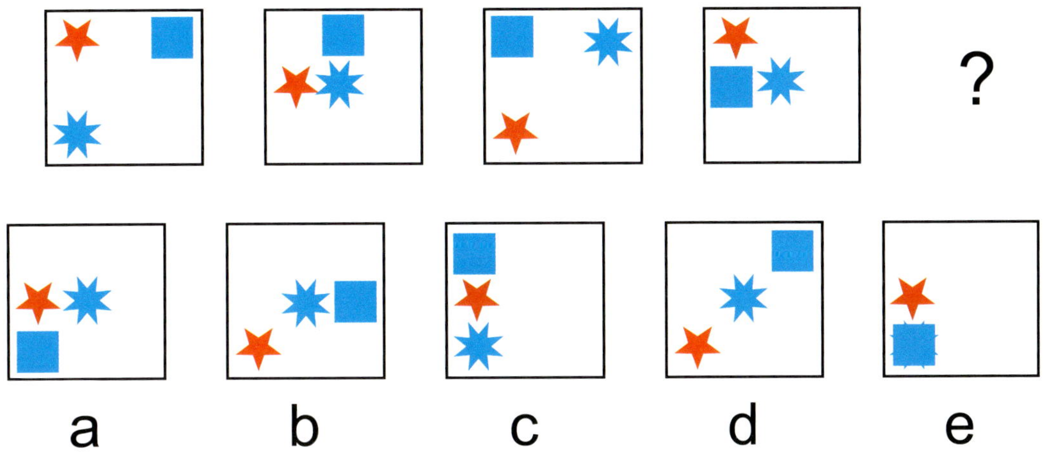

8

Mit welchem Wortanfang können alle diese Wortenden beginnen?

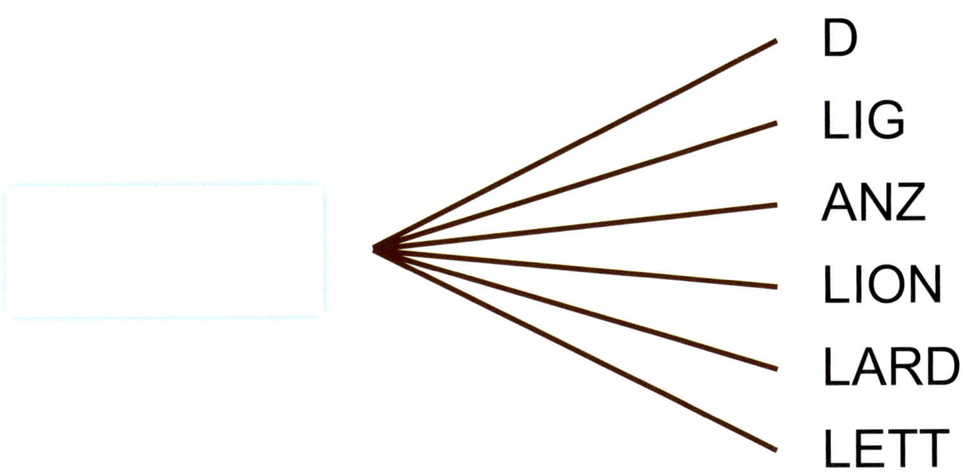

9 Welche Darstellung fällt aus der Reihe?

a b c d e f

10 Welcher Begriff drückt am treffendsten das Gegenteil vom vorgegebenen Wort aus?

gering

a) mächtig
b) durchsetzungsstark
c) ansehnlich
d) protzig

11 Welche Satzalternative ist wahr?

Zum Lesen braucht man immer ...

a) eine Brille
b) Zuhörer
c) Text
d) ein Buch
e) Geschichten
f) Ruhe

12

Tragen Sie die passende Zahl in den Kreis ein.

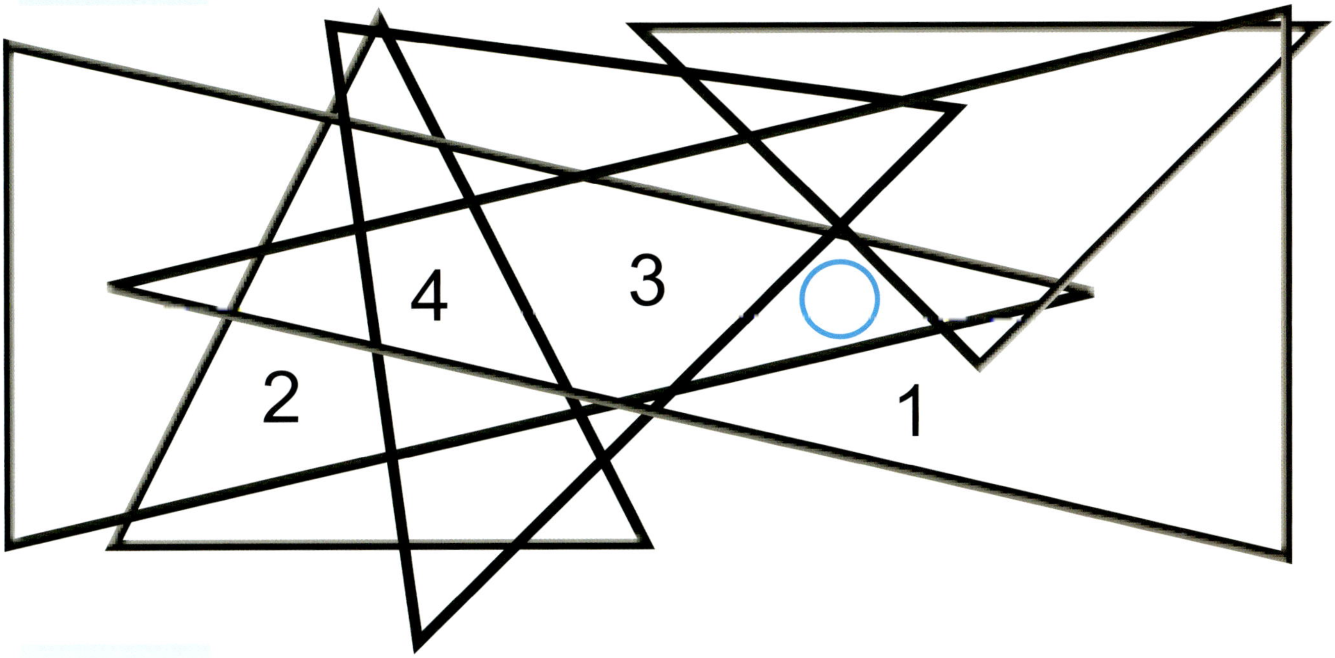

13

Links und rechts des Gleichheitszeichens sollen sich zwei Grafikpaare gegenüberstehen, die analoge Verhältnisse aufweisen. Welche Grafik (a bis e) ersetzt demnach das Fragezeichen?

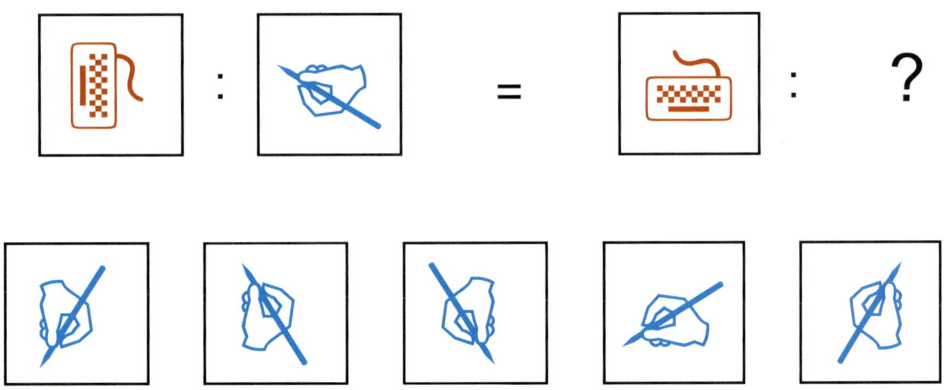

a b c d e

14

Setzen Sie den gesuchten redensartlichen Ausdruck ein.

Wer unsterblichen Ruhm erwirbt,

der geht ins ________ der

________ ein.

15

Welcher der drei Würfel a bis c könnte aus der Abwicklung links gefaltet worden sein?

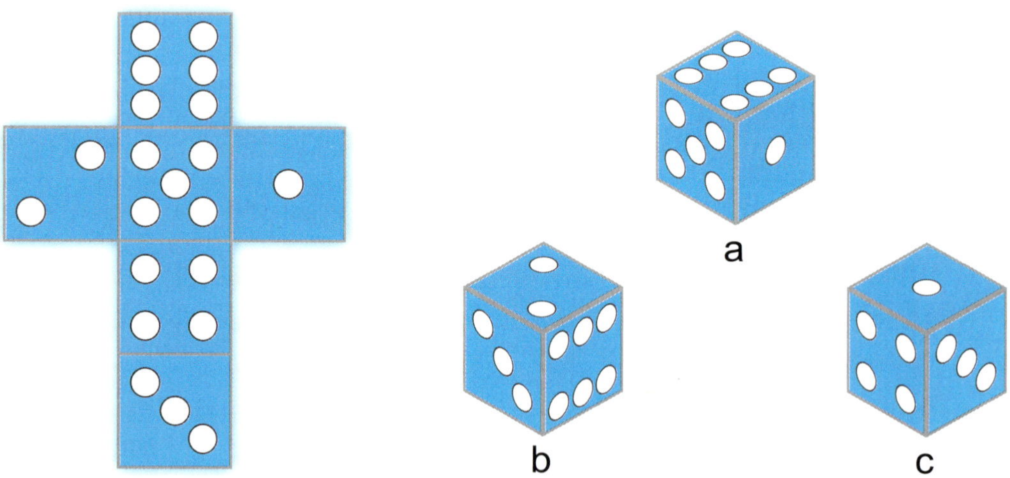

16

Welche Zahl vervollständigt das System?

a) 6

b) 3

c) 9

d) 8

17

Tragen Sie das fehlende Wort in die Klammer ein.

K + (_______________) = Familienmitglieder

Asiat

18 Welche der Grafiken a bis d ersetzt das Fragezeichen?

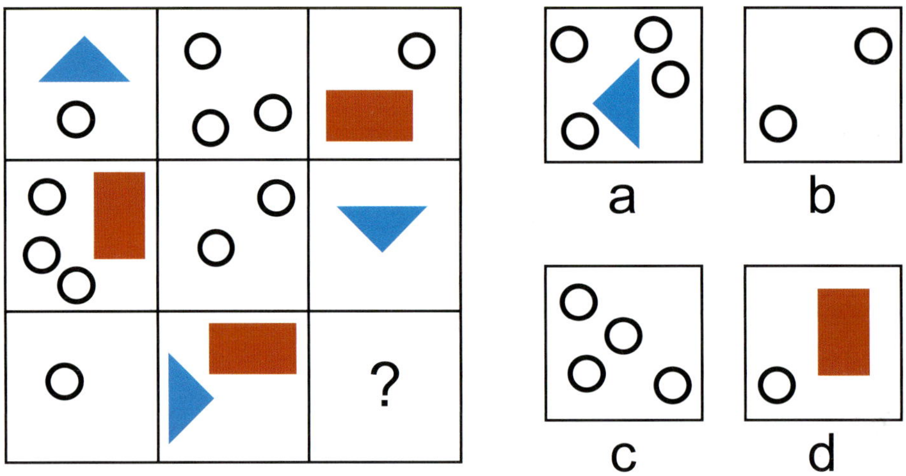

19 Welche Grafik ist die richtige Ergänzung?

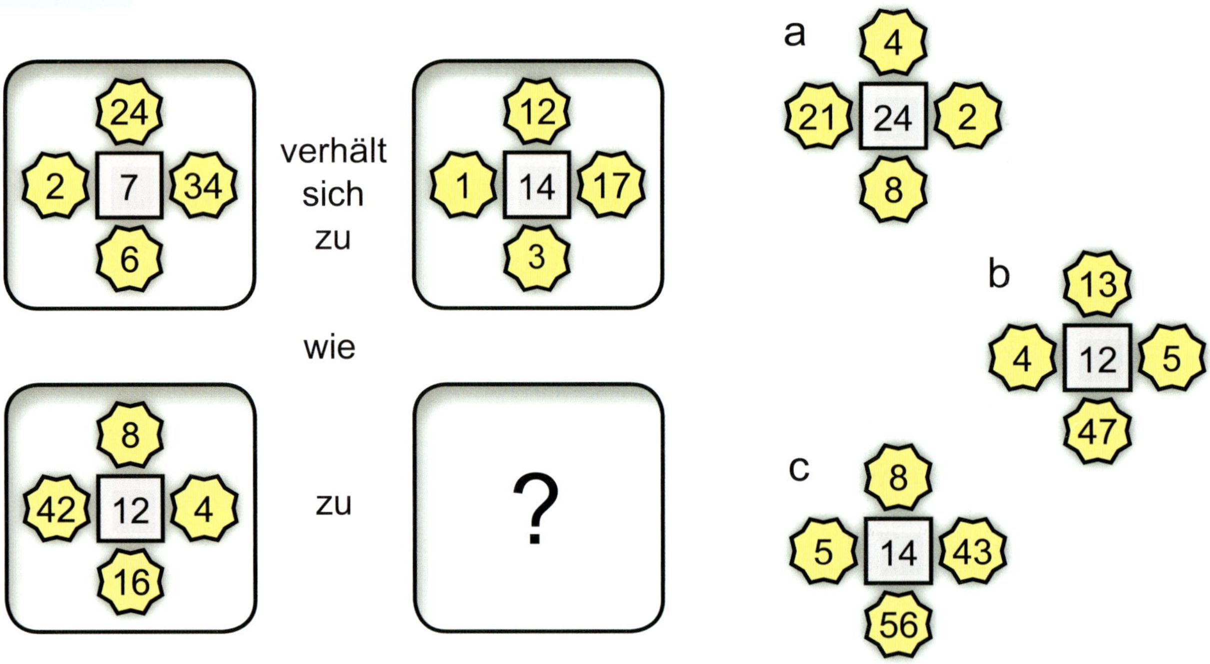

20

Finden Sie den logisch richtigen nächsten Satz bzw. führen Sie den Satz logisch richtig fort.

Tina und Martin bestellen im Restaurant am liebsten Gnocchi und Nudelreis, Lachssteak und Kabeljauragout sowie ...

a) Tofu-Nuggets und Tiramisu.

b) Fischstäbchen und Straußensteak.

c) Hähnchenbrust und Wachteln.

d) Wiener Schnitzel und Pommes Frites.

21

Welche ist die fehlende Zahl?

151	8	53
6		123
74	101	1

a) 305

b) 9

c) 156

d) 36

22 Welche der Zahlen neben a bis d passt ins leere Feld?

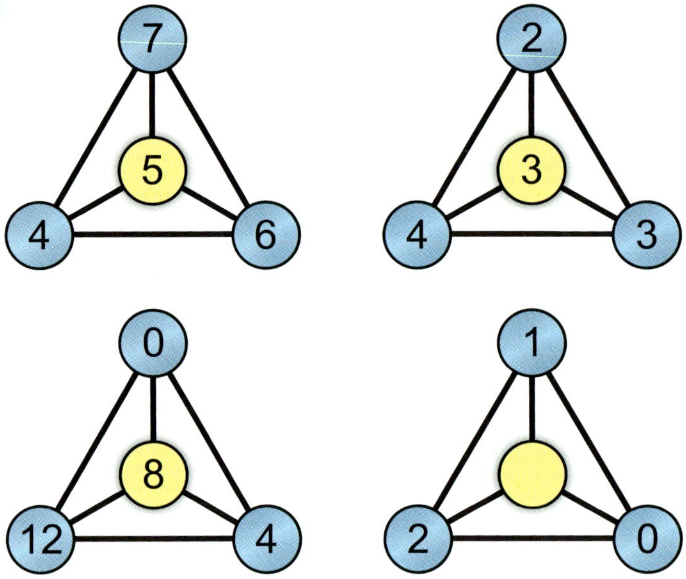

a) 3

b) 6

c) 11

d) 2

23 Links und rechts des Gleichheitszeichens sollen sich Grafikpaare gegenüberstehen, die in einem analogen Verhältnis zueinander stehen.
Welche Grafik (a bis e) ersetzt das Fragezeichen?

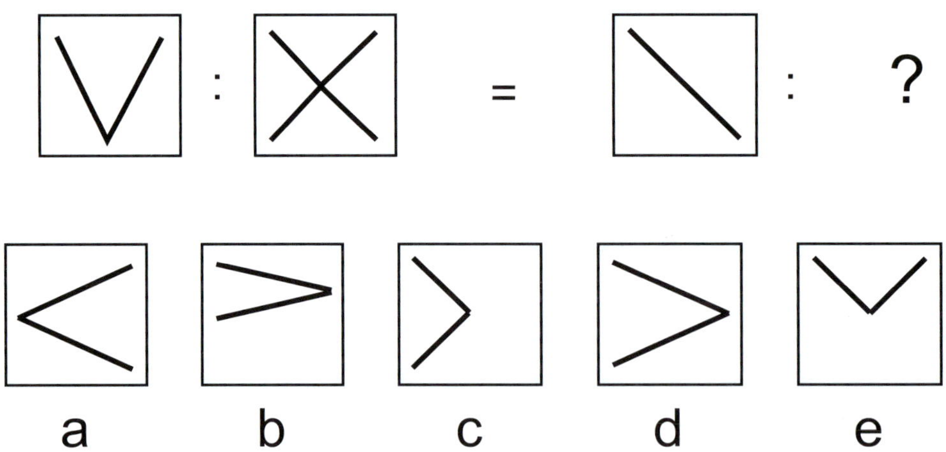

24 Welche der Grafiken a bis d ersetzt das Fragezeichen?

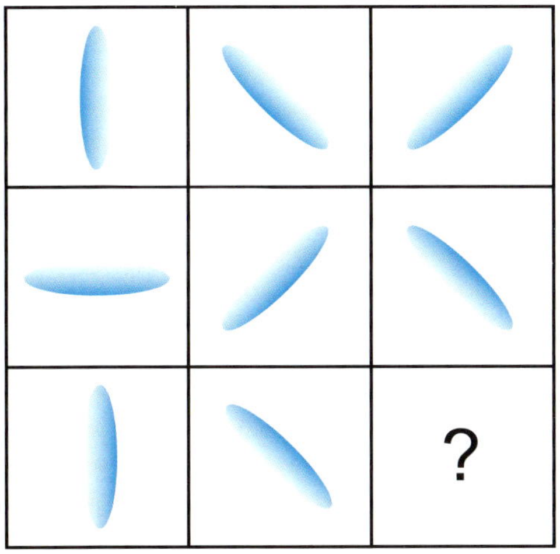

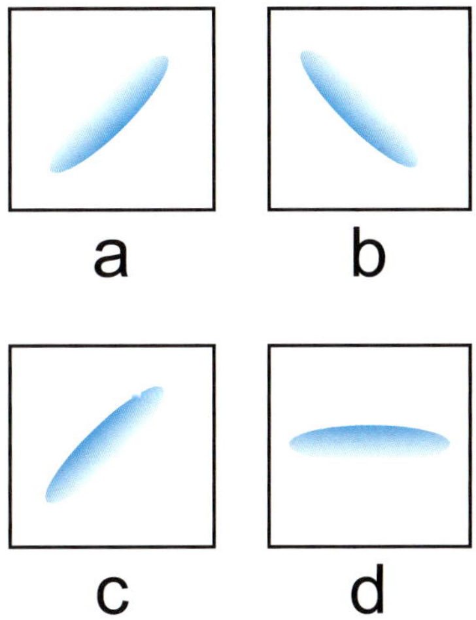

25 Bei den folgenden Wortfragmenten fehlen am Ende bzw. am Anfang dieselben Buchstaben. Ergänzen Sie sie!

SAK _ _ _ LYE

26 Tragen Sie die fehlende Zahl ein.

–4	–3	–1	2	3	5	

27 Finden Sie ein Wort, das den gemeinsamen Oberbegriff zu den beiden vorgegebenen Wörtern bildet.

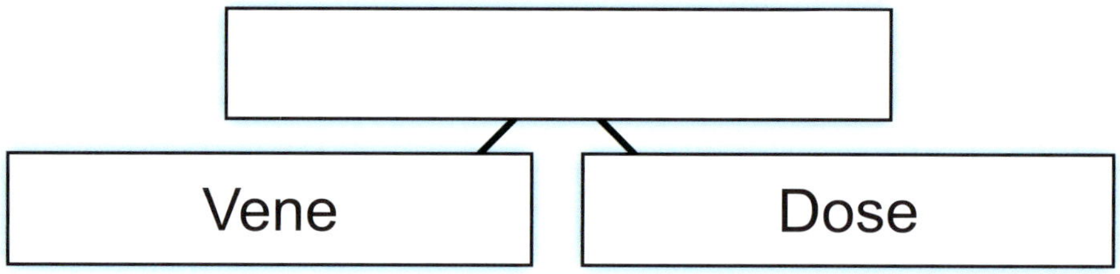

28 Mit welcher der zur Auswahl stehenden Grafiken geht die Reihe weiter?

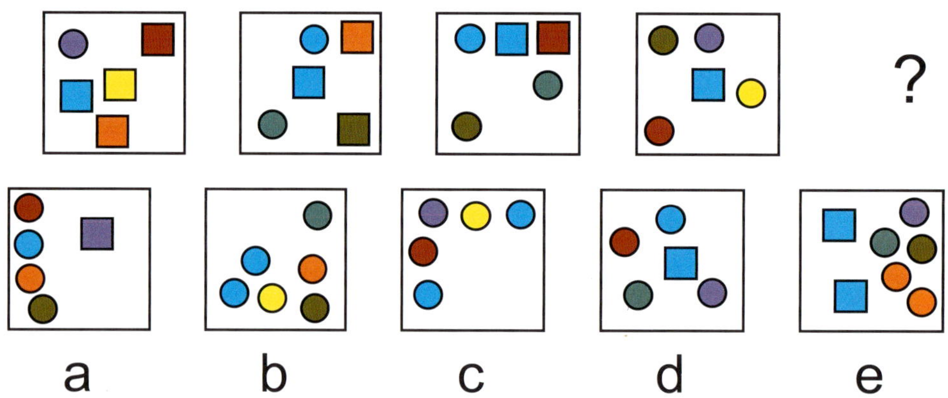

29 In der Mitte fehlt ein Brückenwort, mit dem das erste Wort endet und das zweite beginnt. Ergänzen Sie es.

Erbsen ______ Kasper

30

Welches Zahlentripel passt?

6	8	10	11	3	
2	3	4	5	9	
9	7	5	4	9	

a) 8 / 3 / 11

b) 6 / 3 / 3

c) 4 / 11 / 14

d) 8 / 2 / 7

31

Welcher Begriff passt?

froh	überglücklich
rufen	?

a) lachen

b) schreien

c) glücken

d) singen

32

Finden Sie die beiden zusammengehörenden Begriffe.

a) Widerwille	b) Abschlag
c) Überbau	d) Abscheu
e) Abart	f) Überfall

33

Welche Zahl eignet sich als vierte im Bunde?

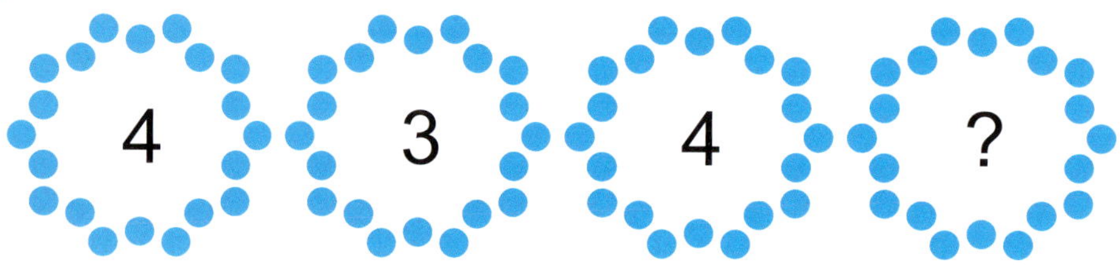

a) 4 b) 7 c) 2 d) 1

34

Welches Paar setzt die Reihe fort?

3	6	3	6	?
3	6	12	24	

a)

3
36

b)

3
40

c)

9
48

d)

12
48

35

Ordnen Sie jede der unteren Grafiken 1 bis 4 der jeweils passenden Gruppe zu.

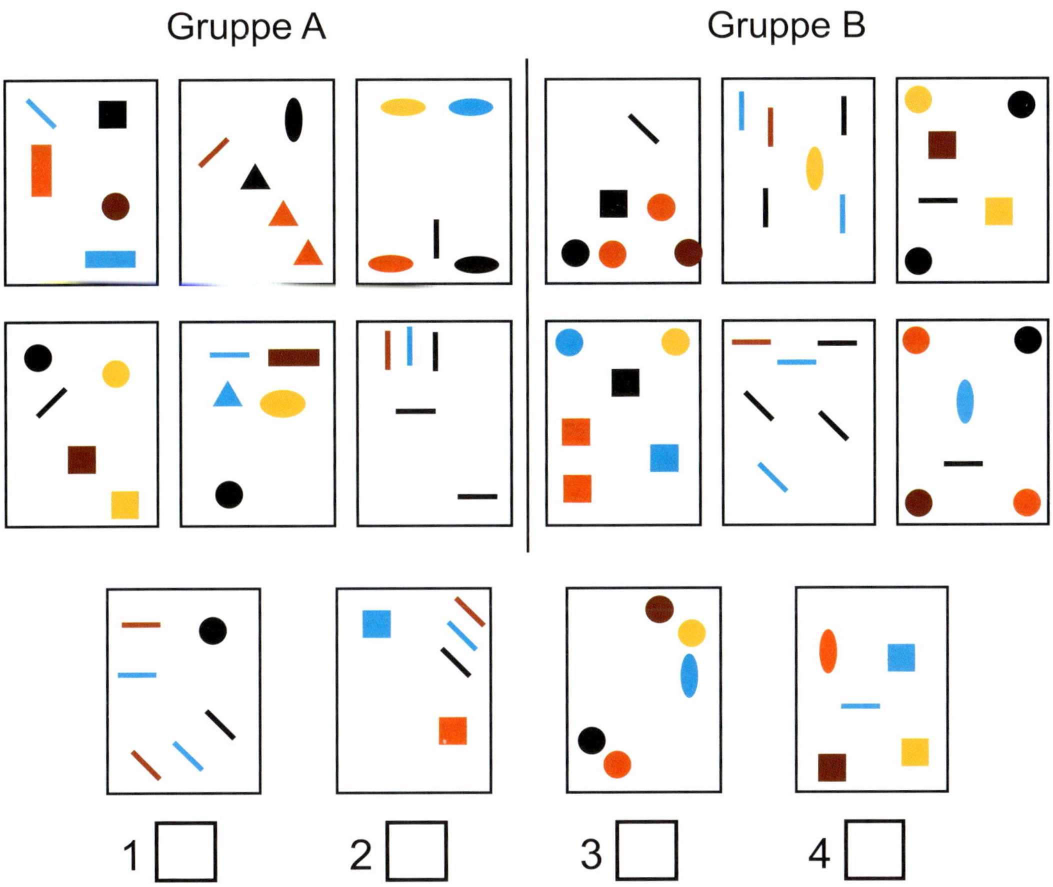

36

Tragen Sie in die vier leeren Felder die Rechensymbole **+**, **–**, **x** oder **:** ein, sodass das Ergebnis am Ende stimmt. Rechnen Sie dabei der Reihe nach ohne Beachtung der Regel „Punktrechnung vor Strichrechnung“.

4		4		4		4	=	3

37

Ersetzen Sie das Fragezeichen.

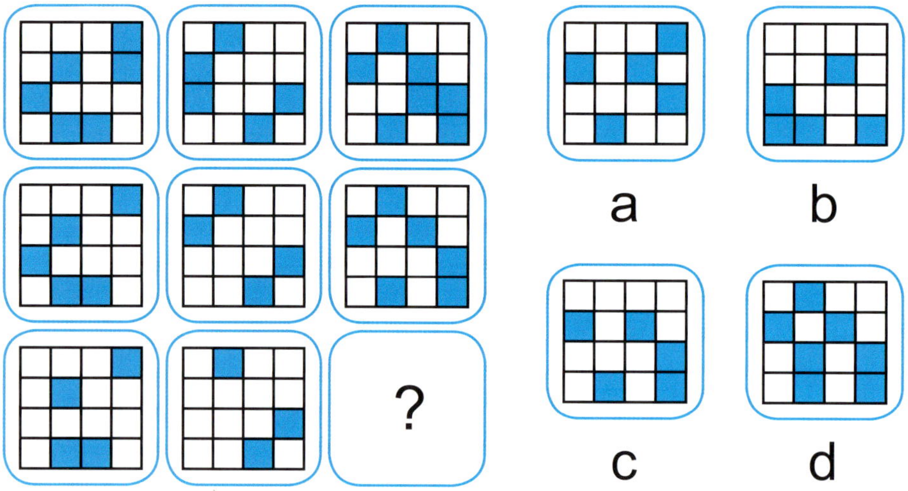

38

Welche Alternative passt ins leere Feld?

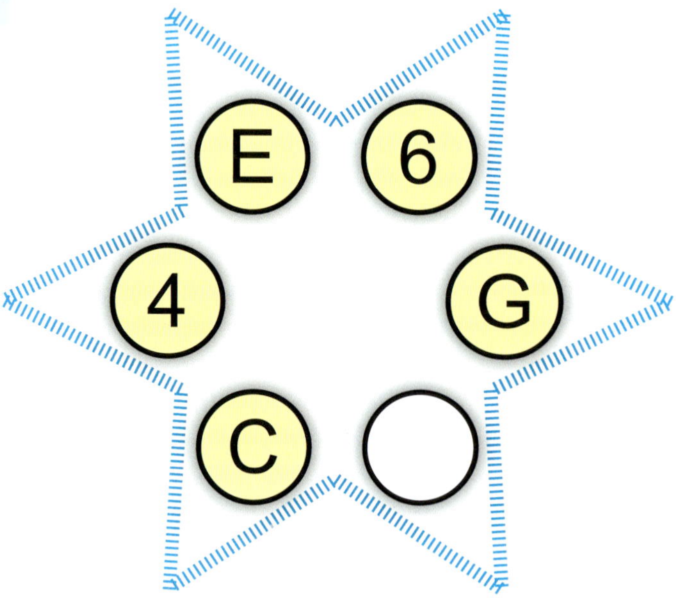

a) 8
b) B
c) 9
d) A

39

Welche Zahl fehlt?

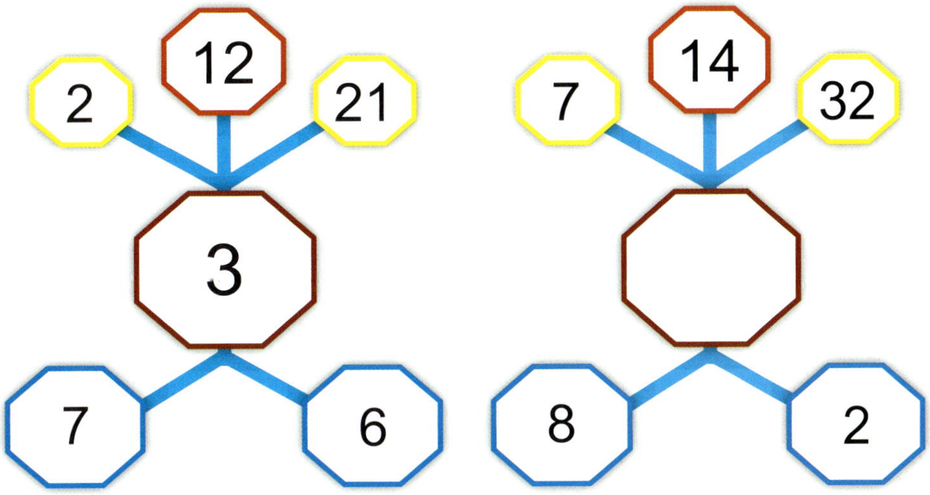

a) 6

b) 4

c) 16

d) 7

40

Welche Ansicht setzt die Reihe fort?

a)

b)

c)

d)

41

Welche Figur passt nicht dazu?

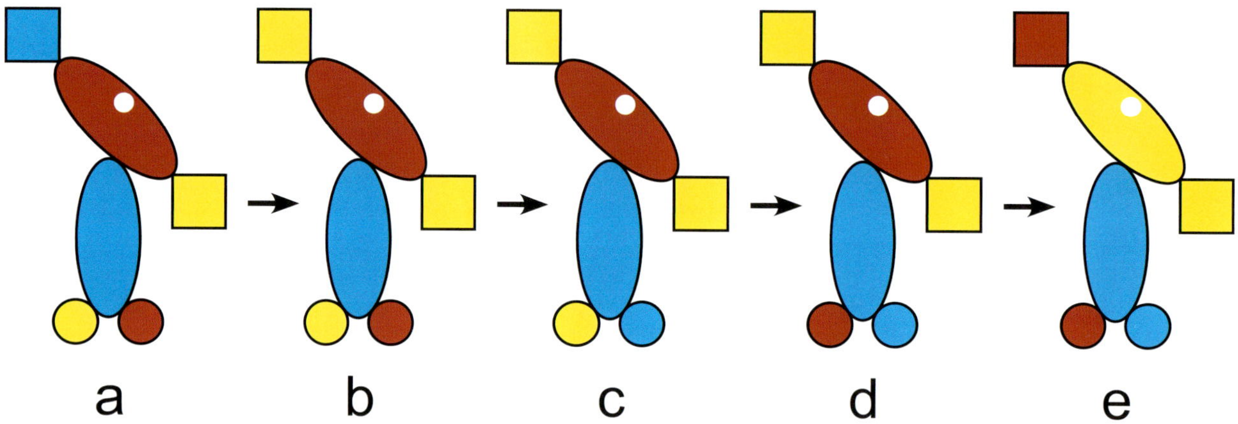

42

Nach welchem Wochentag wird gefragt?

Welcher Tag ist 6 Tage nach vorgestern, wenn es 11 Tage vor morgen 4 Tage nach einem Samstag ist?

- ☐ Mo
- ☐ Di
- ☐ Mi
- ☐ Do
- ☐ Fr
- ☐ Sa
- ☐ So

43 Welche Alternative passt?

Viele Menschen spielen …

a) OOTLT b) BETRT

c) UGENL d) KNΛAL

44 Welche ist die fehlende Grafik?

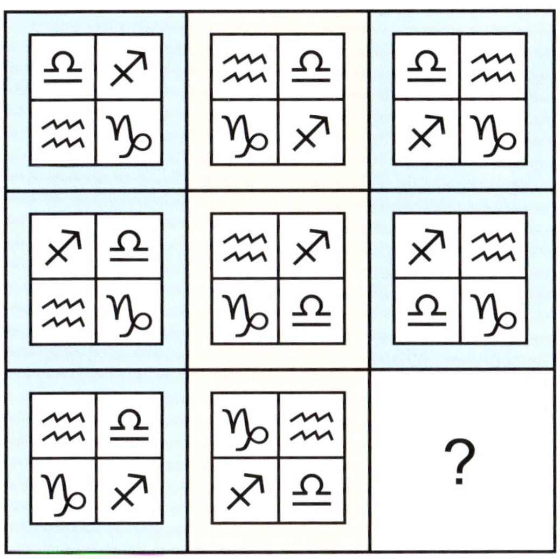

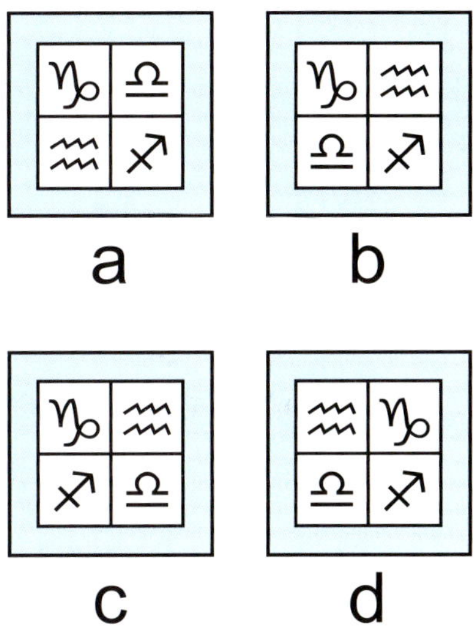

Testende. Tragen Sie auf der ersten Seite dieses Kapitels die Anzahl der richtig gelösten Aufgaben als Punktzahl ein.

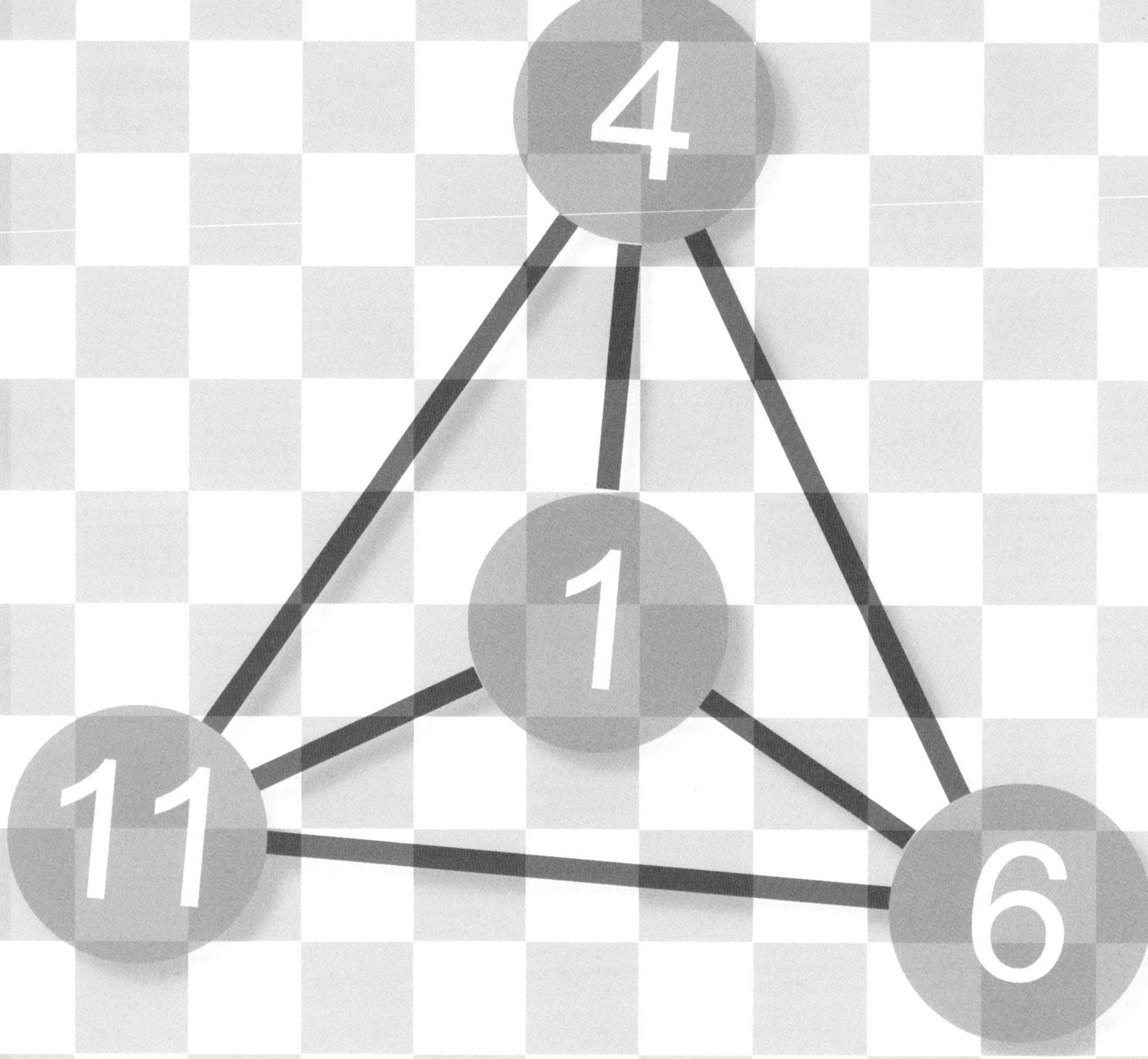
4
1
11
6

?

IQ Übungen I

Im ersten großen Übungskapitel werden Ihnen 54 unterschiedliche Aufgaben vorgestellt. Dabei handelt es sich um reine IQ-Aufgaben aus den Bereichen Logik, Zahlen, Wortschatz, Formen, Raum und Sprache (Gedächtnis- und wissensbezogene Fragestellungen kommen nicht vor).

Nehmen Sie sich in diesem Kapitel zunächst einmal vor, die Aufgaben kennenzulernen. Sie sind hier noch sehr einfach gehalten, sodass Sie die meisten davon sicher lösen können. Manchmal sind die Fragestellungen IQ-Test-typisch knapp gehalten; im Extremfall müssen Sie selbst herausfinden, welches Problem gelöst werden soll.

001 Würfeldreh

Beobachten Sie die Veränderungen in der jeweils oberen Würfelreihe. Nach welchem Muster läuft diese ab? Einer der Würfel unter a bis d passt an die Stelle des Fragezeichens. Welcher?

I

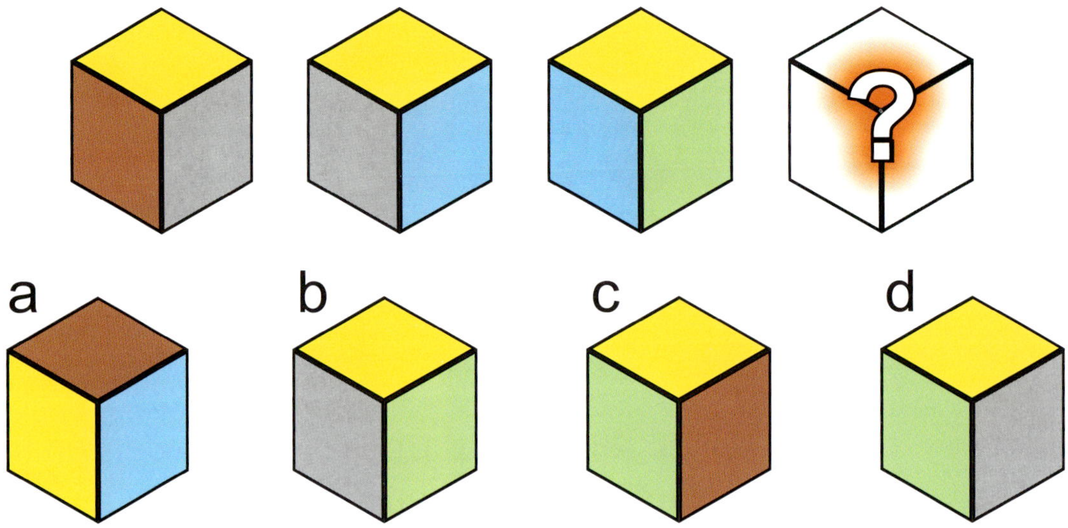

II

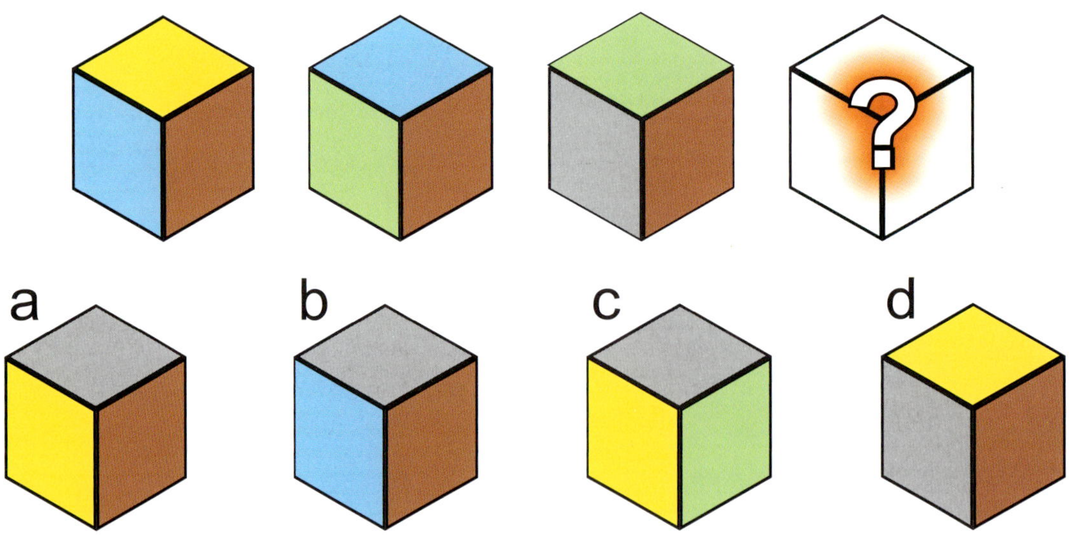

002 Spalten- und Zeilensummen

Gleiche Symbole stehen für die gleiche Zahl. Tragen Sie die fehlenden Zahlen in die leeren Kästchen ein.

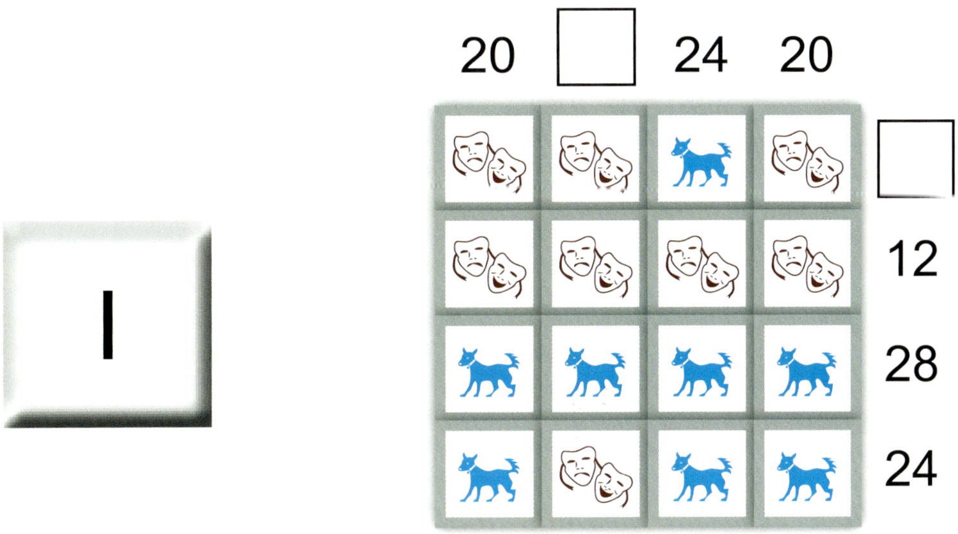

003 Redensartlich

Ergänzen Sie den jeweils gesuchten redensartlichen Ausdruck.

I

Wenn jemand nicht vorwärtskommt,
dann
dreht er sich im ________.

II

An einem einsamen, abgelegenen Ort
sagen sich Fuchs und
________ gute ________.

III

Wer sich etwas vormacht, der lügt sich in
die eigene ________.

004 Zahlenpool

Welche der rechts zur Auswahl stehenden Zahlen passt jeweils zu den Zahlen im Becken?

I

a) 103

b) 6

c) 19

d) 73

II

a) 700

b) 98

c) 37

d) 1059

005 Dreier-System

Welche Grafik ersetzt jeweils das Fragezeichen?

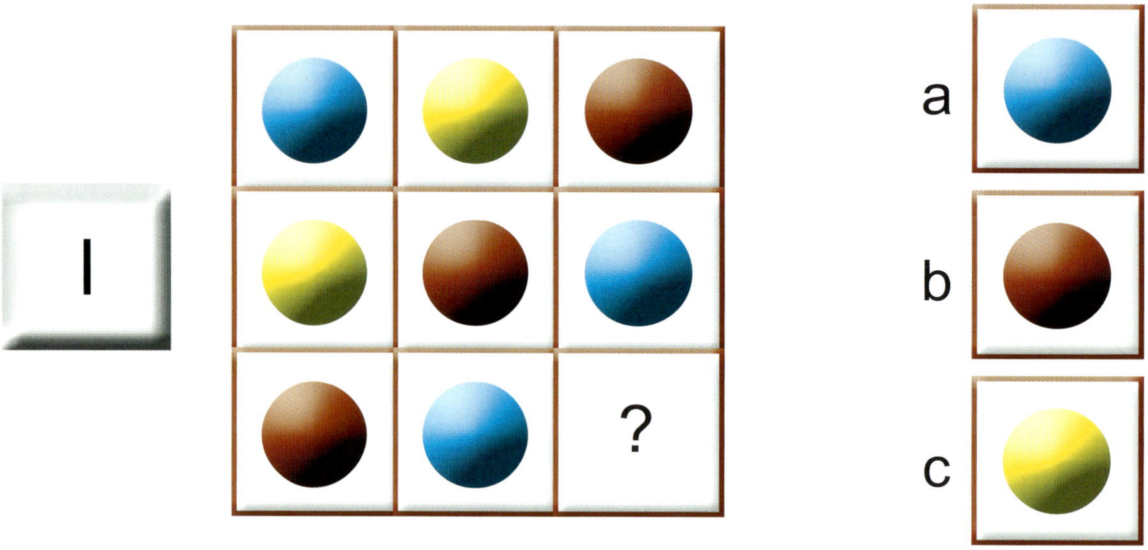

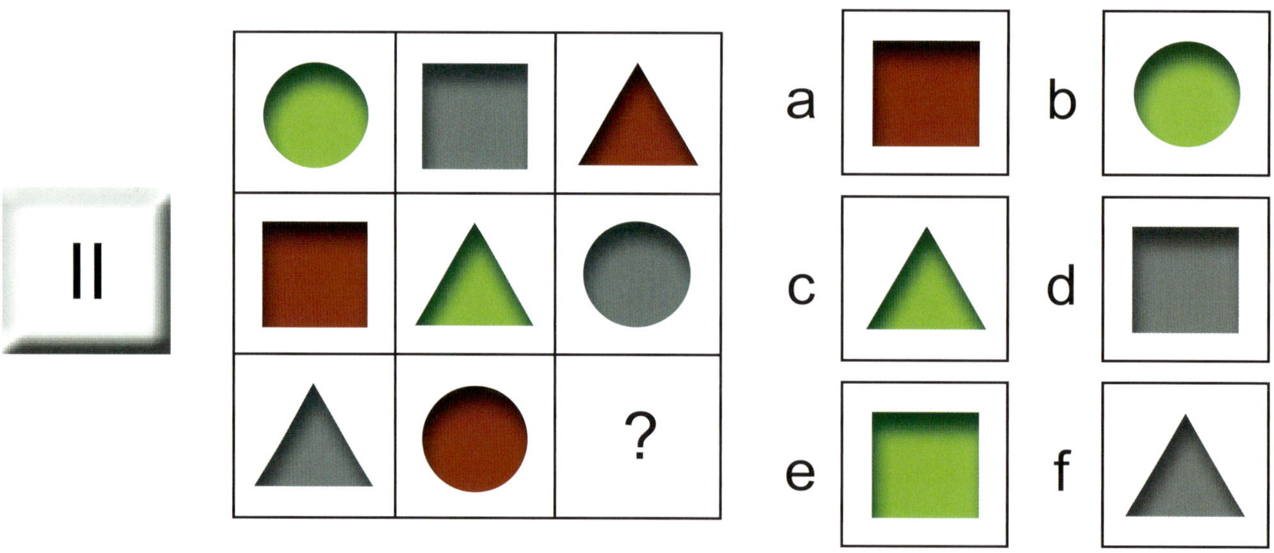

006 Drehwurm

Eine Figur ist gespiegelt.

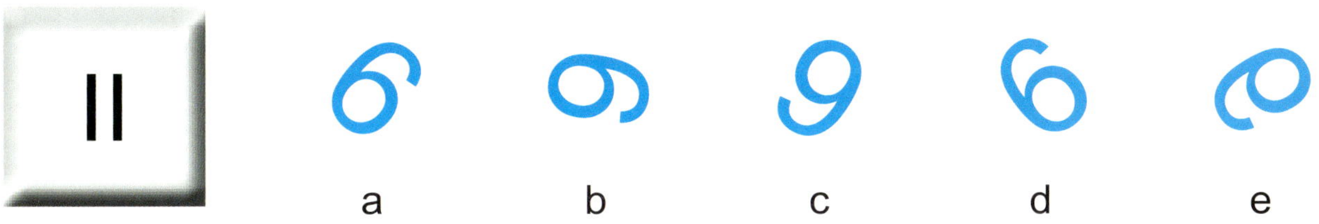

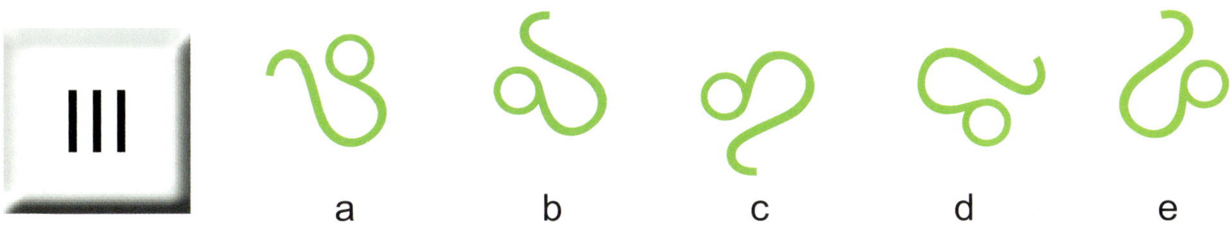

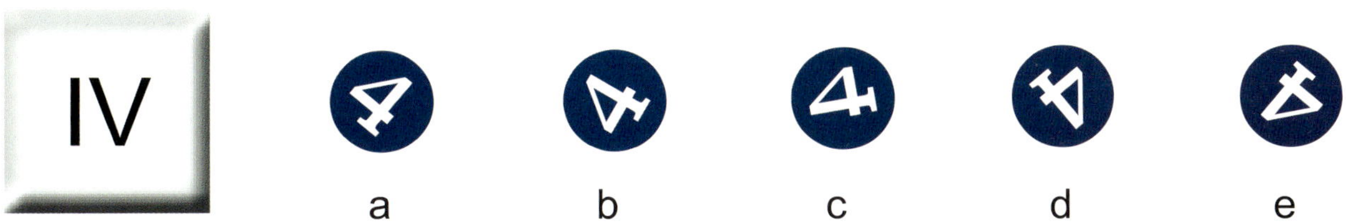

007 Moleküle

Erkennen Sie das rechnerische Muster, das dem System zugrunde liegt, und entscheiden Sie sich für die richtige Zahl.

I

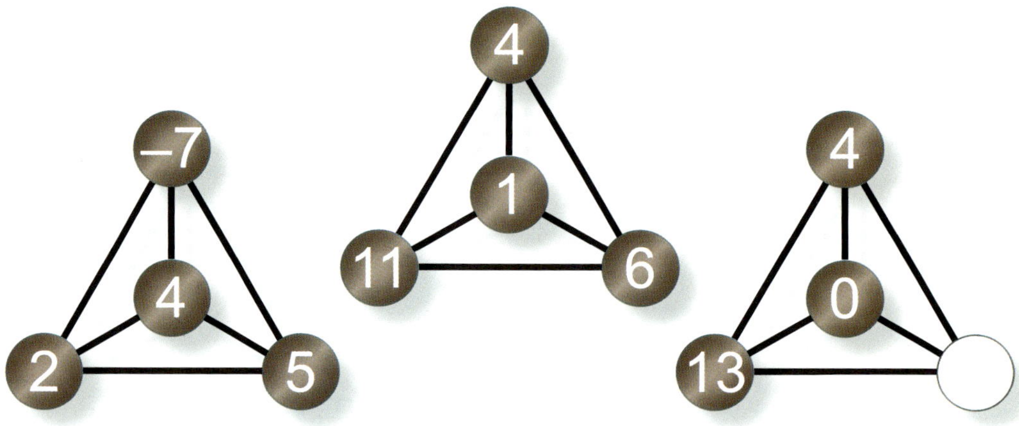

a) 5 b) 9 c) –3 d) 16

II

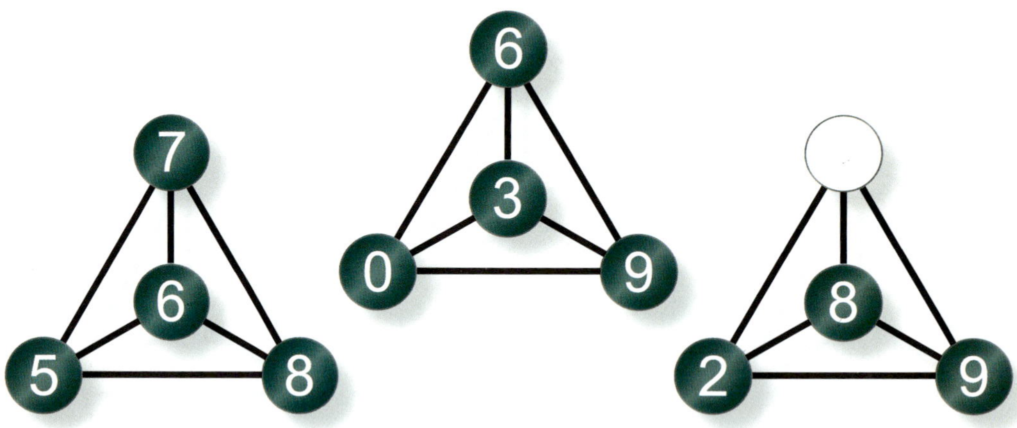

a) 2 b) 4 c) 11 d) 3

008 Gruppenzwang

Setzen Sie die sechs Mosaikbausteine entsprechend dem Plan rechts gedanklich zusammen. Vergleichen Sie dies mit der Vorgabe links. In welchem Bereich (A bis D) steckt ein Fehler?

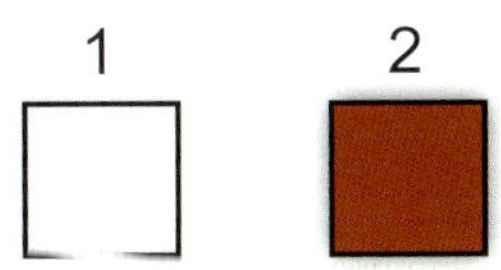

A ☐ B ☐ C ☐ D ☐

A ☐ B ☐ C ☐ D ☐

009 Ähnliche Redensarten

Finden Sie jeweils die zwei Redensarten, die eine ähnliche Bedeutung haben.

I

a) ein Hühnchen rupfen
b) einen neuen Anlauf nehmen
c) sich ins Fäustchen lachen
d) in Trümmer gehen
e) eine alte Rechnung begleichen

II

a) ins Wasser fallen
b) zur Seite treten
c) auf dem Schlauch stehen
d) schwer von Begriff sein
e) im Raum stehen

III

a) die Ohren aufsperren
b) auf die Tube drücken
c) mit dem Kopf durch die Wand wollen
d) einen Gang zulegen
e) etwas nur vom Hörensagen wissen

010 Gartenzaun

Nach welcher Zahl ist jeweils gefragt?

I

Frank streicht einen Meter Gartenzaun in einer Stunde. Wie viele Meter Zaun streicht er in zehn Stunden?

Antwort: ☐ Meter

II

Franks Nachbar streicht zwei Meter Zaun in einer Stunde. In wie vielen Stunden hat er zehn Meter Zaun frisch gestrichen?

Antwort: In ☐ Stunden

011 Buchstabenchaos

Bauen Sie die Buchstabengruppen unter a) bis d) zu sinnvollen Wörtern um und wählen Sie für den unvollständigen Satz die korrekte Ergänzung.

I

Meine Lieblingsfarbe ist ...

a) AKLB
b) HLWA
c) NÜGR
d) LAUM

II

Schuhe kaufen kann man nur als ...

a) RAPA
b) AULQ
c) WELÖ
d) FSSA

III

Getrunken wird oft aus einem ...

a) ENOF
b) CUHT
c) MKMA
d) SAGL

012 Logische Formenreihe

Führen Sie das Prinzip der Reihe fort und setzen Sie die richtige Alternative a bis e ein.

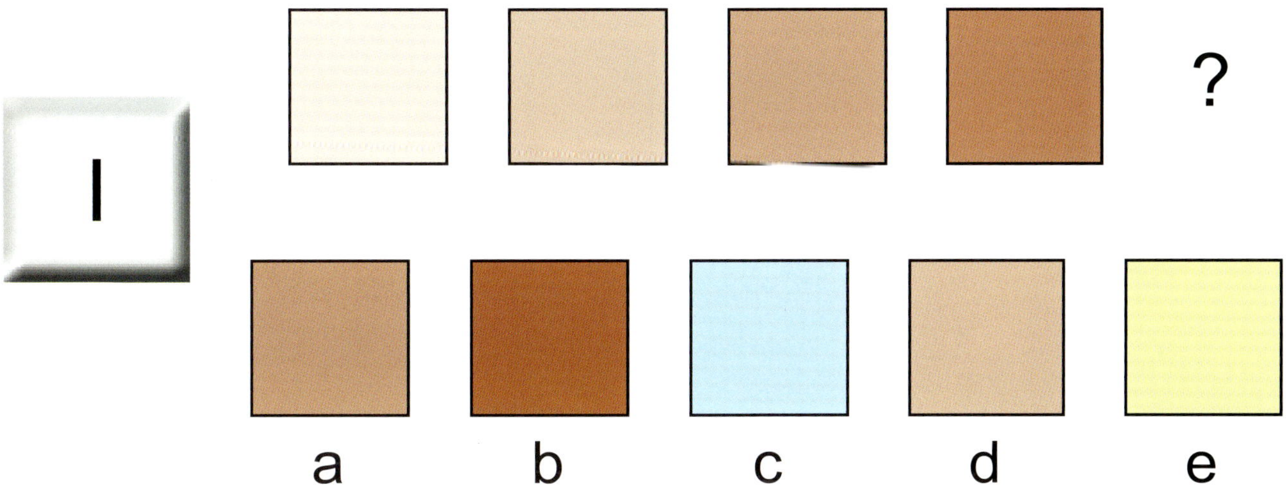

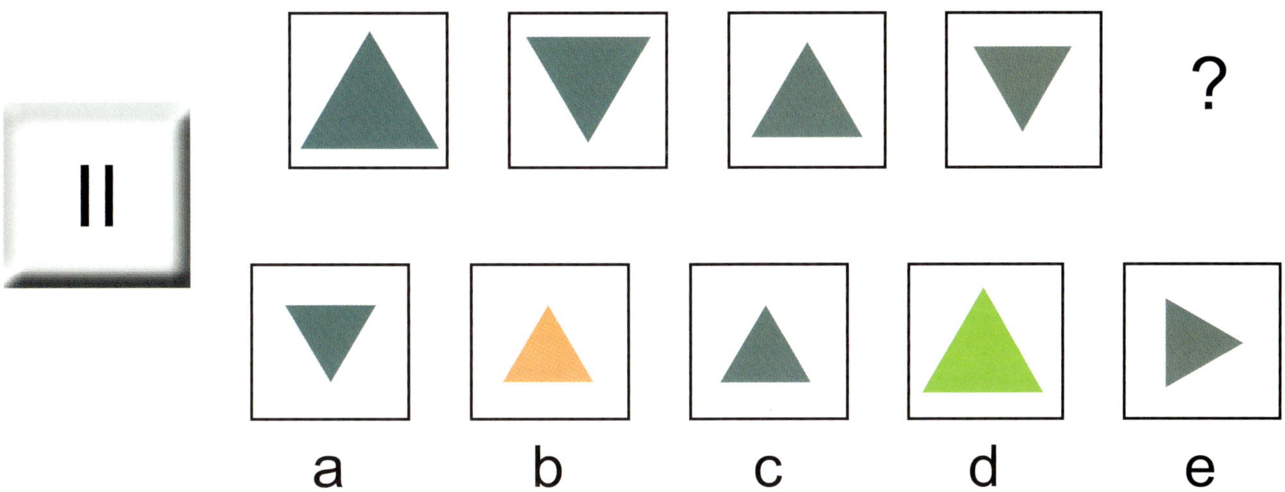

013 Gruppenzwang

Ordnen Sie jede der unteren Grafiken 1 bis 4 der jeweils passenden Gruppe zu.

Gruppe A | Gruppe B

1 ☐ 2 ☐ 3 ☐ 4 ☐

014 Tatsachenaussage

Kreuzen Sie den den Satz mit der Tatsache an. Bedenken Sie: Im Gegensatz zu einer Meinung ist eine Tatsache prinzipiell beweisbar.

I

a) Eine Stadtwohnung gilt als modern.

b) Bei Vollmond fühlt man sich munterer.

c) Ein Hotelzimmer ist ein Raum.

d) Kochen ist ein luxuriöses Hobby.

II

a) Selbst kluge Menschen halten sich manchmal für dumm.

b) Das Bett ist das wichtigste Möbelstück.

c) Kinder wären die besseren Politiker.

d) Wasser ist das edelste Getränk.

015 Dominosystem

Welcher Dominostein passt?

a

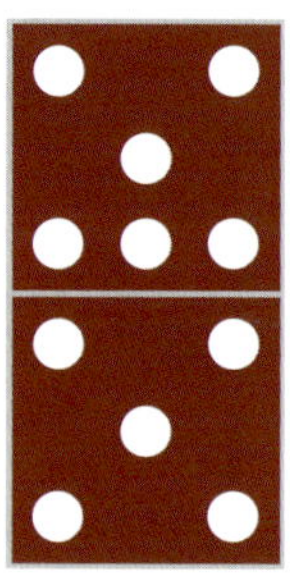

b

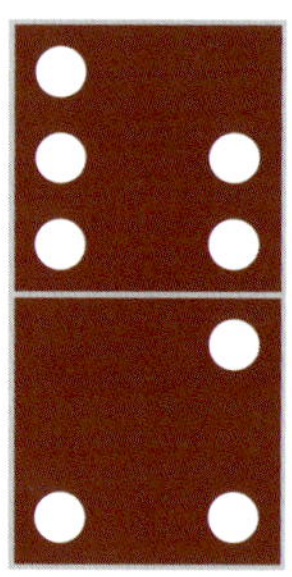

c

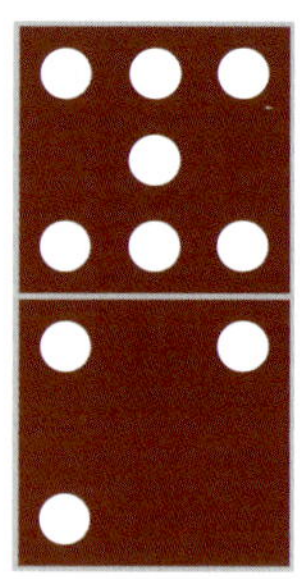

016 Stärkster Gegner

Welcher Begriff drückt am treffendsten das Gegenteil vom vorgegebenen Wort aus?

I

hell

a) braun
b) schattig
c) getrübt
d) dunkel

II

fromm

a) heuchlerisch
b) gottlos
c) achtlos
d) eigensinnig

III

Gipfel

a) Abhang
b) Berg
c) Talsohle
d) Fundament

017 Dreier-System

Welche Grafik ersetzt jeweils das Fragezeichen?

I

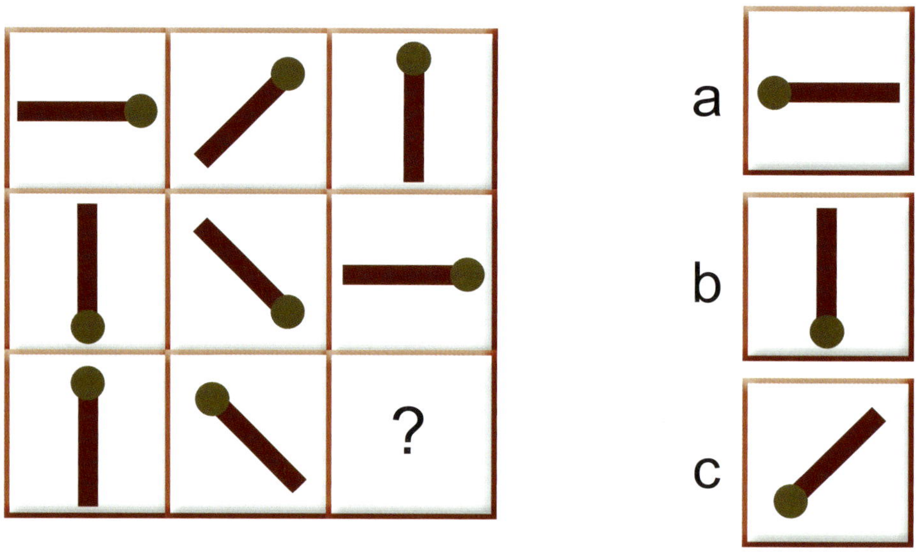

II

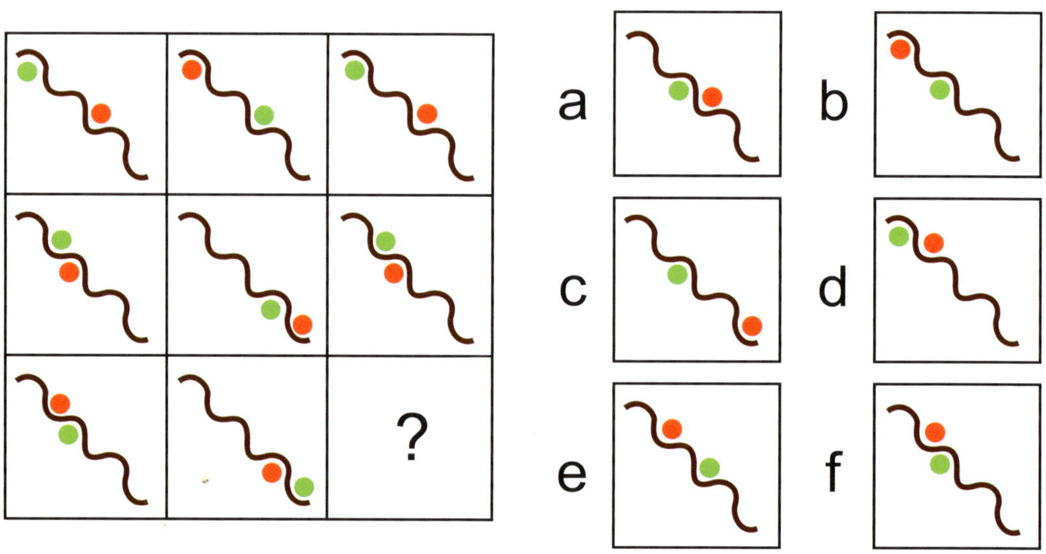

018 Zeitenfolge

Was müsste an der Stelle des Fragezeichens stehen?

I

a)

b)

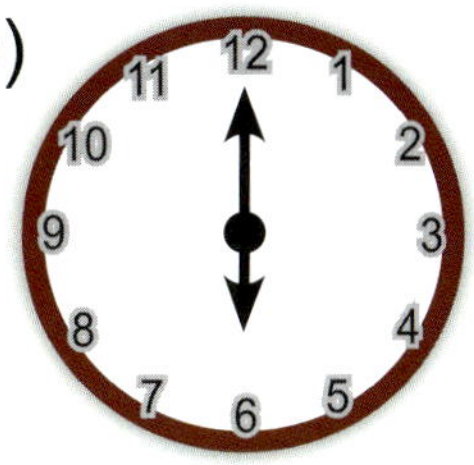

c)

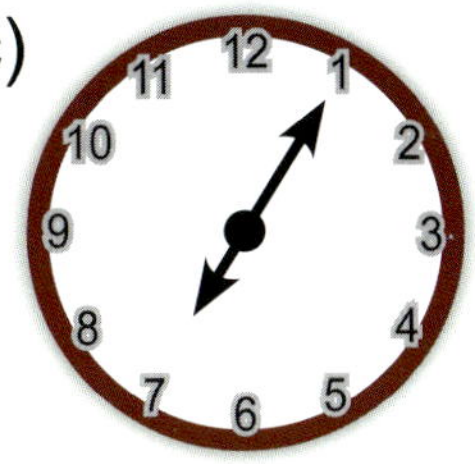

II

a)

b)

c)

019 Parasitenwörter

Setzen Sie das fehlende Wort ein.

I	KAMIN →	(KARO)	←	ROSE
	BEUTE →	(_ _ _ _)	←	ETWA
II	LIEB →	(EBER)	←	TIER
	PAPA →	(_ _ _ _)	←	STAR
III	ISAR →	(SATT)	←	OTTO
	OMEN →	(_ _ _ _)	←	EHRE
IV	LÖWE →	(WEIT)	←	SAITE
	TINE →	(_ _ _ _)	←	RAPPE

020 Zahlentrios

Welches Zahlentripel passt?

I

6	5	14	7	2	
10	1	4	9	14	
2	3	8	5	4	

a)	b)	c)	d)
5	4	4	11
7	8	2	2
5	7	14	13

II

2	4	6	8	10	
7	9	11	13	15	
13	16	19	22	25	

a)	b)	c)	d)
12	13	12	12
19	17	17	17
29	28	28	30

021 Zahlenkleeblatt

Welche Zahlen vervollständigen das System?

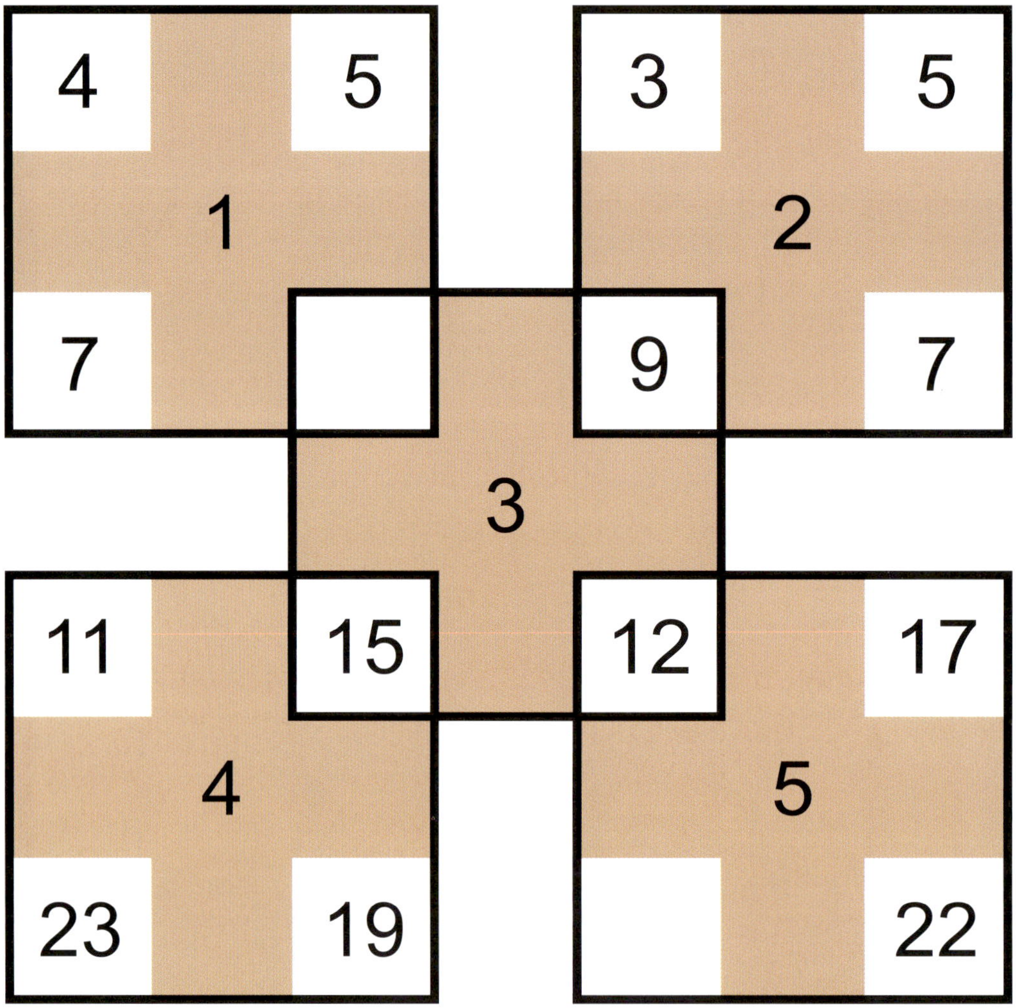

a) 9 und 25 b) 6 und 26 c) 6 und 27 d) 7 und 23

022 Konkurrierend ähnlich

Welcher Begriff ähnelt dem vorgegebenen am meisten?

I

hoch

a) weit
b) emporragend
c) luftig
d) groß

II

Neugier

a) Frechheit
b) Sensationslust
c) Zeitungslektüre
d) Wissensdurst

III

Text

a) Sprache
b) Stimme
c) Wortlaut
d) Wörter

023 Anfang und Ende

Welches Wortende kann sämtlichen dieser Wortanfänge angehängt werden? Welcher Wortanfang fehlt unten?

I

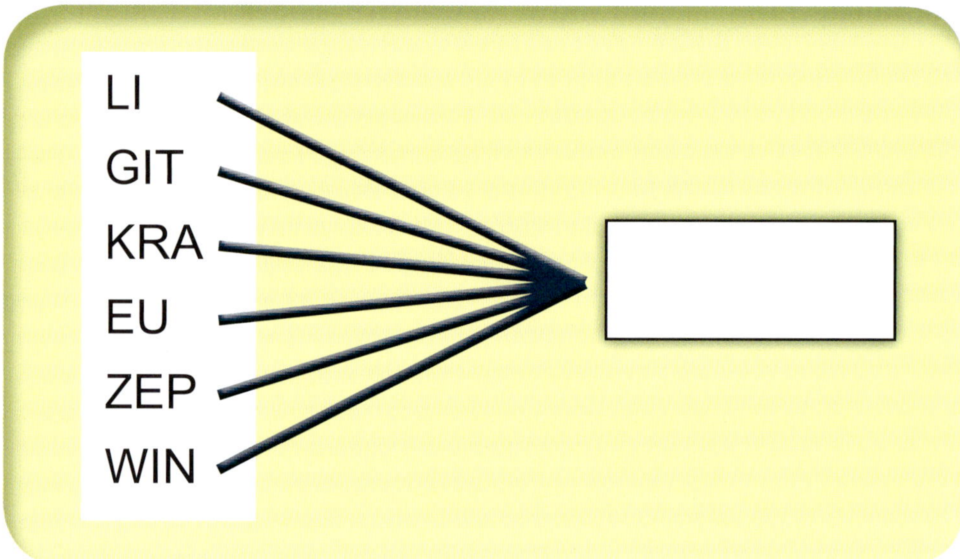

II

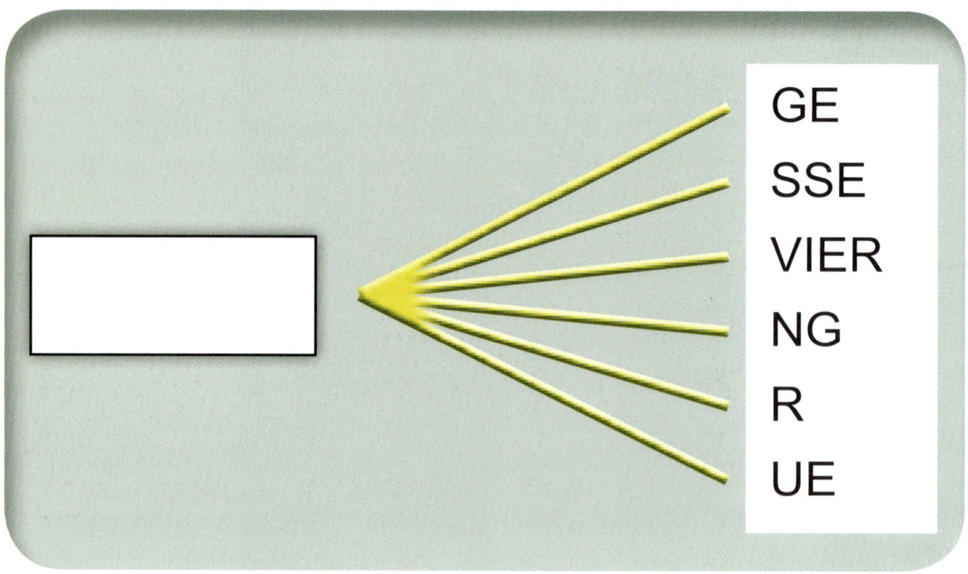

024 Rechnerische Verhältnisse

Welche Grafik ist die passende Ergänzung?

verhält
sich
zu

wie

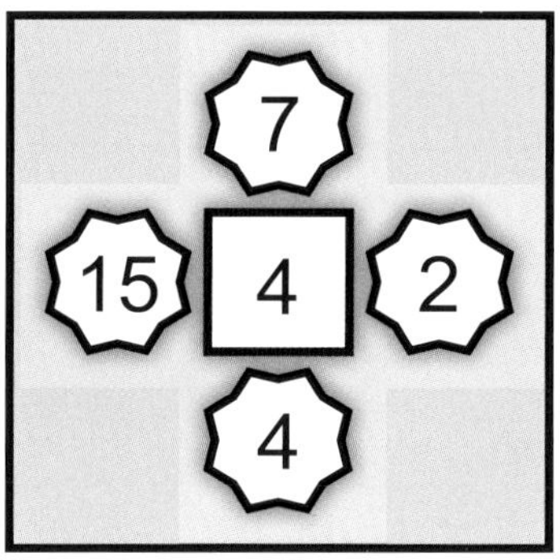

zu

a)

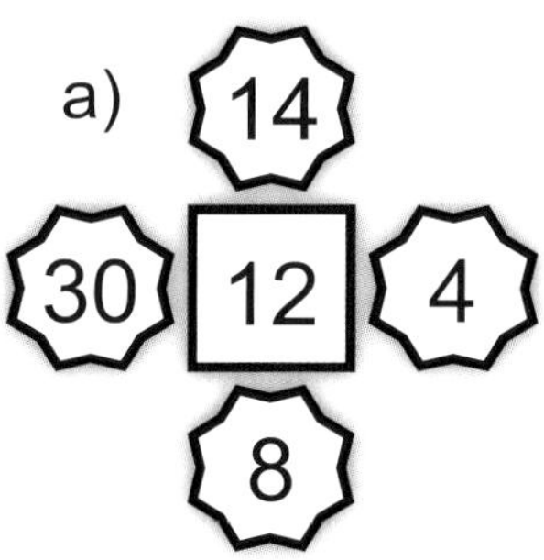

b)

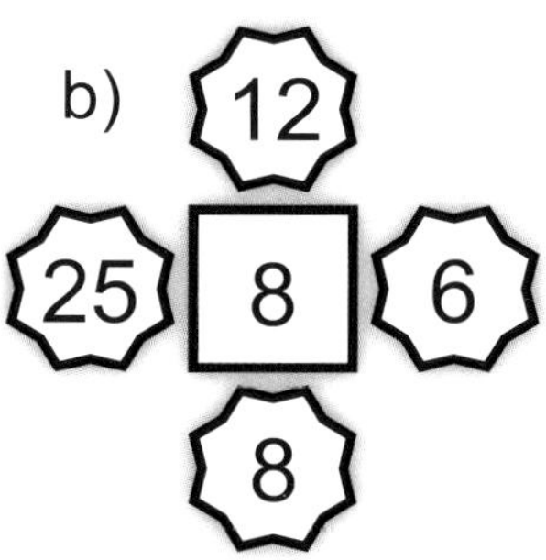

c)

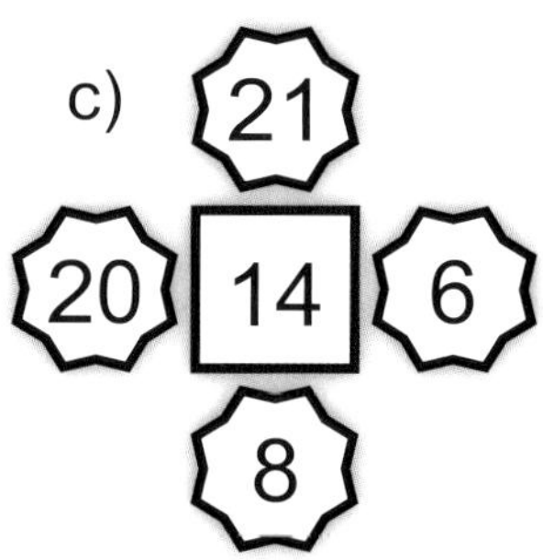

025 Teilhaber

Tragen Sie das fehlende Wort in die Klammer ein.

I

Z + (________________) = Reihe
Hast

II

GA + (________________) = Steppentier
Kammer

III

S + (________________) = Rind
Lebewesen

IV

L + (________________) = Sprossengerät
Absonderung

026 Formenwirrwarr

Welche Zahl gehört ins jeweils leere Feld?

I

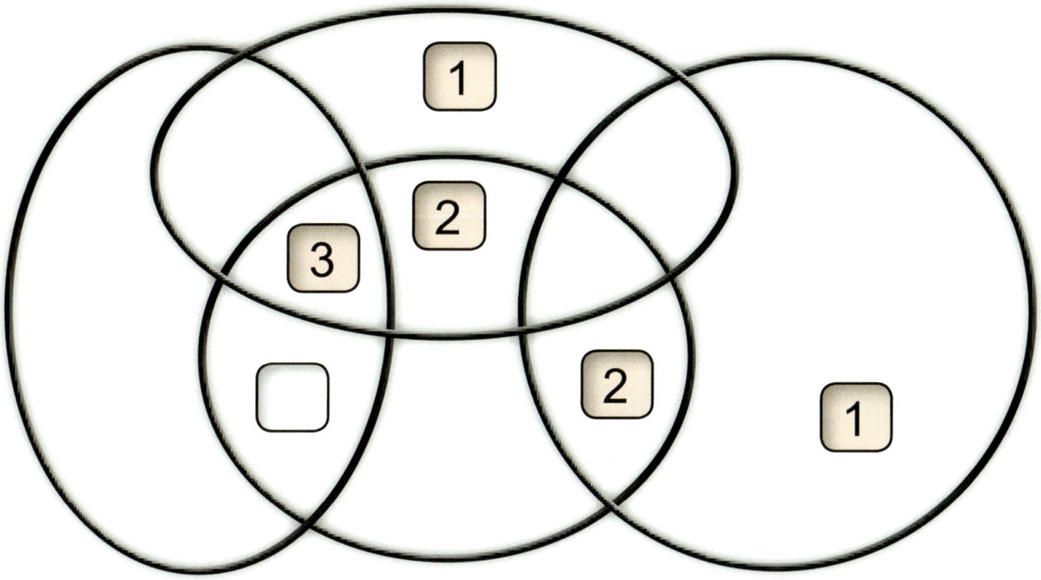

II

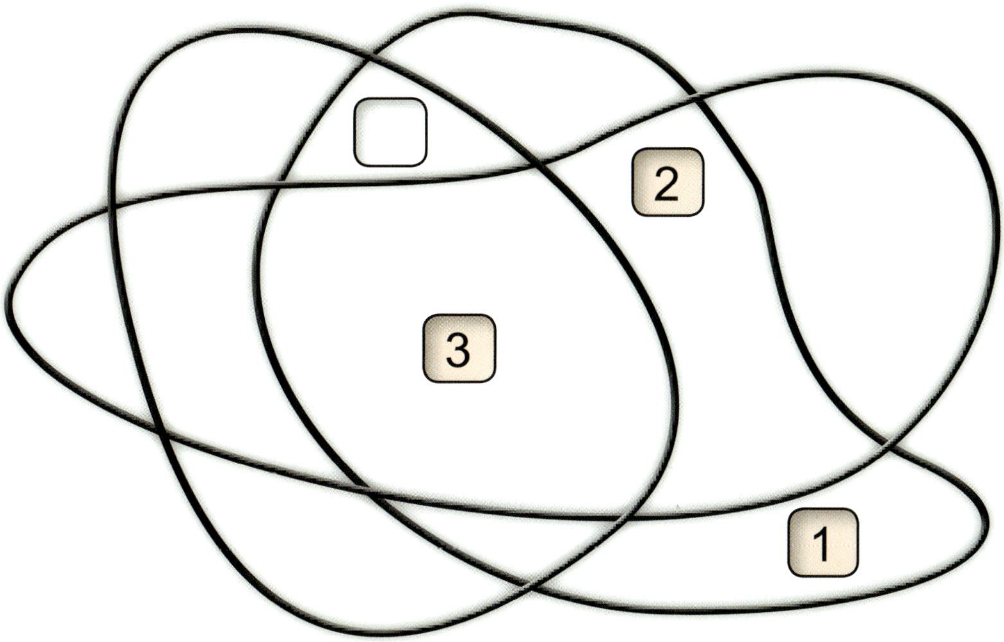

027 Waagschalen

Mit welcher Menge bringen Sie die letzte Waage ins Gleichgewicht?

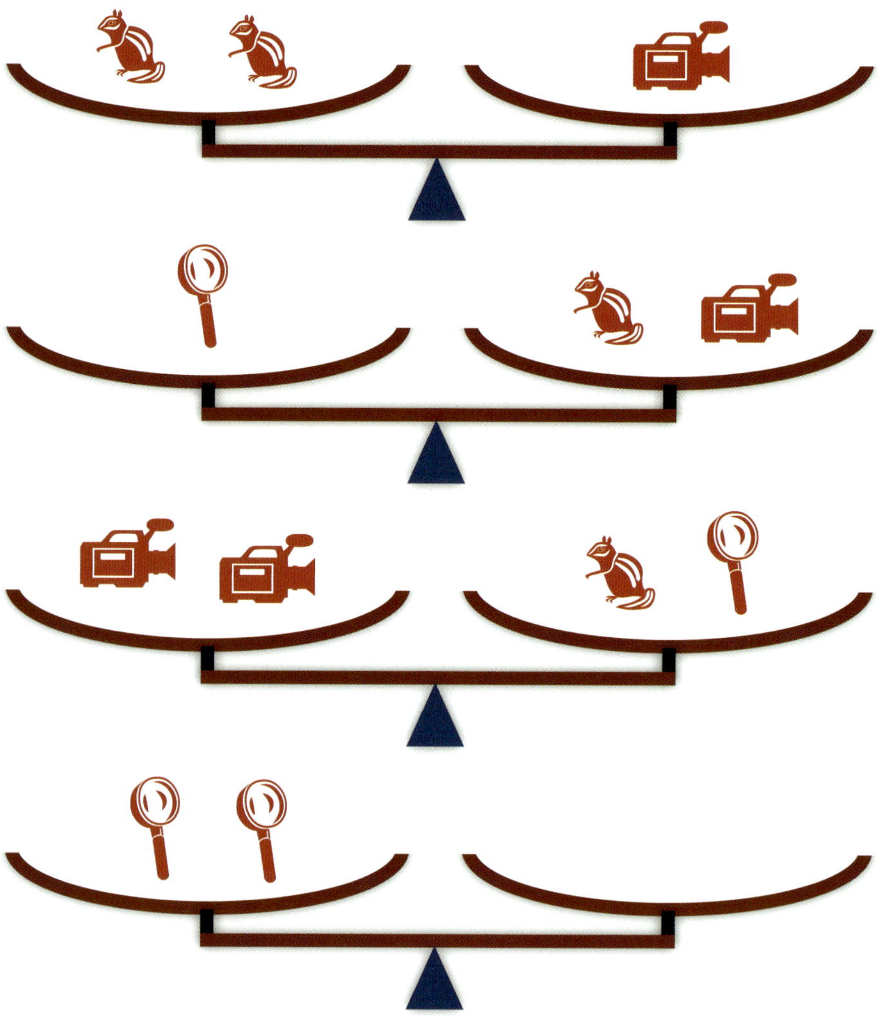

a) 

b) 

c) 

d) 

028 Schmelztiegel

Bei den folgenden Wörtern (bzw. Wortfragmenten) fehlen am Ende bzw. am Anfang dieselben Buchstaben. Ergänzen Sie sie!

I	Kandi ☐☐☐ um
II	Fir ☐☐ rke
III	Ban ☐☐☐ kdote
IV	Wach ☐ tab

029 Außenseiter

Welches Gesicht passt nicht zu den anderen?

I

a) b) c) d) e)

II

a) b) c) d) e)

III

a) b) c) d) e)

030 Wochentage

Nach welchen Wochentagen wird gefragt?

I

Was für ein Wochentag ist 11 Tage nach einem Freitag?

☐ Mo ☐ Di ☐ Mi ☐ Do ☐ Fr ☐ Sa ☐ So

II

Welcher Tag ist übermorgen, wenn vor 8 Tagen ein Dienstag war?

☐ Mo ☐ Di ☐ Mi ☐ Do ☐ Fr ☐ Sa ☐ So

III

Morgen ist Mittwoch. Welcher Tag war 4 Tage vor gestern?

☐ Mo ☐ Di ☐ Mi ☐ Do ☐ Fr ☐ Sa ☐ So

031 Bruchfolge

Welches Zahlenpaar setzt die Reihe fort?

I

2	6	6	12	10	?
3	4	9	8	15	

	a)	b)	c)	d)
oben	14	18	19	17
unten	16	12	11	9

II

11	9	7	8	13	?
2	4	6	5	0	

	a)	b)	c)	d)
oben	8	6	1	4
unten	4	13	12	14

032 Logische Formenreihe

Führen Sie das Prinzip der Reihe fort und setzen Sie die richtige Alternative a bis d ein.

I

?

a)  b)  c)  d) 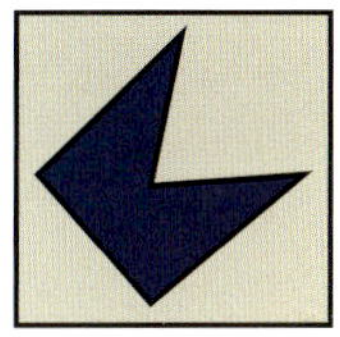

II

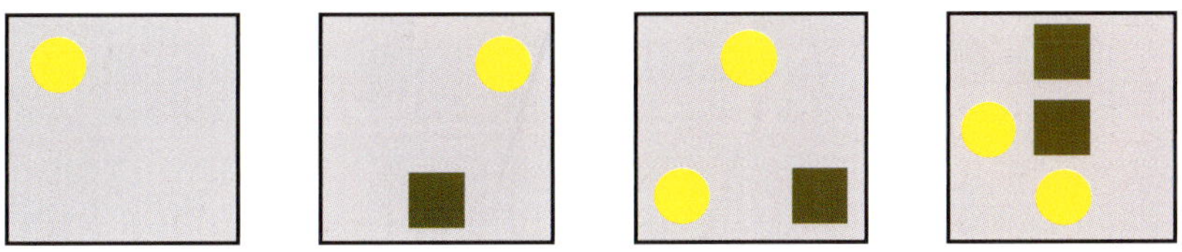

?

a)  b)  c)  d) 

033 Tastenfelder

Welcher Buchstabe gehört ins leere Feld?

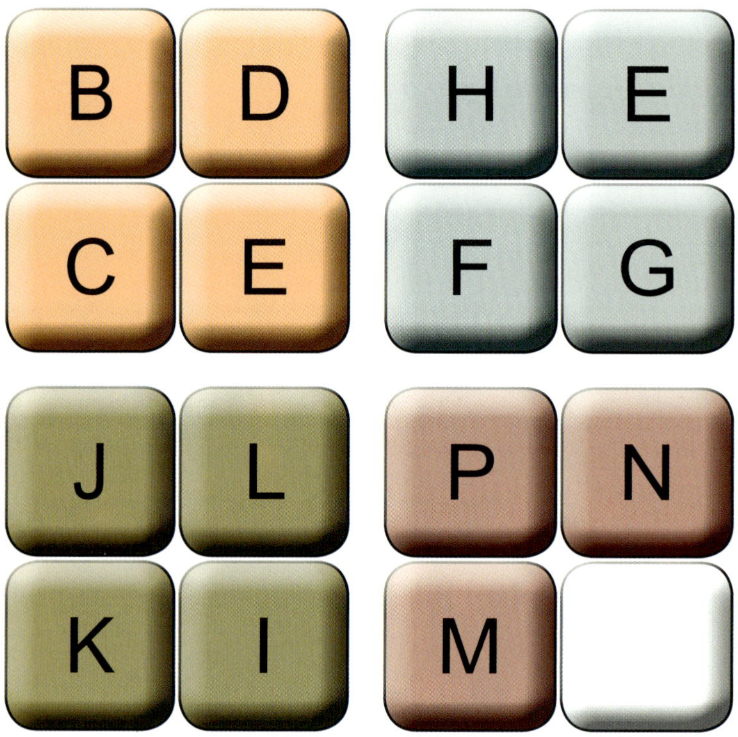

a) K b) Q c) R d) O

034 Oberbegriffe

Finden Sie ein Wort, das den gemeinsamen Oberbegriff zu den beiden vorgegebenen Wörtern bildet.

I	Nektarine	Apfel
II	Wut	Freude
III	Auto	Motorrad
IV	Tisch	Bett

035 Zahlen bei Tisch

Welche der rechts zur Auswahl stehenden Zahlen passen an die Stellen der Fragezeichen?

I

	3	3	
7	13	6	5
6	10	?	0
	3	7	

a) 6

b) 3

c) 5

d) 7

II

	3	2	
3	?	6	3
7	14	28	4
	2	7	

a) 6

b) 9

c) 11

d) 16

036 Kugelkisten

Ersetzen Sie jeweils das Fragezeichen.

I

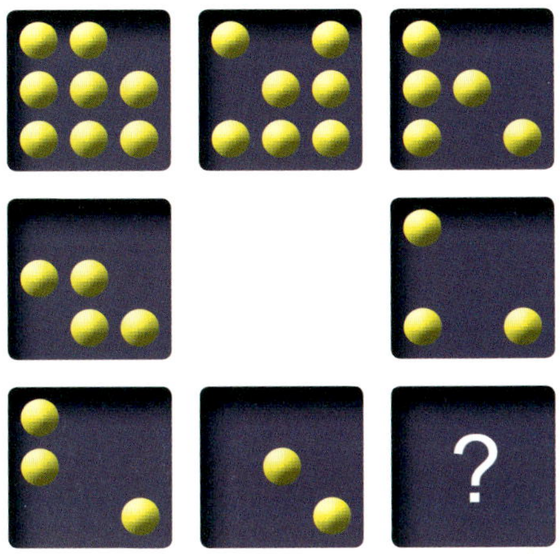

a) 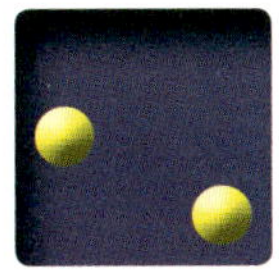

b) 

c) 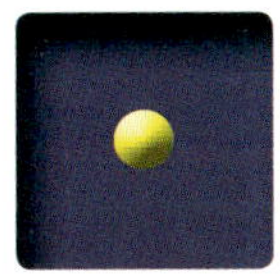

d) 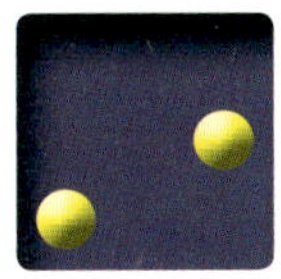

II

a) 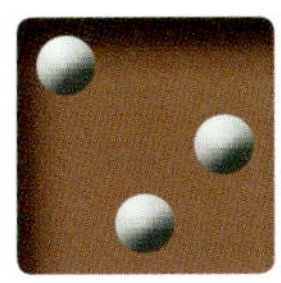

b) 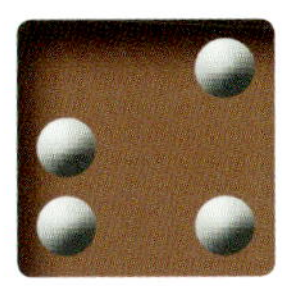

c) 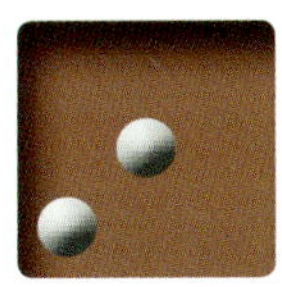

d) 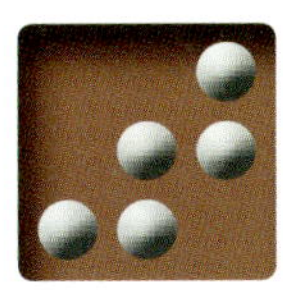

037 Zahlenreihen

Markieren Sie die fehlende Zahl.

I

1	8	15	22	29	36	

a) 52 b) 46 c) 39 d) 43

II

0	3	7	10	14	17	

a) 21 b) 19 c) 29 d) 22

III

4	8	5	10	7	14	

a) 9 b) 11 c) 17 d) 12

IV

2	3	5	9	17	33	

a) 41 b) 52 c) 65 d) 73

038 Logische Formenreihe

Führen Sie das Prinzip der Reihe fort und setzen Sie die richtige Alternative a bis d ein.

I

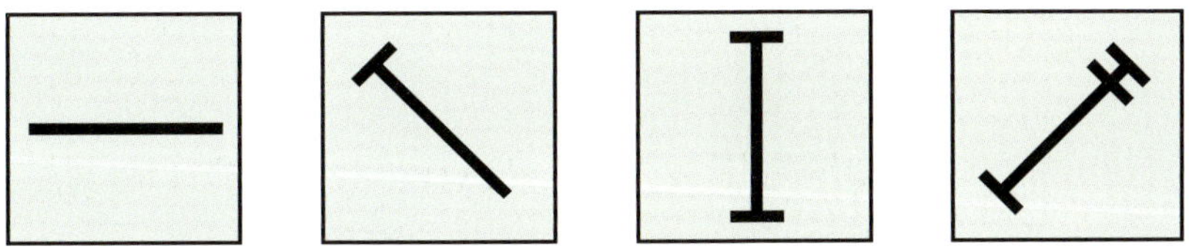

?

a) 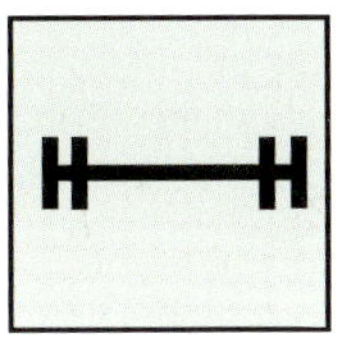 b) 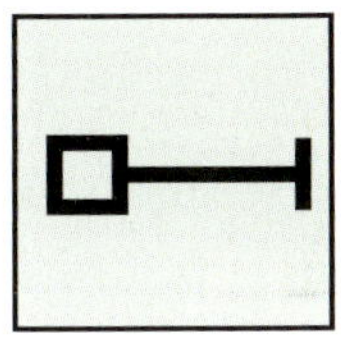 c)  d) 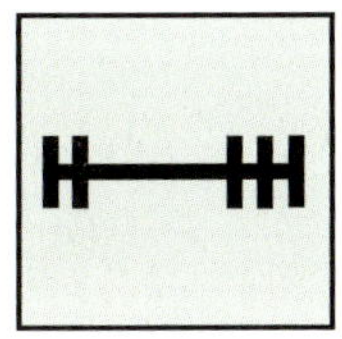

II

?

a)  b) 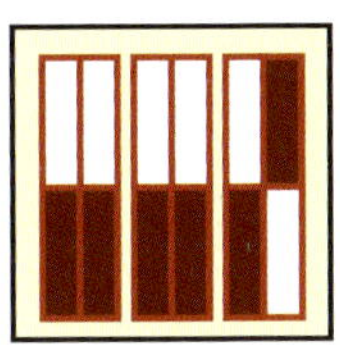 c) 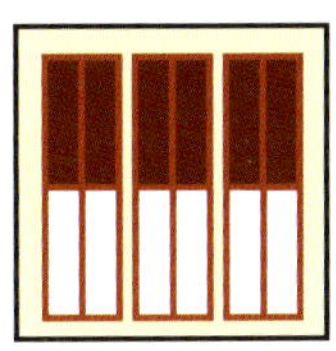 d) 

039 Flächen zählen

Jede Grafik stellt einen geschlossenen Körper dar.
Wie viele Flächen hat dieser jeweils?

I

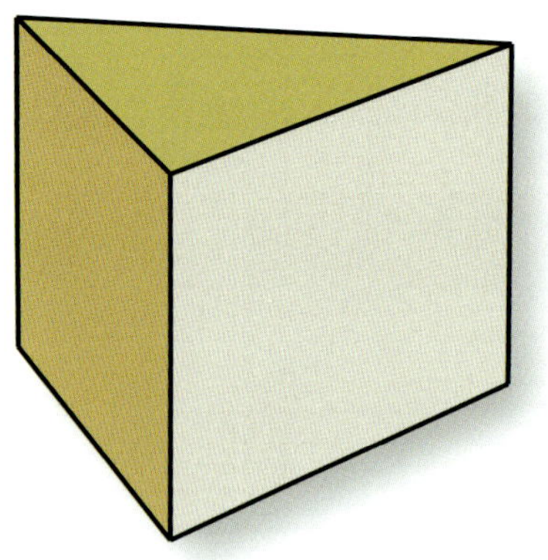

Flächenanzahl: ☐

II

Flächenanzahl: ☐

040 Brückenbau

In der Mitte fehlt immer ein Brückenwort, mit dem jeweils das linke Wort endet und das rechte beginnt. Die Wörter dürfen bei Bedarf gebeugt (dekliniert) werden.

I	Traum...		...arbeiter
II	Butter...		...teig
III	Wein...		...scherbe
IV	Schnecke...		...meister
V	Schnee...		...schirm

041 Analogien

Sie sehen jeweils zwei Begriffspaare. Finden Sie in der unteren Zeile den fehlenden Begriff.

I

Mann	Junge
Frau	?

a) Baby
b) Schwester
c) Mädchen
d) Mutter

II

Tanne	Baum
Tulpe	?

a) Busch
b) Blume
c) Nelke
d) Pflanze

III

finden	verlieren
arbeiten	?

a) essen
b) lesen
c) spielen
d) schuften

042 Zahlenmännchen

Welche Zahl fehlt jeweils?

I

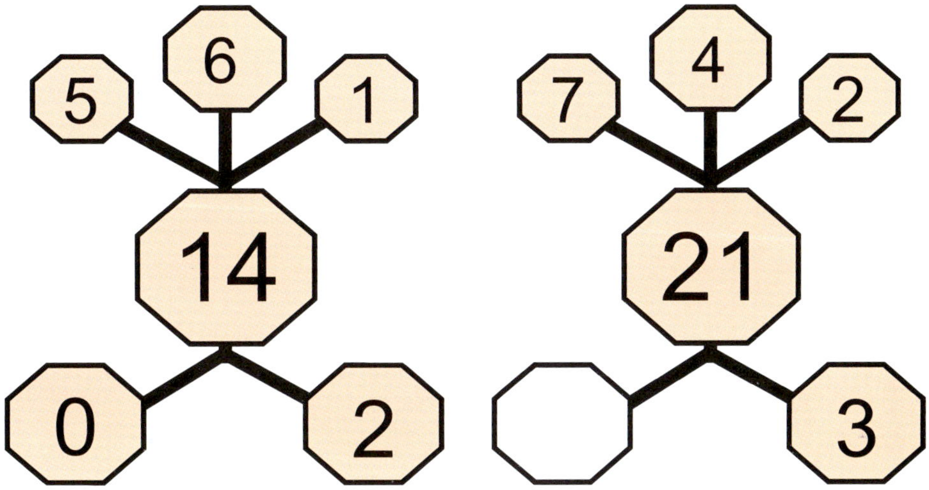

a) 5 b) 6 c) 7 d) 8

II

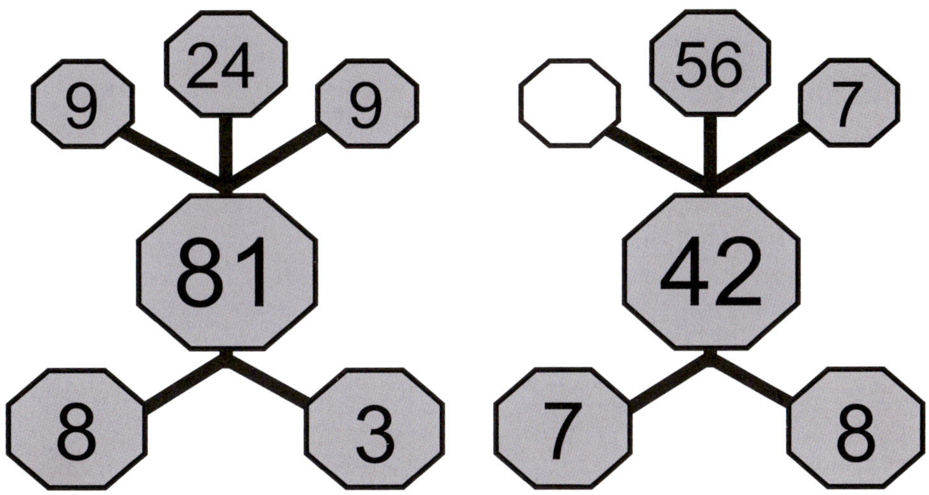

a) 5 b) 6 c) 7 d) 8

043 Pärchenbildung

Finden Sie die beiden zusammengehörenden Begriffe.

I

a) Kamm	b) Nagel
c) Käse	d) Mauer
e) Hund	f) Haare

II

a) Lampe	b) Stuhl
c) Tisch	d) Teppich
e) Laken	f) Tür

III

a) Sonnenblume	b) Weg
c) Wiese	d) Fußball
e) Vogel	f) Gras

044 Würfeltest

Finden Sie jeweils heraus, welcher der Würfel unter a bis d dem vorgegebenen Würfel entspricht. Die Würfel können gedreht und gekippt sein. Auf jeder der sechs Seiten eines Würfels befindet sich etwas anderes.

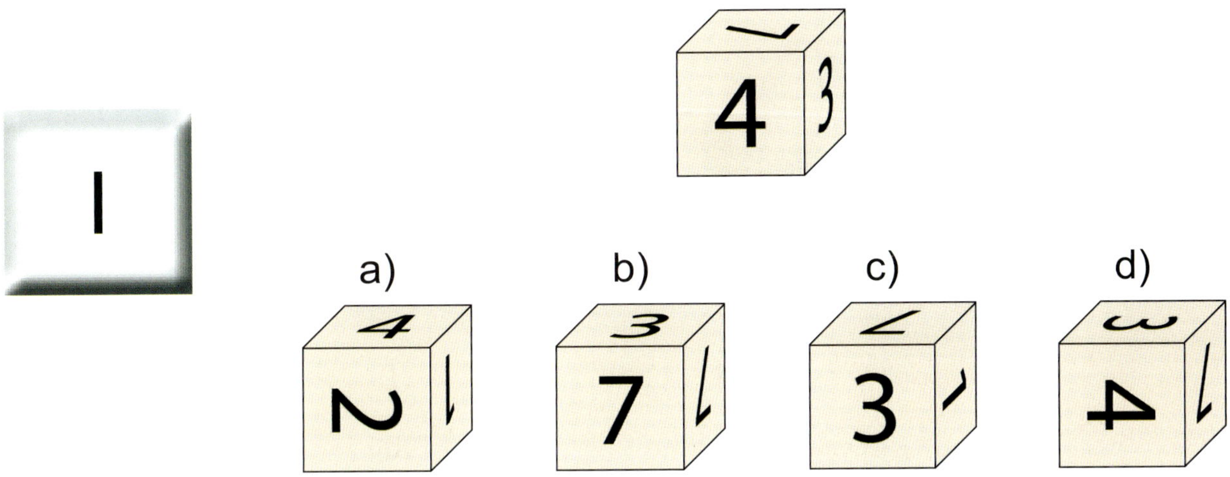

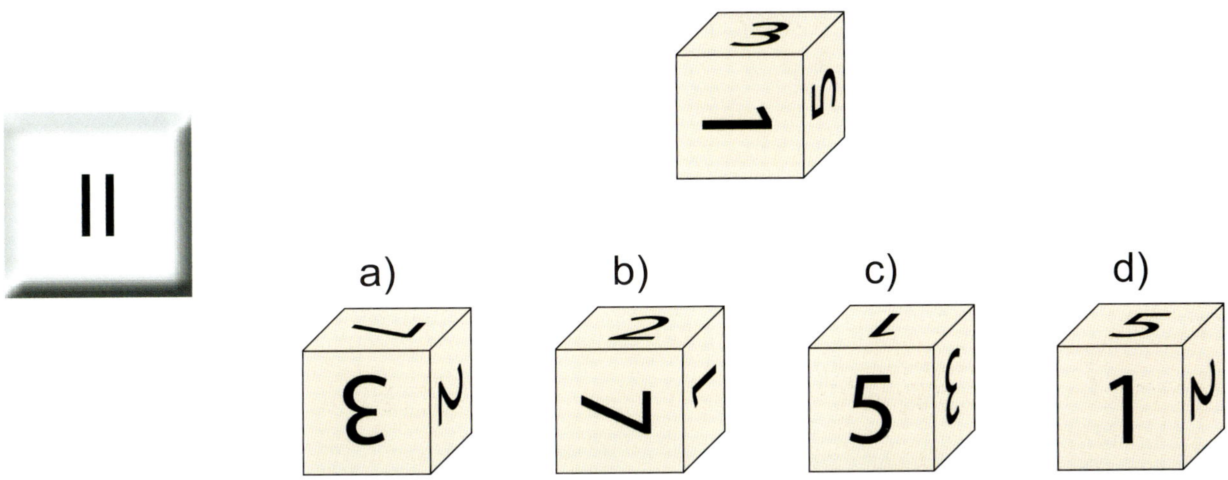

045 Viertelkreise

Bestimmen Sie die fehlende Zahl.

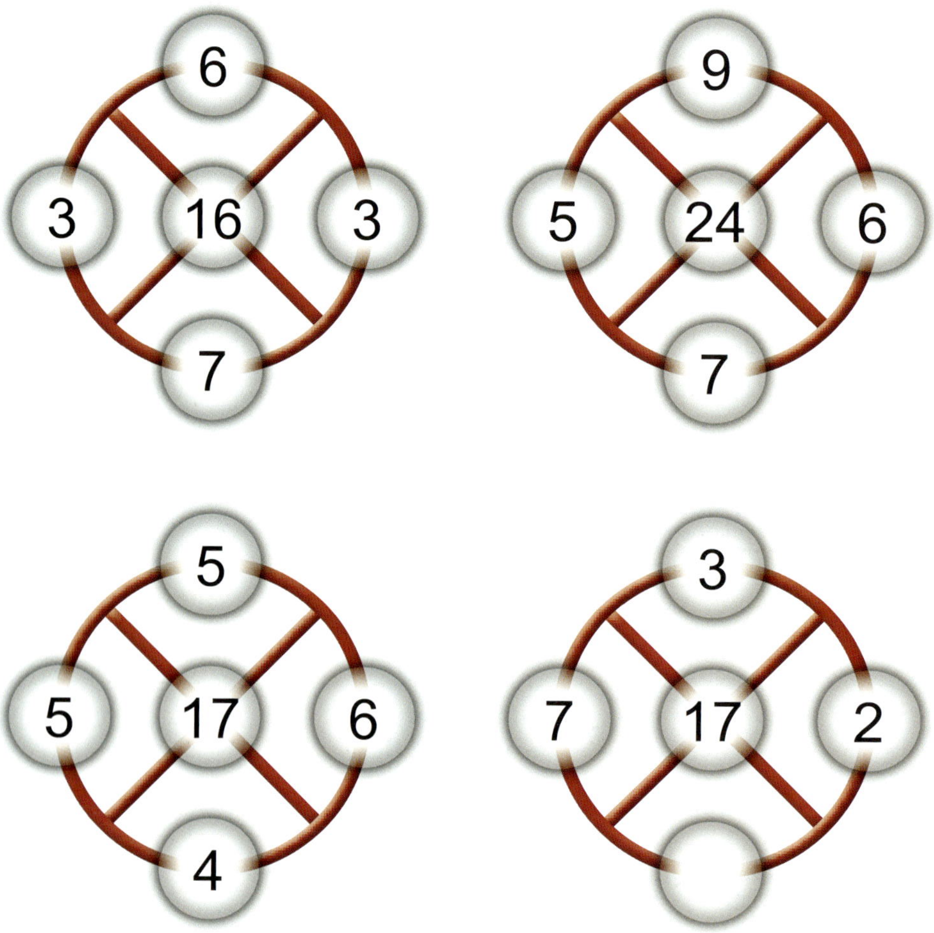

a) 5 b) 6 c) 7 d) 8

046 Schlussfolgerungen

Nehmen Sie an, die jeweils ersten beiden Sätze seien wahr. Ist dann die jeweilige Schlussfolgerung hinter dem Pfeil zwingend richtig oder falsch?

I

Alle Menschen sind groß.
Alles Große ist grün.

⇛ *Alle Menschen sind grün.*

II

Alle Äpfel sind ein Spielzeug.
Kein Spielzeug ist leicht.

⇛ *Alle Äpfel sind leicht.*

III

Manche Busse fahren schnell.
Manche Autos fahren schnell.

⇛ *Manche Autos sind Busse.*

IV

Manche Schäfer heißen Franz.
Jeder Franz ist klug.

⇛ *Manche Schäfer sind klug.*

047 Logisches Achteck

Welche Zahl gehört an die Stelle des Fragezeichens?

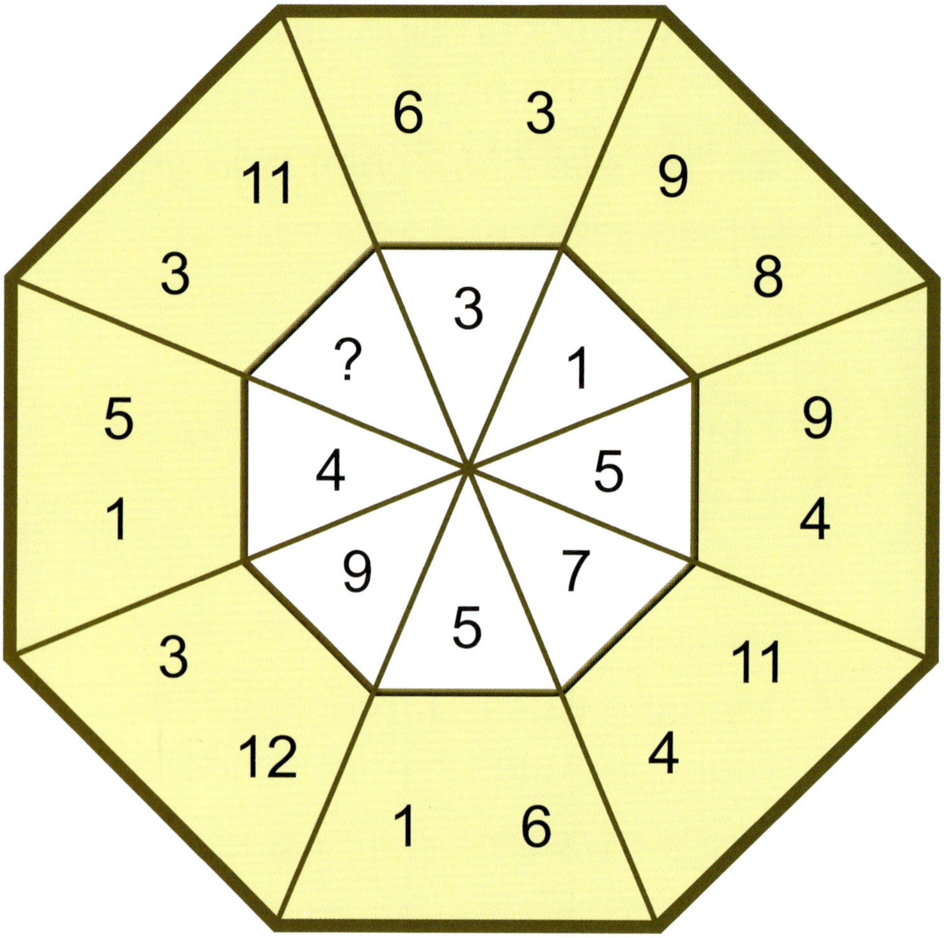

a) 4 b) 8 c) 6 d) 11

048 Dreier-System

Welche Grafik ersetzt jeweils das Fragezeichen?

I

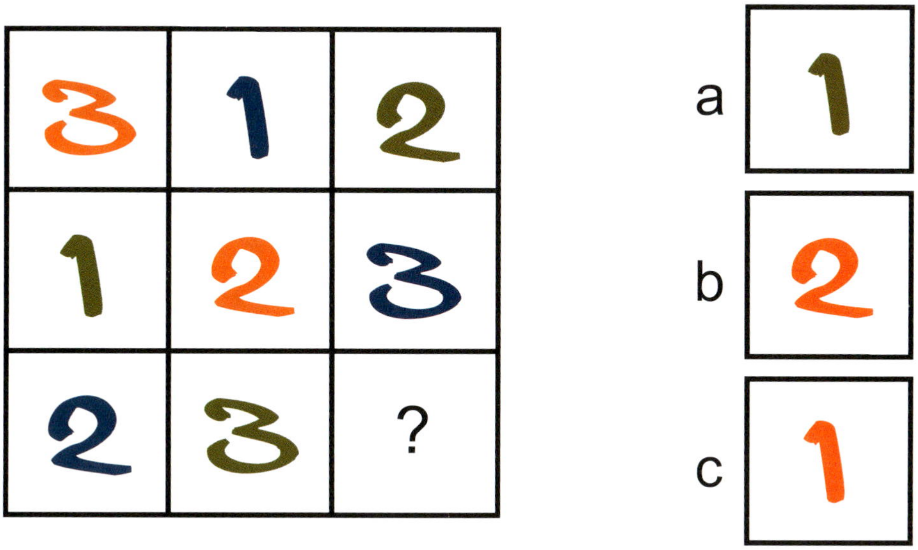

II

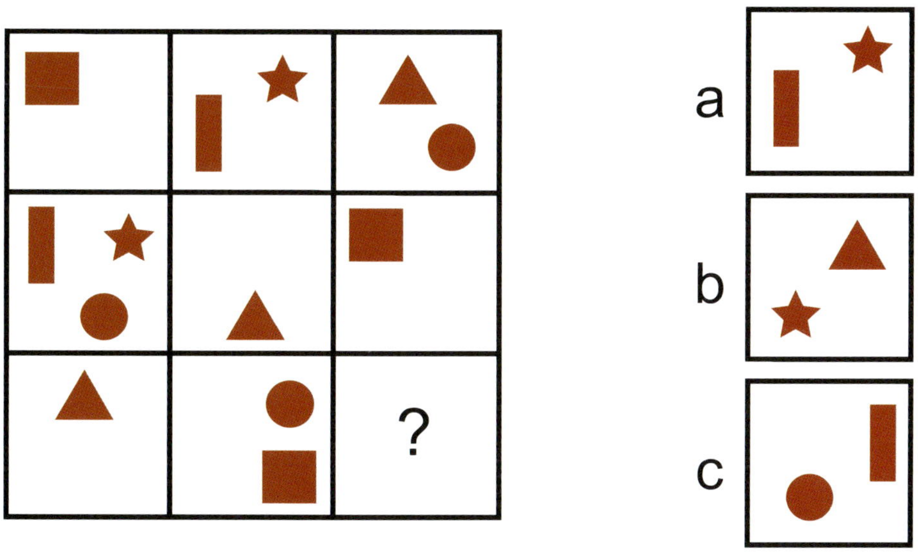

049 Außenseiter

Welches Wort passt nicht zu den anderen?

I

a) Geiger b) Trompeter
c) Posaunist d) Hornist

II

a) Hammer b) Nagel
c) Zange d) Säge

III

a) Wut b) Zorn
c) Groll d) Trauer

IV

a) Afrika b) Alaska
c) Australien d) Asien

050 Zahleneier

Welche der zur Auswahl stehenden Zahlen vervollständigt jeweils das Ei mit dem fehlenden Wert?

I

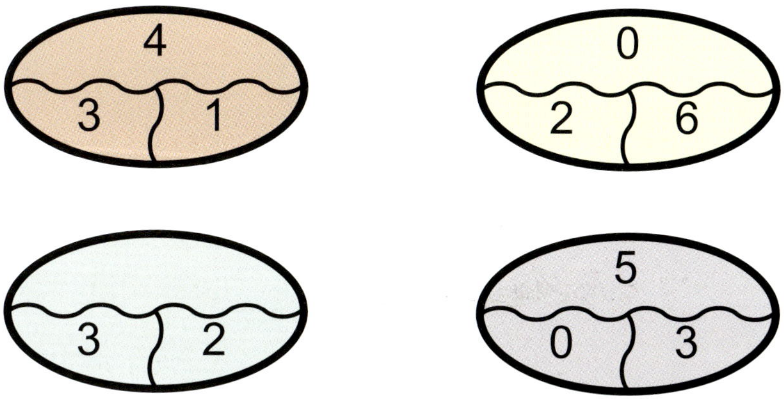

a) 1 b) 5 c) 3 d) 8

II

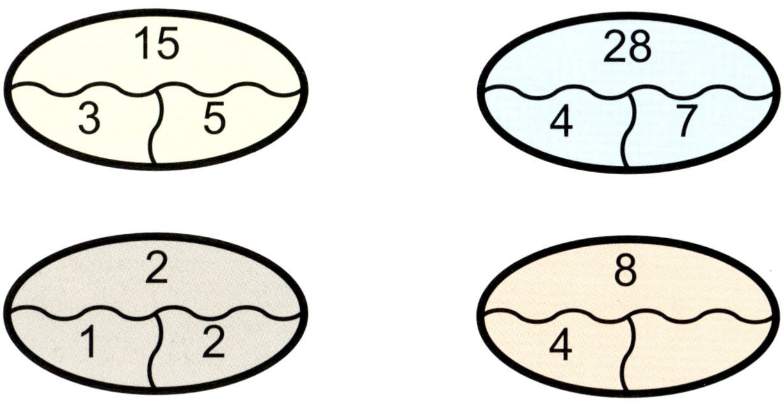

a) 2 b) 7 c) 8 d) 9

051 Drei Zahlentische

Für welche Zahl steht das Fragezeichen?

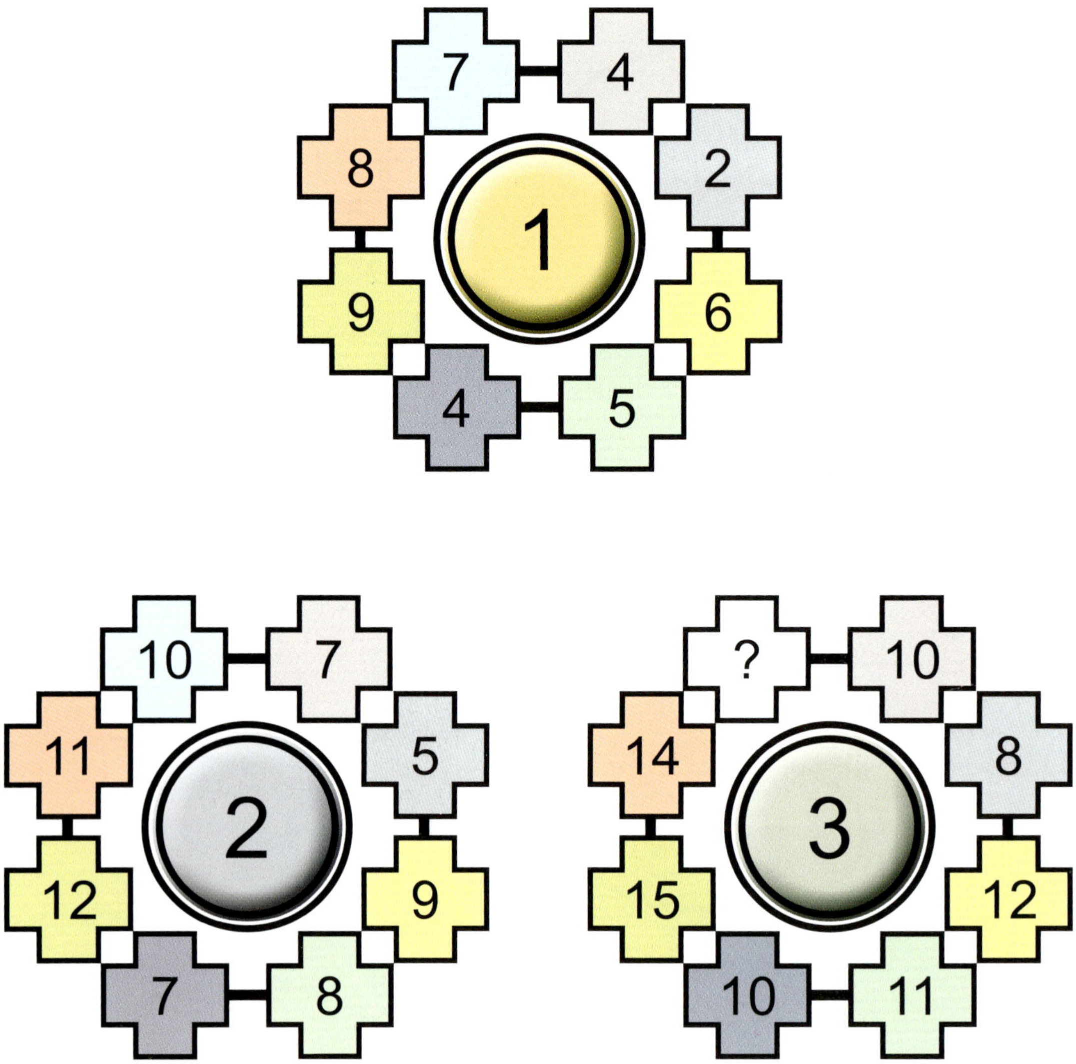

a) 13 b) 32 c) 9 d) 34

052 Passformen

Welche der Alternativen unten würden Sie wählen?

a) 

b) 

c) 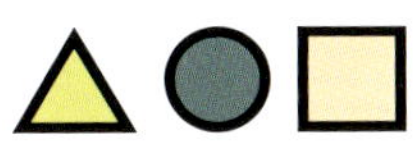

d) 

053 Figuralkonstruktionen

Welche der Figuren a bis d lässt sich aus den zur Verfügung stehenden Einzelteilen oben durch Aneinanderlegen zusammensetzen? Jedes Teil darf dabei höchstens einmal verwendet werden.

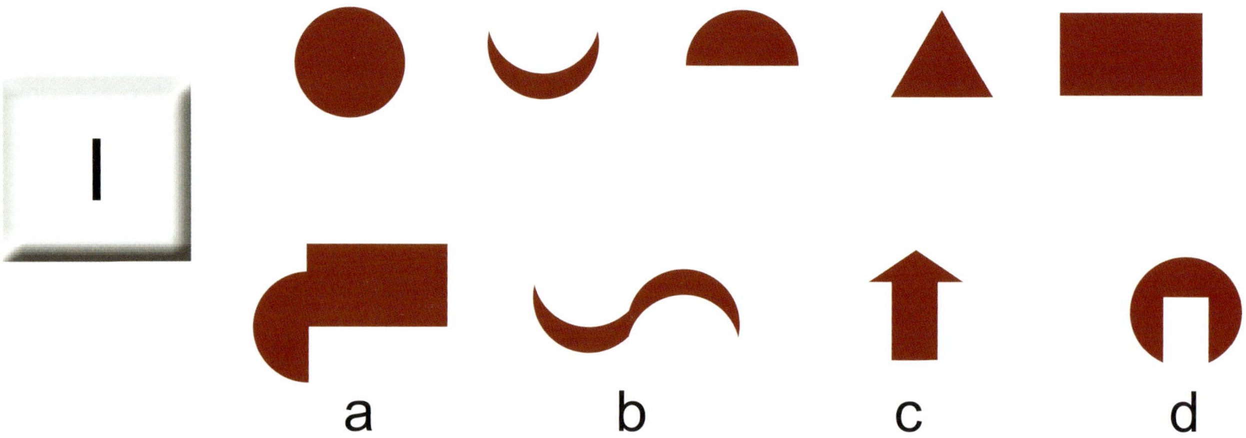

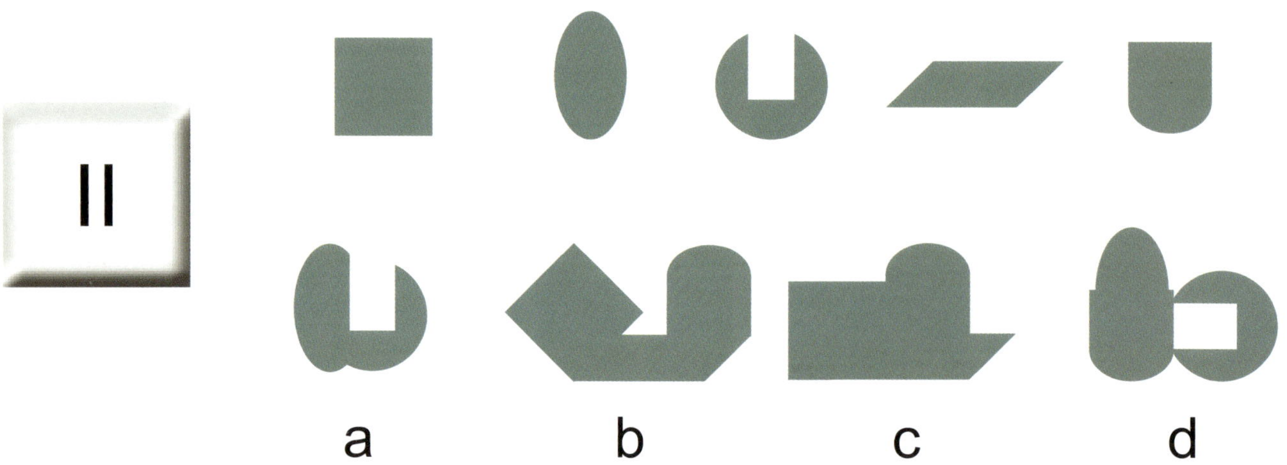

054 Zahlentorte

Fügen Sie die fehlende Zahl ein.

I

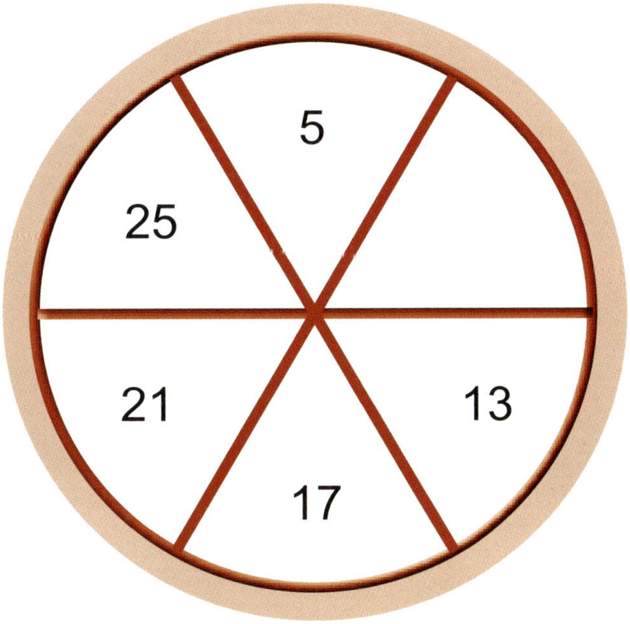

a) 9

b) 11

c) 7

d) 8

II

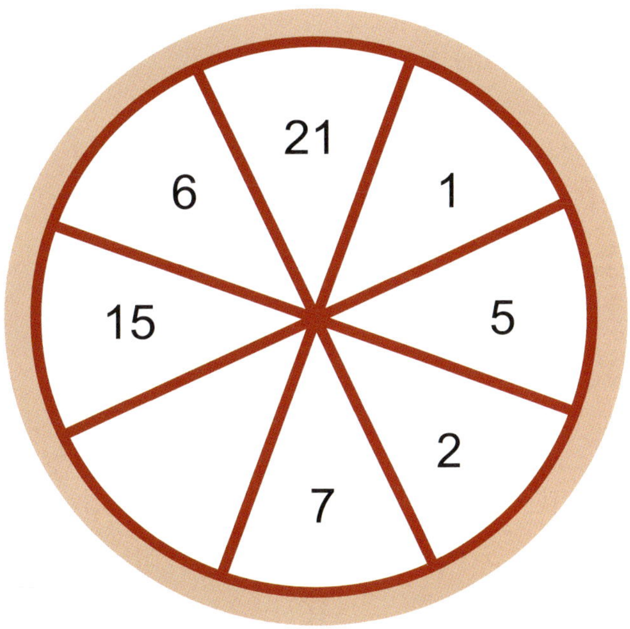

a) 6

b) 8

c) 3

d) 18

IQ Übungen II

Dieses Kapitel enthält Aufgaben, die bereits auf einem Niveau liegen, auf dem etwas mehr nachgedacht werden muss. Ein paar Tipps möchten wir Ihnen mit auf den Weg geben: Halten Sie beim Lösen die Augen offen. Denken Sie einfach, aber seien Sie flexibel. Wichtig: Denken Sie schnell! Geben Sie sich Mühe. Lösen Sie die Rätsel pragmatisch, am besten wie ein Hindernis, das Sie einfach überspringen. Hören Sie auf Ihr Gefühl (es steht in Verbindung mit Ihrer Intuition), vertrauen Sie ihm aber nicht blind (es verwechselt viel). Sie müssen sich bei jeder Lösung sicher sein (im echten Test dürfen Sie natürlich auch raten, wenn Ihnen die Zeit davonläuft).

055 Würfeldreh

Beobachten Sie die Veränderungen in der jeweils oberen Würfelreihe. Nach welchem Muster läuft diese ab? Einer der Würfel unter a bis d passt an die Stelle des Fragezeichens. Welcher?

I

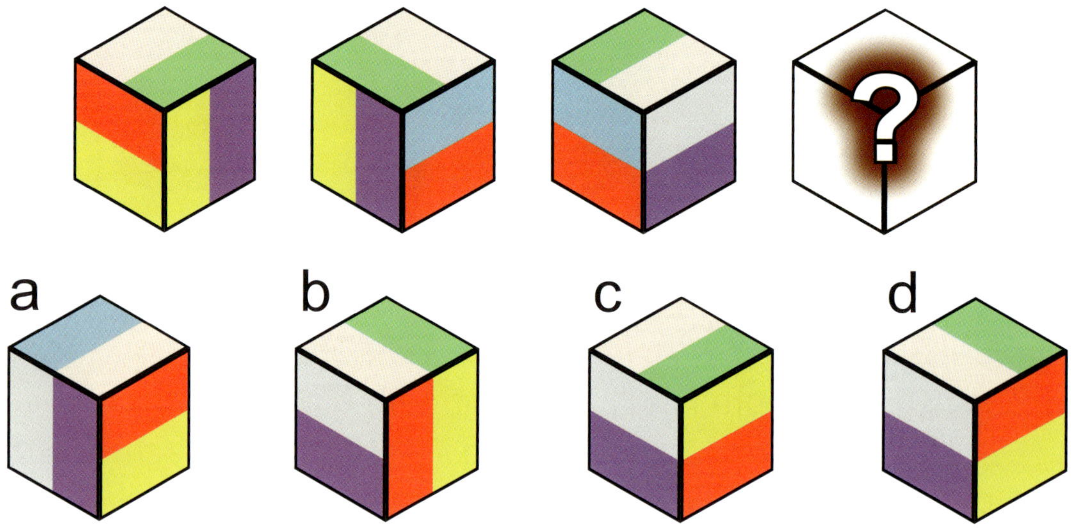

II

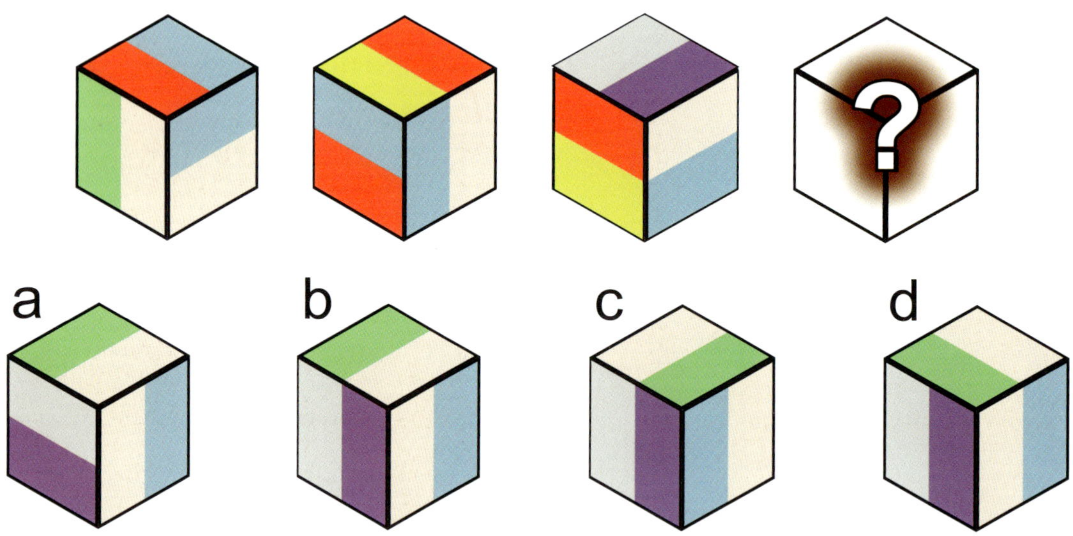

056 Spalten- und Zeilensummen

Gleiche Symbole stehen für die gleiche Zahl. Tragen Sie die fehlenden Zahlen in die leeren Kästchen ein.

I

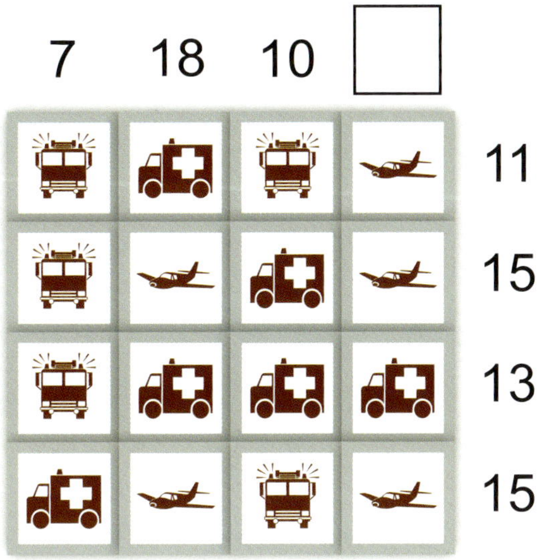

II

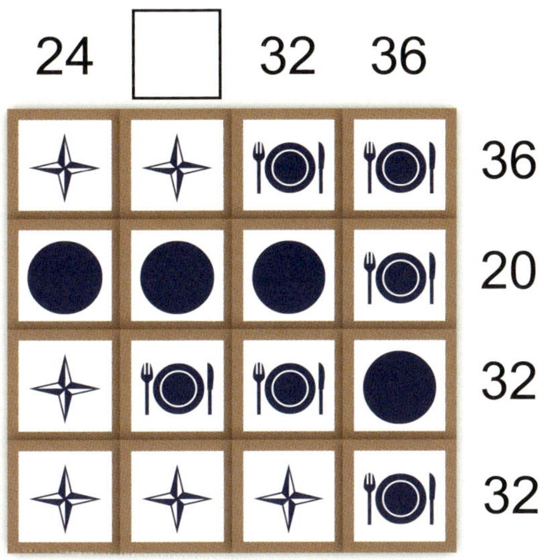

057 Redensartlich

Ergänzen Sie den jeweils gesuchten redensartlichen Ausdruck.

I

Wenn jemand sehr energisch vorgeht, dann ________ er mit der ________ auf den Tisch.

II

Wer vor Erregung nicht sprechen kann, hat einen ________ im ________.

III

Wer jemandem etwas Wertvolles gibt, der dies nicht zu schätzen weiß, der wirft ________ vor die ________.

058 Zahlenpool

Welche der rechts zur Auswahl stehenden Zahlen passt jeweils zu den Zahlen im Becken?

I

a) 56

b) 71

c) 69

d) 133

II

a) 43

b) 8

c) 73

d) 11

059 Dreier-System

Welche Grafik ersetzt jeweils das Fragezeichen?

I

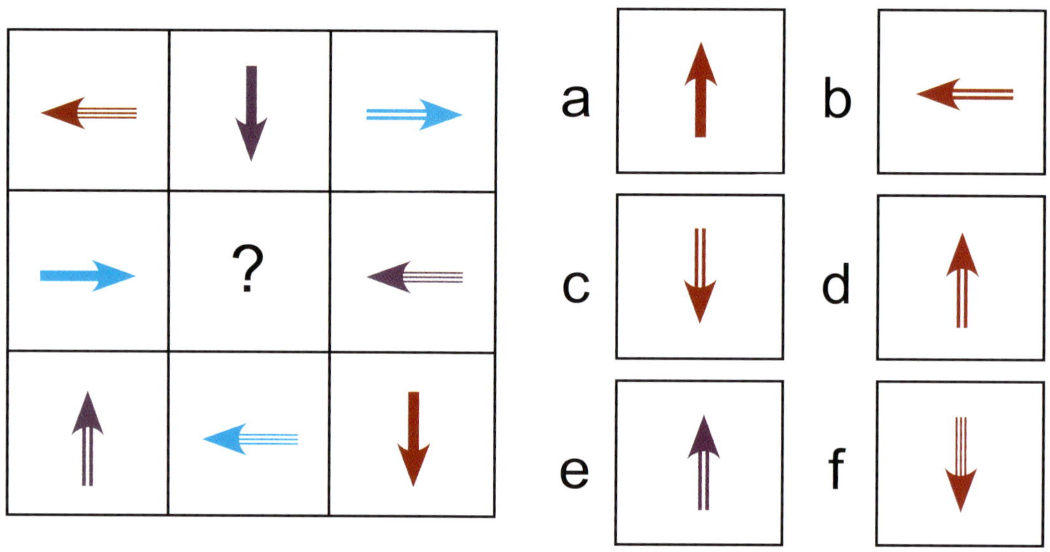

II

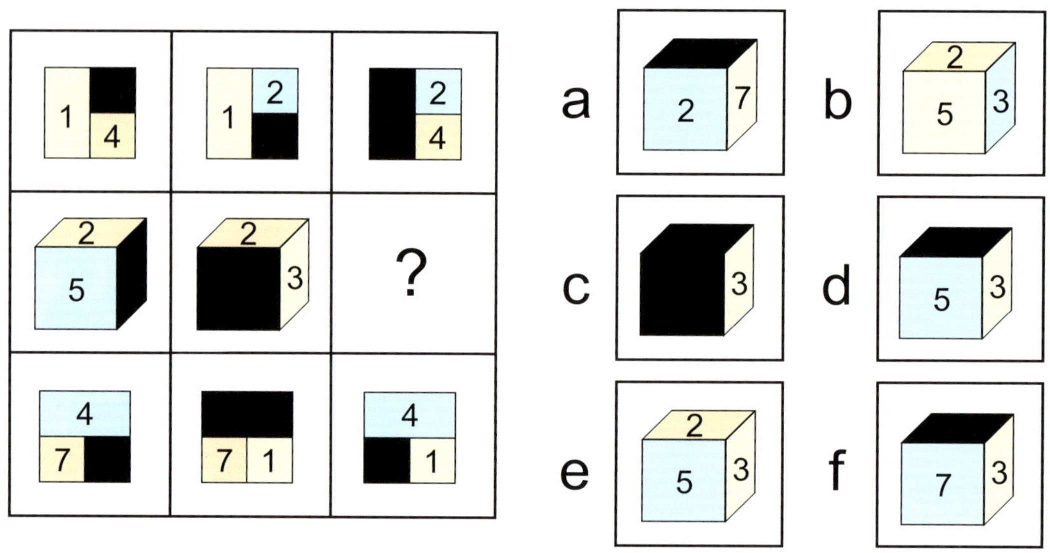

060 Drehwurm

Eine Figur ist gespiegelt.

I

a b c d e

II

a b c d e

III

a b c d e

IV

a b c d e

061 Moleküle

Erkennen Sie das rechnerische Muster, das dem System zugrunde liegt, und entscheiden Sie sich für die richtige Zahl.

I

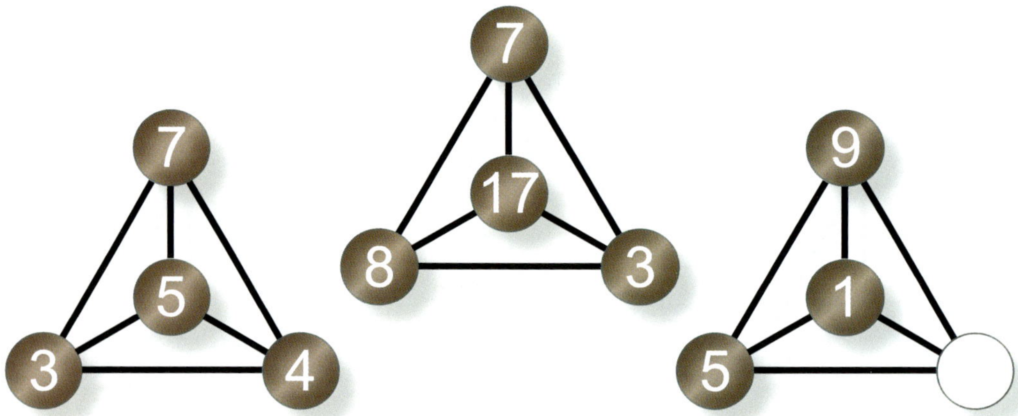

a) 2 b) 7 c) 11 d) 4

II

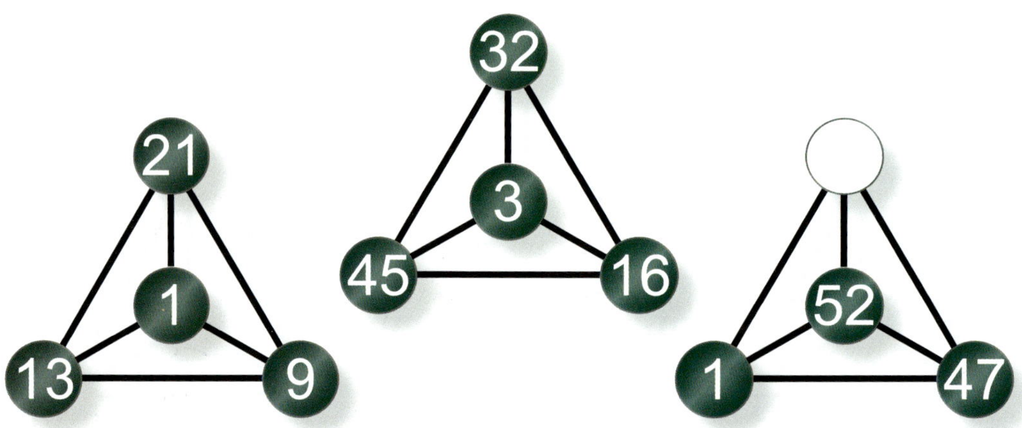

a) 55 b) 9 c) 6 d) 36

062 Gruppenzwang

Setzen Sie die sechs Mosaikbausteine entsprechend dem Plan rechts gedanklich zusammen. Vergleichen Sie dies mit der Vorgabe links. In welchem Bereich (A bis D) steckt ein Fehler?

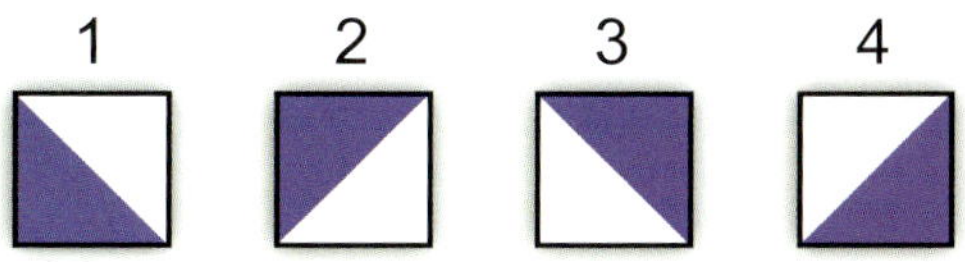

I

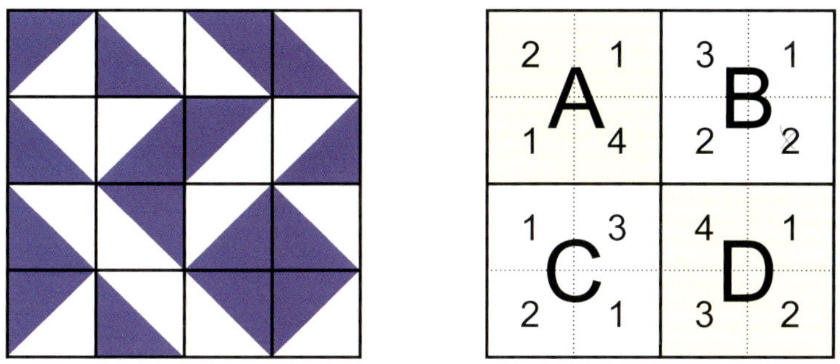

A ☐ B ☐ C ☐ D ☐

II

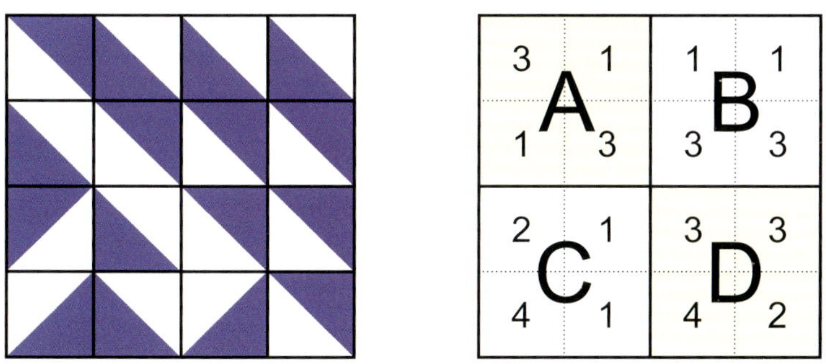

A ☐ B ☐ C ☐ D ☐

063 Ähnliche Redensarten

Finden Sie jeweils die zwei Redensarten, die eine ähnliche Bedeutung haben.

I

a) aus der Reihe tanzen
b) auf die Pelle rücken
c) auf beiden Schultern tragen
d) in Marsch setzen
e) in die Zange nehmen

II

a) wie man sich bettet, so liegt man
b) jeder ist seines Glückes Schmied
c) zwei Eisen im Feuer haben
d) das ist eine Idee von Schiller
e) etwas aus dem Feuer reißen

III

a) mit Sack und Pack
b) mit Zuckerbrot und Peitsche
c) mit Hangen und Bangen
d) mit Pauken und Trompeten
e) mit Zittern und Zagen

064 Puppenmacher

Nach welcher Zahl ist jeweils gefragt?

I

Jana und ihre drei Freundinnen machen acht Puppen in drei Tagen. Wie viele Puppen macht Jana mit nur einer Freundin in neun Tagen?

Antwort: ☐ Puppen

II

In wie vielen Tagen schaffen sie 30 Puppen, wenn die Freundinnen zu fünft sind?

Antwort: In ☐ Tagen

065 Buchstabenchaos

Bauen Sie die Buchstabengruppen unter a) bis d) zu sinnvollen Wörtern um und wählen Sie für den unvollständigen Satz die korrekte Ergänzung.

I

Ein Hund ist kein ...

a) MLAEK
b) GDEOG
c) IPZST
d) LUPDE

II

Wer viel lacht, hat nicht immer auch viel ...

a) UGFUN
b) ROUHM
c) MHATE
d) TEIRH

III

Spieler träumen von einem guten ...

a) HEUTR
b) DAFNP
c) LTBTA
d) TDAST

066 Logische Formenreihe

Führen Sie das Prinzip der Reihe fort und setzen Sie die richtige Alternative a bis d ein.

I

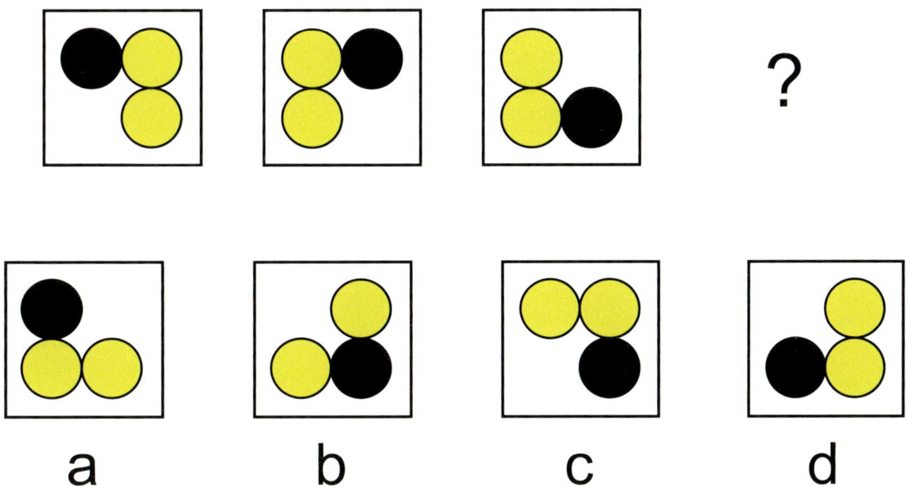

II

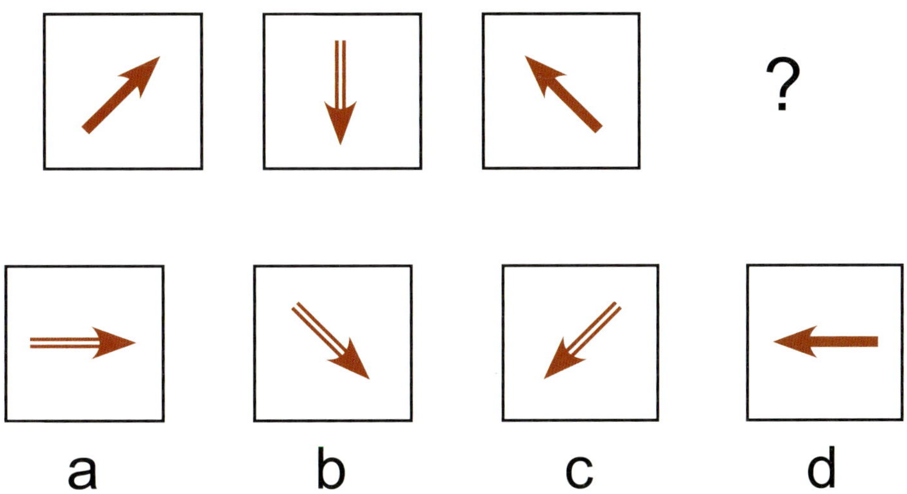

067 Gruppenzwang

Ordnen Sie jede der unteren Grafiken 1 bis 4 der jeweils passenden Gruppe zu.

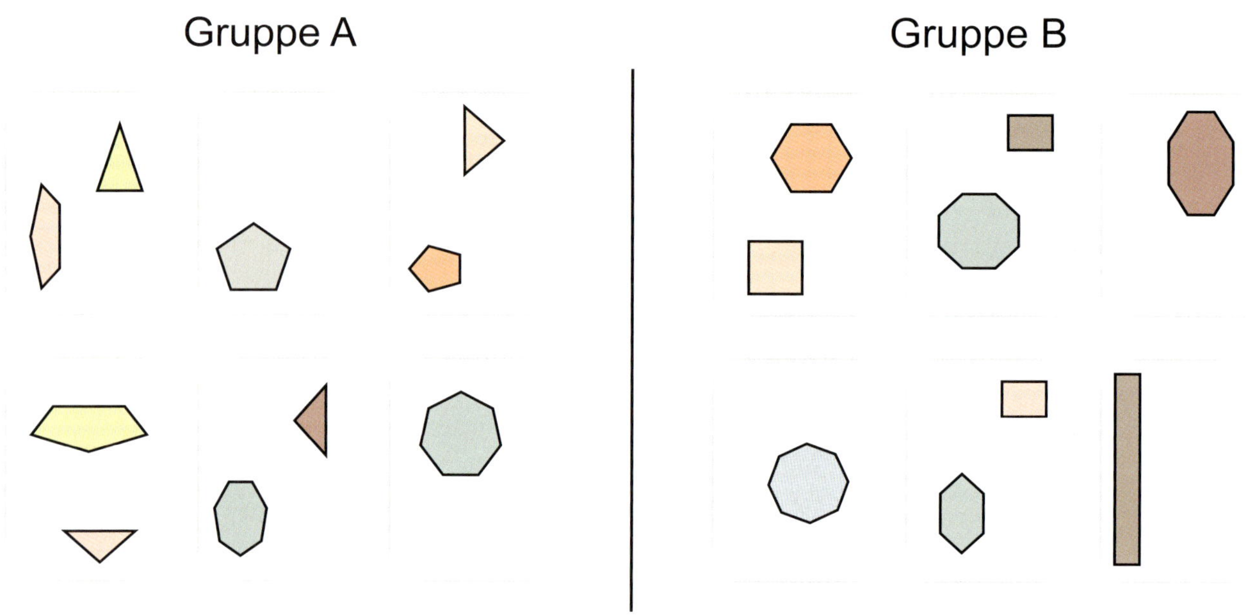

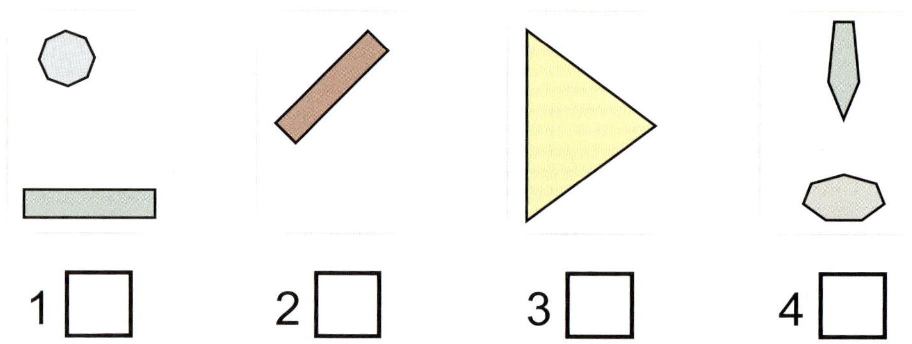

068 Tatsachenaussage

Kreuzen Sie den Satz mit der Tatsache an. Die anderen drei Sätze beinhalten Meinungen.

I

a) Liebe macht blind.

b) Liebe ist ein starkes Gefühl.

c) Nur wer liebt, hat übermenschliche Kräfte.

d) Liebe schlägt auf den Magen.

II

a) In der Südsee findet man das Paradies auf Erden.

b) Ein schöner Urlaub gehört zu einem schönen Leben.

c) Einen Sonnen-untergang finden viele romantisch.

d) Eine Hängematte ist entspannend.

069 Dominosystem

Welcher Dominostein passt?

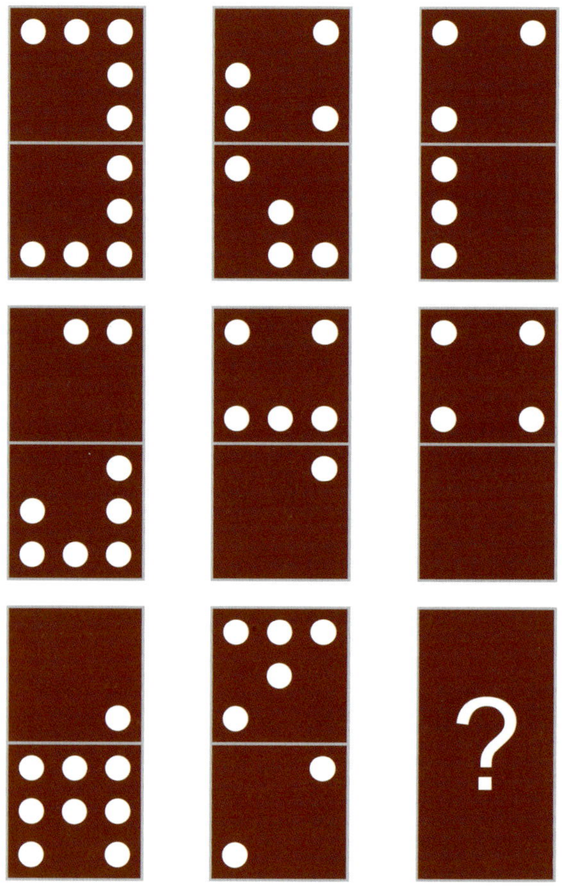

a

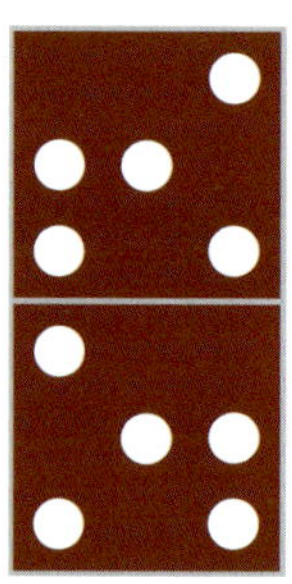

b

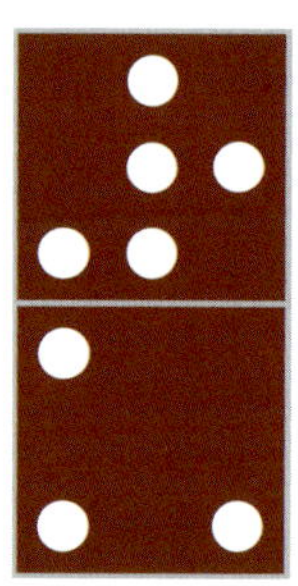

c

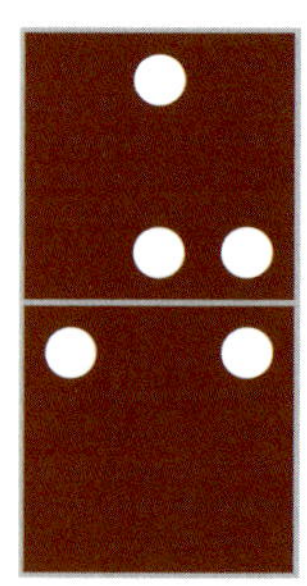

070 Stärkster Gegner

Welcher Begriff drückt am treffendsten das Gegenteil vom vorgegebenen Wort aus?

I

Erlaubnis

a) Verbot
b) Illegalität
c) Toleranz
d) Zwang

II

Realität

a) Schwärmerei
b) Fälschung
c) Roman
d) Einbildung

III

ungerecht

a) gerichtlich
b) objektiv
c) rechtlich
d) subjektiv

071 Dreier-System

Welche Grafik ersetzt jeweils das Fragezeichen?

I

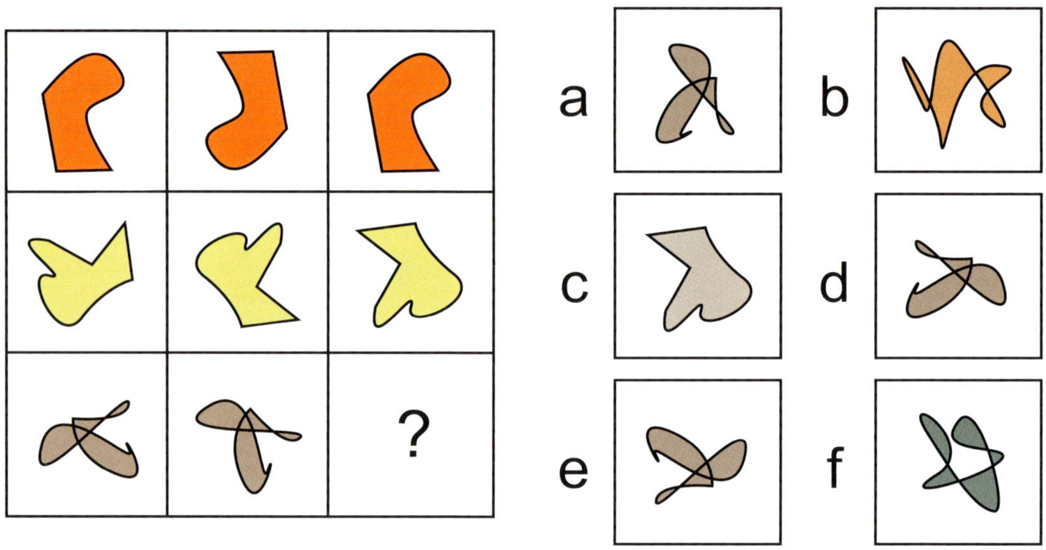

II

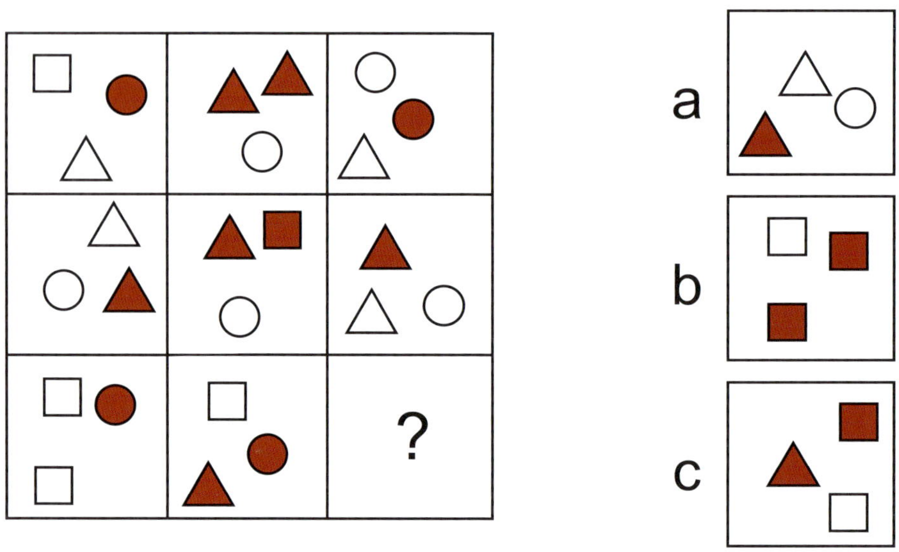

072 Zeitenfolge

Was müsste an der Stelle des Fragezeichens stehen?

I

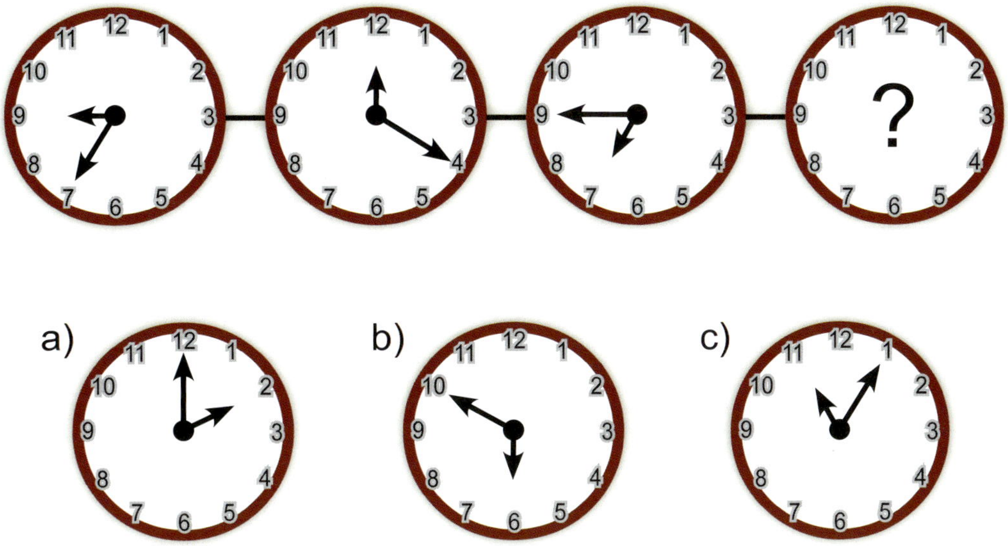

II

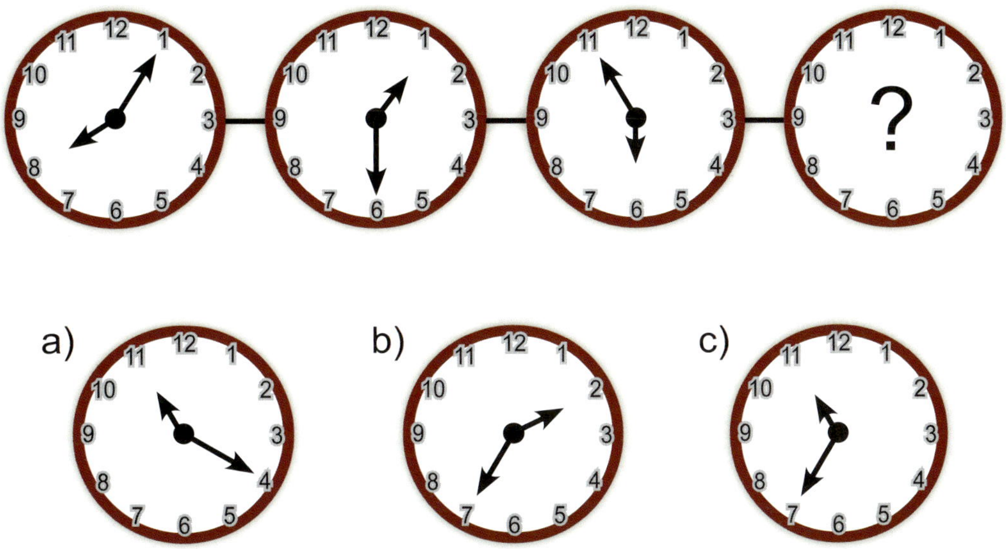

073 Parasitenwörter

Setzen Sie das fehlende Wort ein.

I

KONSTANT	→	(NASE)	←	REST
LOTSE	→	(_ _ _ _)	←	ABTEI

II

OVAL	→	(VOLL)	←	BALLEN
GESETZ	→	(_ _ _ _)	←	LEIM

III

ONKEL	→	(KLAR)	←	FAIR
ORIENT	→	(_ _ _ _)	←	UNI

IV

DOGGE	→	(GOLD)	←	ADEL
KLUFT	→	(_ _ _ _)	←	KRAUT

074 Zahlentrios

Welches Zahlentripel passt?

I

3	9	8	8	8	
9	3	8	9	9	
8	3	8	9	3	

a)	b)	c)	d)
3	4	8	3
9	8	9	3
5	3	3	13

II

4	–1	5	6	13	
6	1	7	8	15	
8	3	9	10	17	

a)	b)	c)	d)
21	16	12	25
23	18	21	27
25	28	23	30

075 Zahlenkleeblatt

Welche Zahl vervollständigt das System?

a) 0 b) 3 c) 6 d) 11

076 Konkurrierend ähnlich

Welcher Begriff ähnelt dem vorgegebenen am meisten?

I

Poesie

a) Romantik
b) Gefühlstiefe
c) Dichtung
d) Reime

II

Feierabend

a) Dienstschluss
b) Ende
c) Abschied
d) Betriebsfeier

III

Konkurrenz

a) Feindschaft
b) Rivalität
c) Marktwirtschaft
d) Siegeswille

077 Anfang und Ende

Welches Wortende kann sämtlichen dieser Wortanfänge angehängt werden? Welcher Wortanfang fehlt unten?

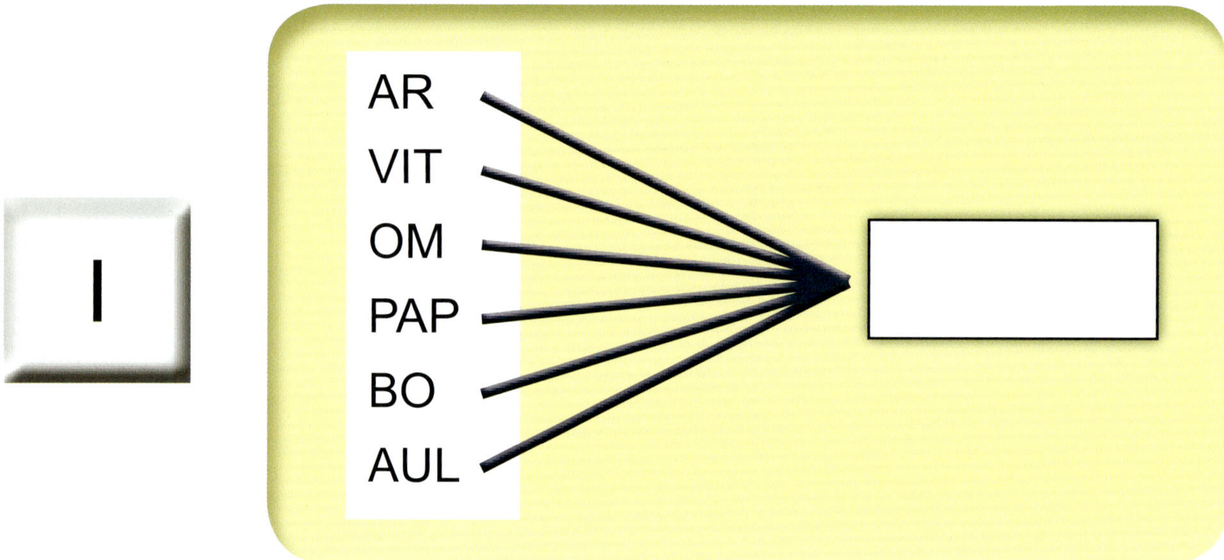

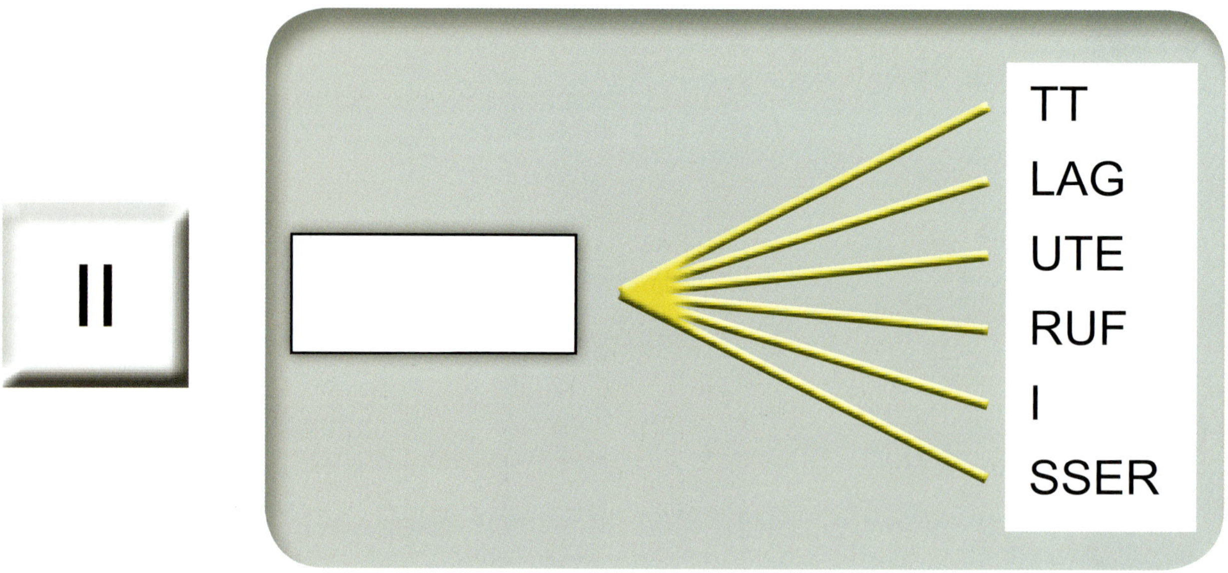

078 Rechnerische Verhältnisse

Welche Grafik ist die passende Ergänzung?

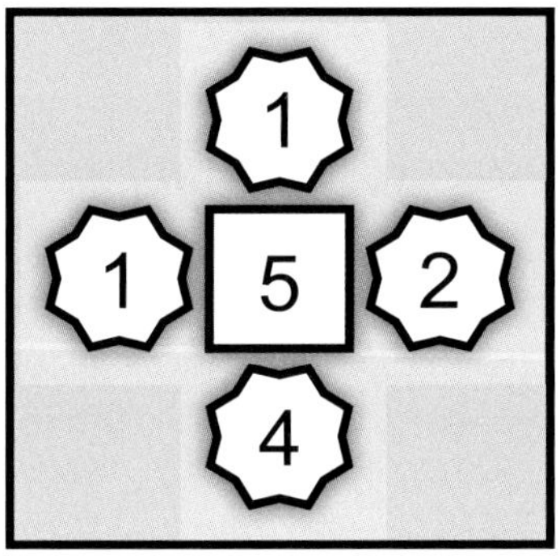

verhält sich zu

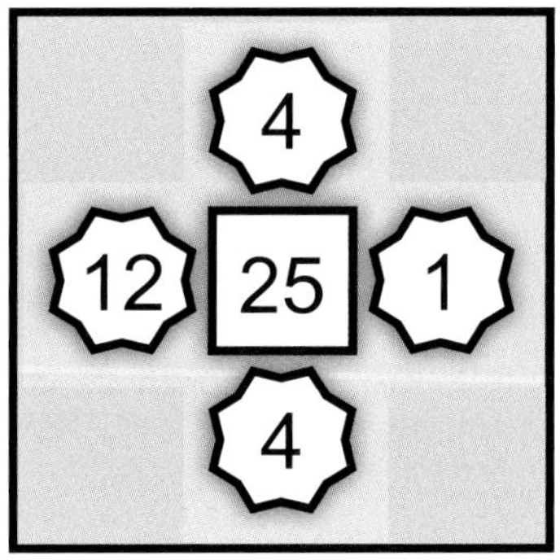

wie

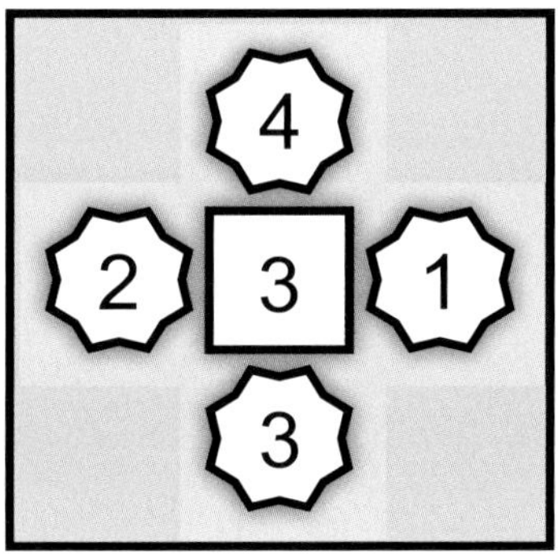

zu

a)

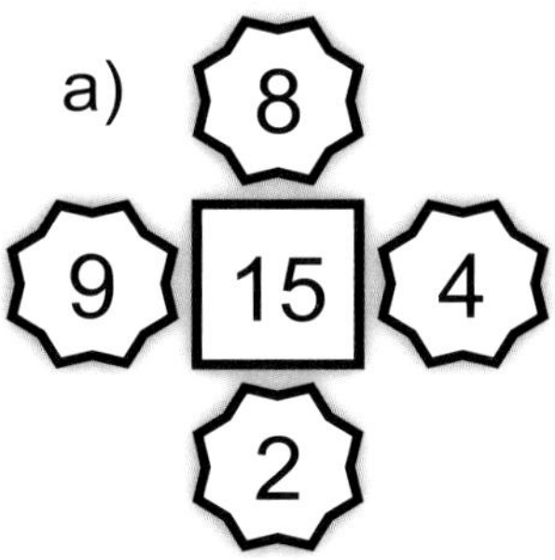

b)

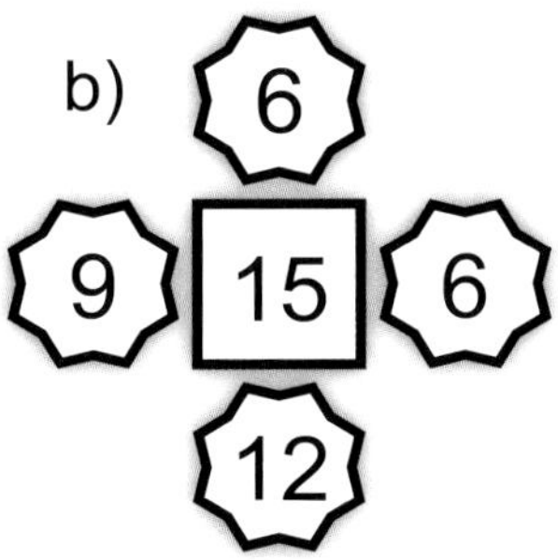

c)

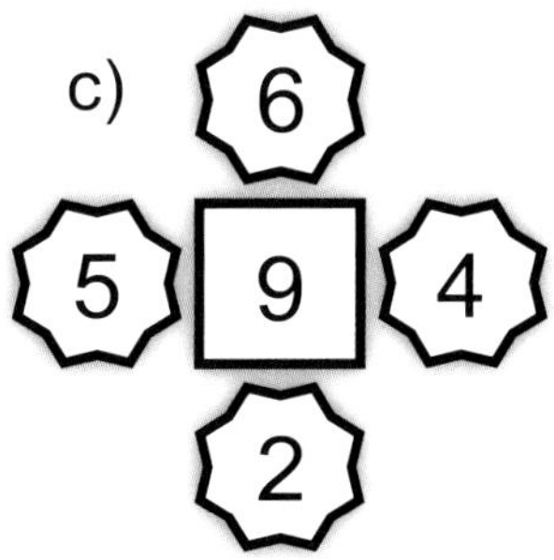

079 Teilhaber

Tragen Sie das fehlende Wort in die Klammer ein.

I

S + (________________) + L = Schuh
Bedeutung

II

A + (________________) + E = Regal
Kind

III

A + (________________) + A = Note
Stadt

IV

AN + (________________) + IE = Körperbau
Teilchen

080 Formenwirrwarr

Welche Zahl gehört ins jeweils leere Feld?

I

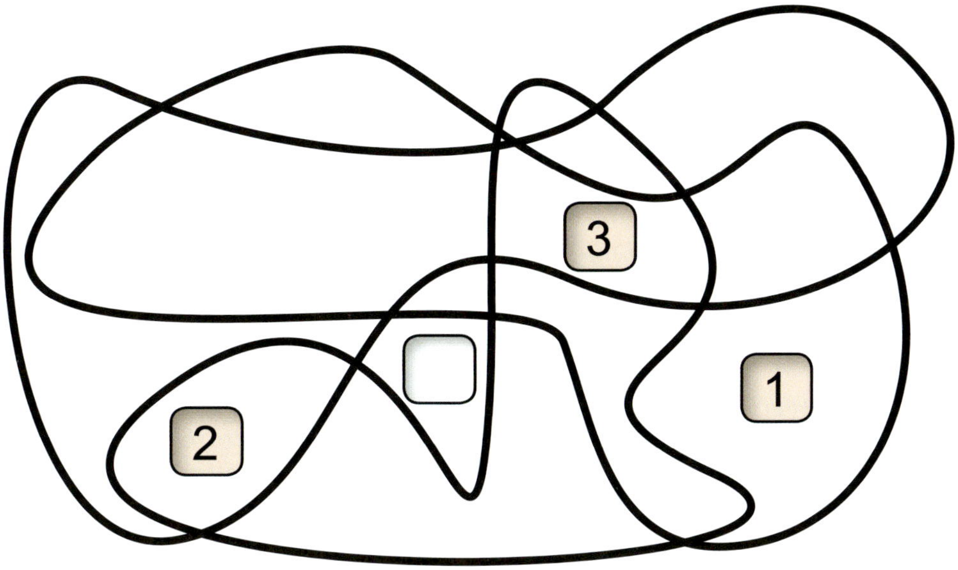

II

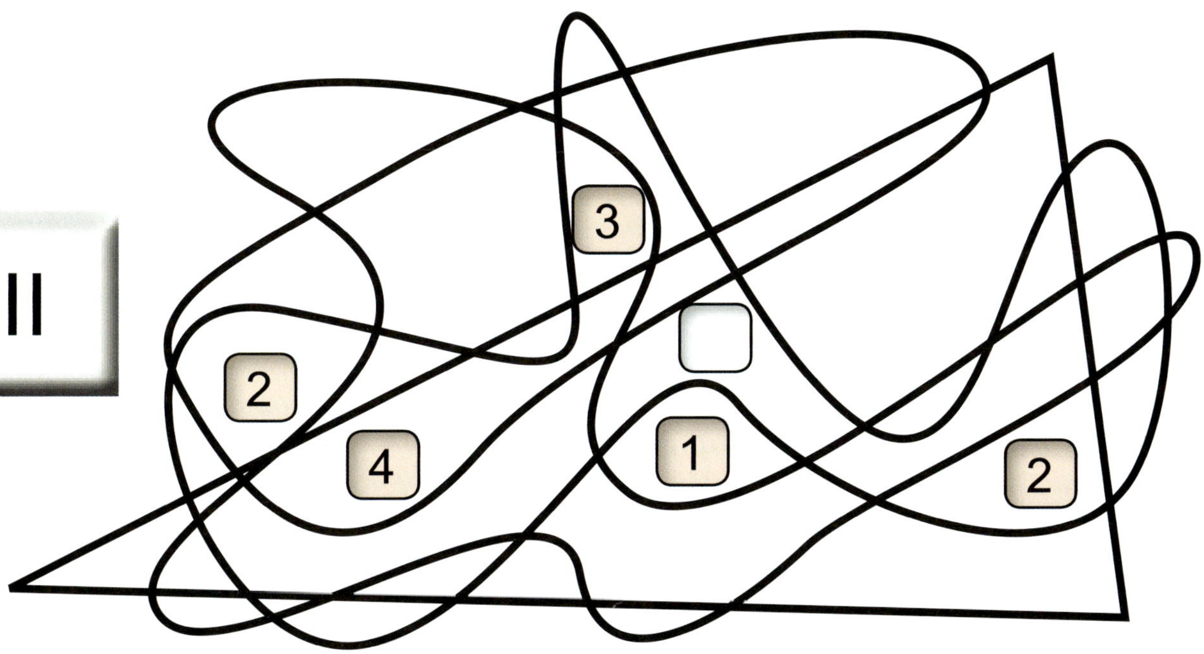

081 Waagschalen

Mit welcher Menge bringen Sie die letzte Waage ins Gleichgewicht?

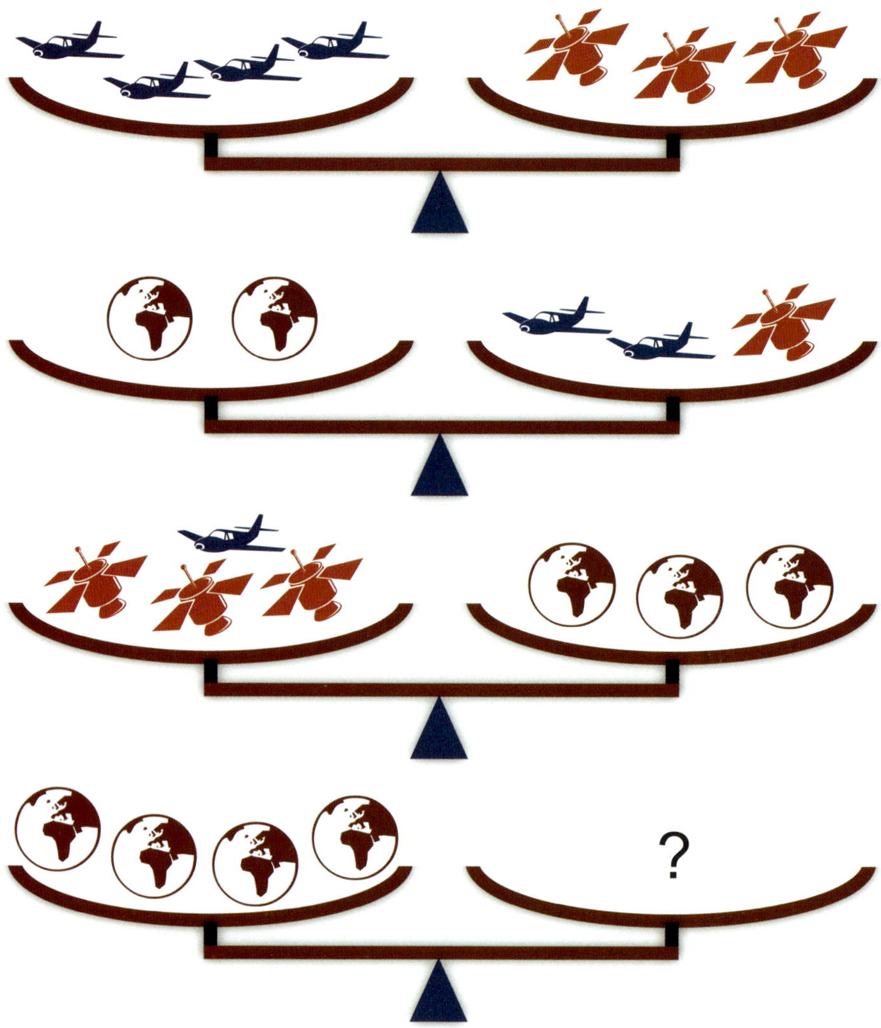

a) 

b) 

c)

d)

082 Schmelztiegel

Bei den folgenden Wörtern (bzw. Wortfragmenten) fehlen am Ende bzw. am Anfang dieselben Buchstaben. Ergänzen Sie sie!

I	Meer □□□□ l
II	Kra □□ ensil
III	Tu □□□ so
IV	Karp □□□ ster

083 Außenseiter

Welches Gesicht passt nicht zu den anderen?

I

a) b) c) d) e)

II

a) b) c) d) e)

III

a) b) c) d) e)

084 Wochentage

Nach welchen Wochentagen wird gefragt?

I

Welcher Tag folgt auf übermorgen, wenn 3 Tage vor gestern ein Dienstag war?

☐ Mo ☐ Di ☐ Mi ☐ Do ☐ Fr ☐ Sa ☐ So

II

Wenn es vorgestern 6 Tage nach einem Montag war, welcher Tag ist dann in 12 Tagen?

☐ Mo ☐ Di ☐ Mi ☐ Do ☐ Fr ☐ Sa ☐ So

III

Wenn es in 3 Tagen 4 Tage vor einem Mittwoch ist, welcher Tag ist dann 9 Tage nach vorgestern?

☐ Mo ☐ Di ☐ Mi ☐ Do ☐ Fr ☐ Sa ☐ So

085 Bruchfolge

Welches Zahlenduo setzt die Reihe fort?

I

14	10	11	2	0	?
7	9	6	13	13	

a)	b)	c)	d)
12	5	2	6
1	6	11	3

II

6	7	5	8	4	?
0	4	–1	5	–2	

a)	b)	c)	d)
4	6	9	4
4	9	6	6

086 Logische Formenreihe

Führen Sie das Prinzip der Reihe fort und setzen Sie die richtige Alternative a bis d ein.

I

II

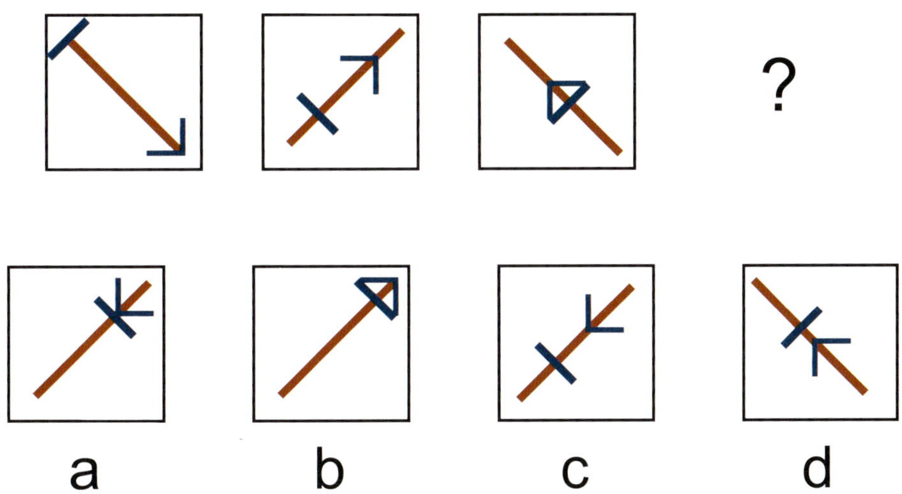

087 Tastenfelder

Welcher Buchstabe gehört ins leere Feld?

a) I b) K c) G d) R

088 Oberbegriffe

Finden Sie jeweils einen Oberbegriff, der die beiden Wörter möglichst eng umfasst.

	Oberbegriff		
I		Reporter	Redakteur
II		Braut	Greisin
III		Blau	Braun
IV		Giraffe	Schaf

089 Zahlen bei Tisch

Welche der rechts zur Auswahl stehenden Zahlen passen an die Stellen der Fragezeichen?

I

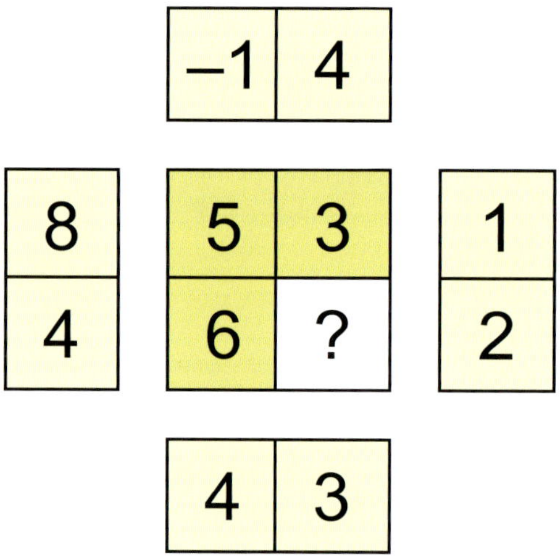

a) 3

b) 4

c) 5

d) 6

II

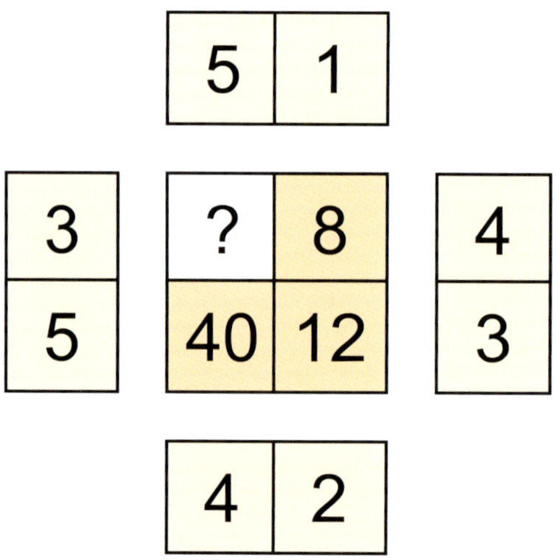

a) 60

b) 4

c) 30

d) 48

090 Kugelkisten

Ersetzen Sie jeweils das Fragezeichen.

I

a)
b)
c)
d)

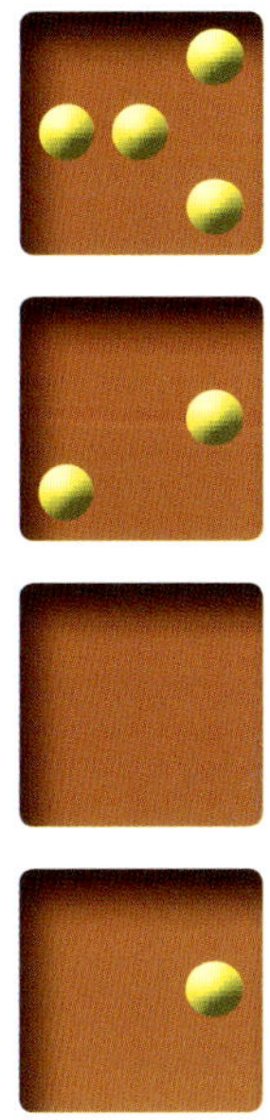

II

a)
b)
c)
d)

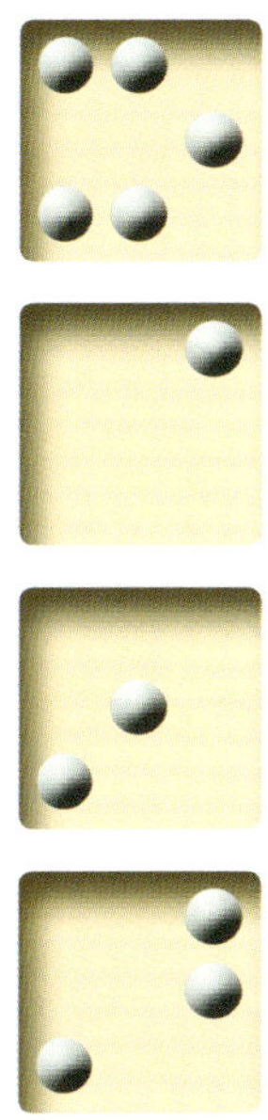

091 Zahlenreihen

Markieren Sie die fehlende Zahl.

I

4	5	7	10	11	13	

a) 14 b) 15 c) 16 d) 17

II

8	11	4	6	9	2	

a) –3 b) 4 c) 8 d) 11

III

3	9	4	12	7	21	

a) 12 b) 7 c) 28 d) 16

IV

4	4	2	6	2	10	

a) 4 b) 8 c) 12 d) 24

092 Grafische Analogien

Links und rechts des Gleichheitszeichens sollen sich Grafipaare gegenüberstehen, die in einem analogen Verhältnis zueinander stehen. Welche Grafik a bis d ersetzt das Fragezeichen?

I

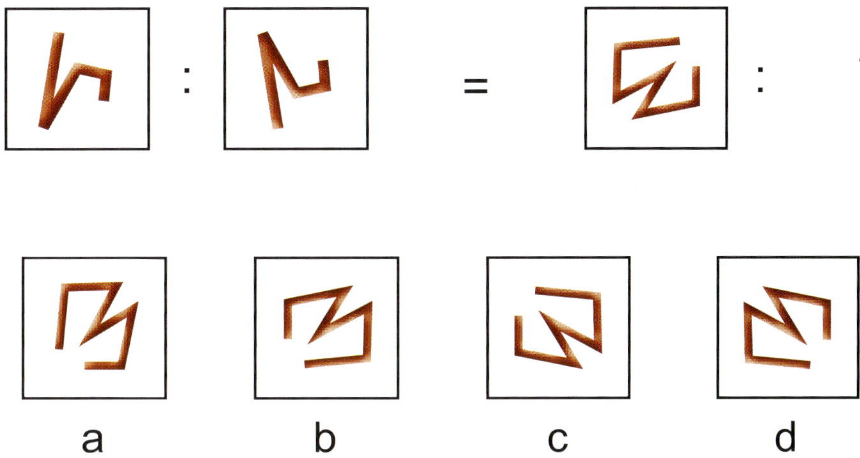

II

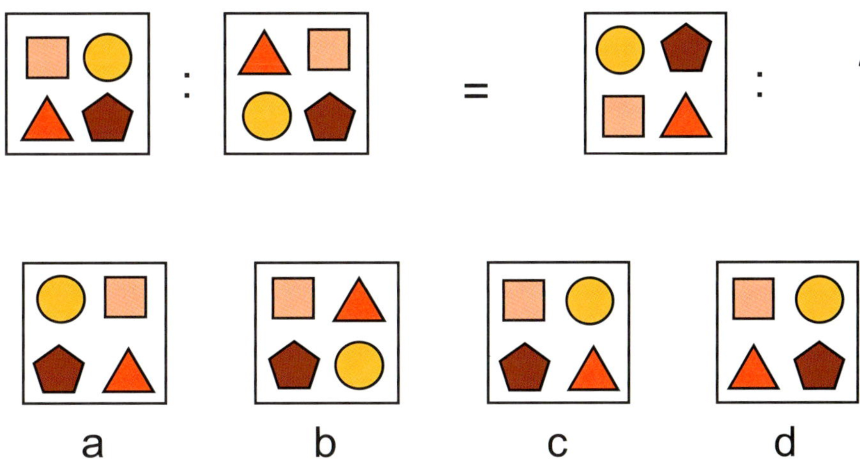

093 Flächen zählen

Jede Grafik stellt einen geschlossenen Körper dar.
Wie viele Flächen hat dieser jeweils?

I

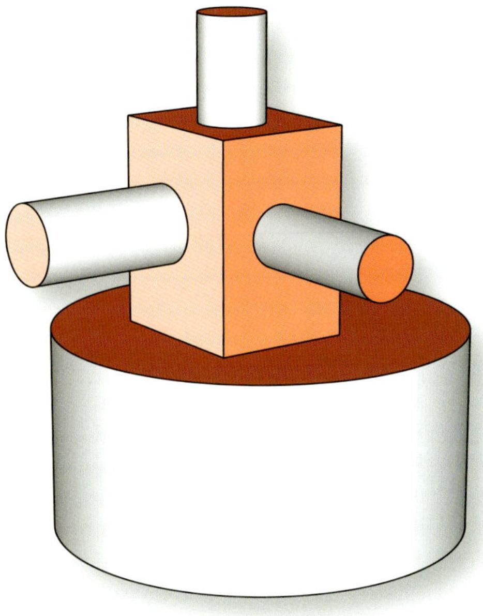

Flächenanzahl:

II

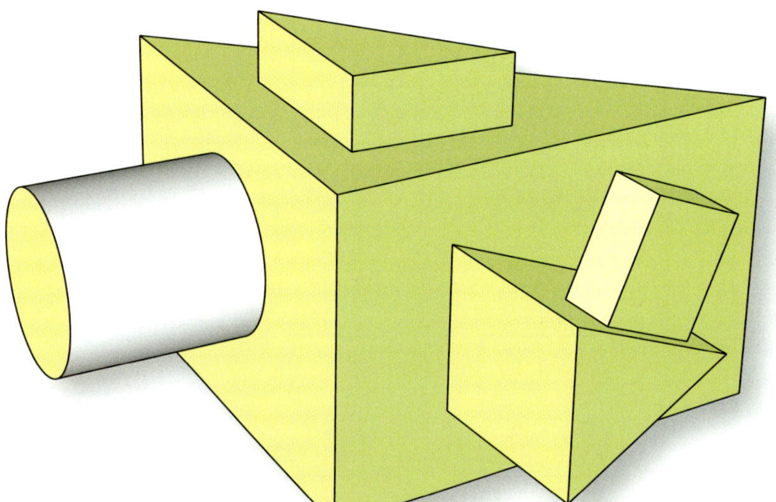

Flächenanzahl:

094 Brückenbau

In der Mitte fehlt ein Brückenwort, mit dem jeweils das linke Wort endet und das rechte beginnt. Die Wörter dürfen bei Bedarf gebeugt (dekliniert) werden.

I	Marmor...		...blech
II	Hans...		...pelle
III	Mauer...		...obst
IV	Boden...		...kiste
V	Pferd...		...ball

095 Analogien

Sie sehen jeweils zwei Begriffspaare. Finden Sie in der unteren Zeile den fehlenden Begriff.

I

Finger	Hand
Ohr	?

a) Blume
b) Nase
c) Kopf
d) Hals

II

reich	bedürftig
schwach	?

a) zierlich
b) kraftvoll
c) behutsam
d) riesig

III

Löffel	Kaffee
Gabel	?

a) Erde
b) Tee
c) Kuchen
d) Wasser

096 Zahlenmännchen

Welche Zahl fehlt jeweils?

I

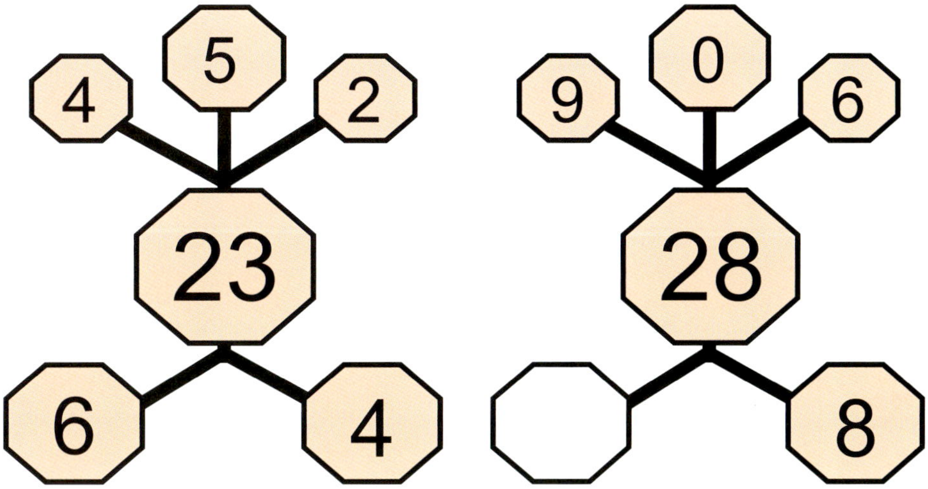

a) 0 b) 3 c) 9 d) 14

II

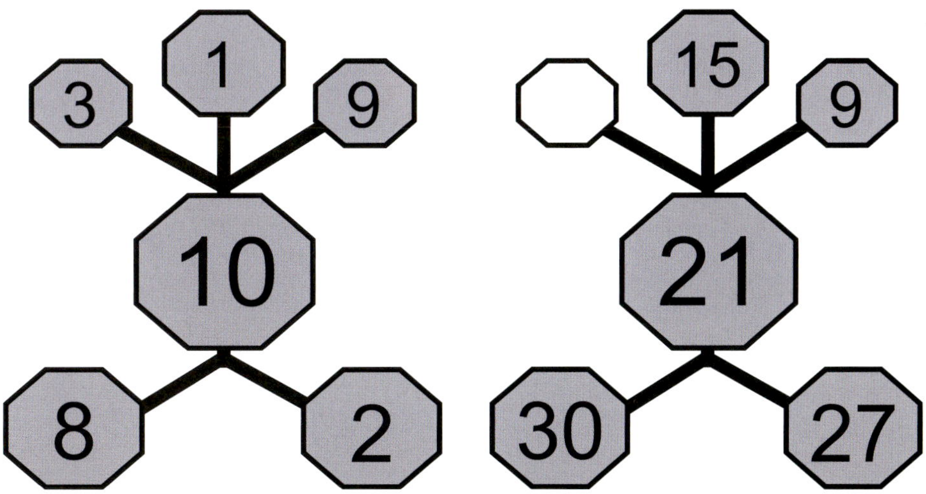

a) 5 b) 6 c) 7 d) 8

097 Pärchenbildung

Finden Sie die beiden zusammengehörenden Begriffe.

I

a) Ellbogen	b) Arm
c) Ast	d) Knie
e) Blume	f) Haut

II

a) Reise	b) Luft
c) Wurzel	d) Flug
e) Land	f) Krone

III

a) Falke	b) Maus
c) Biene	d) Regenwurm
e) Adler	f) Vogel

098 Würfeltest

Finden Sie jeweils heraus, welcher der Würfel unter a bis d dem vorgegebenen Würfel entspricht. Die Würfel können gedreht und gekippt sein. Auf jeder der sechs Seiten eines Würfels befindet sich etwas anderes.

I

a) b) c) d)

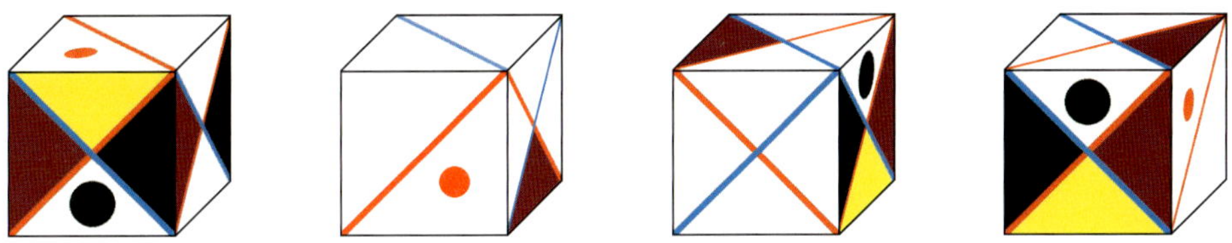

II

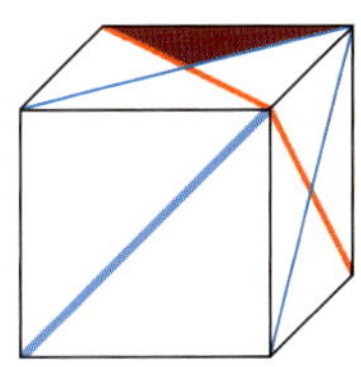

a) b) c) d)

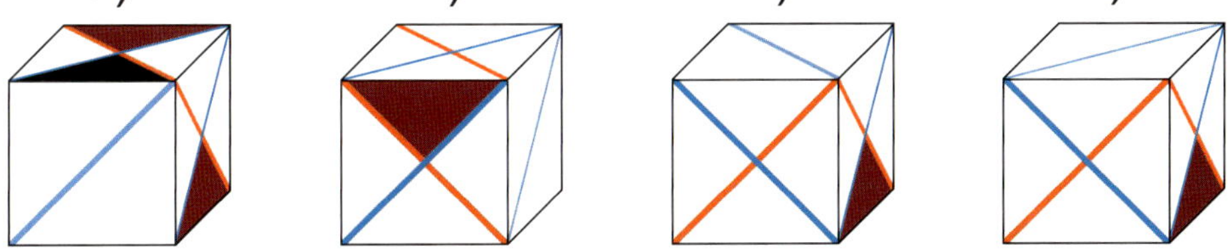

099 Viertelkreise

Bestimmen Sie die fehlenden Zahlen.

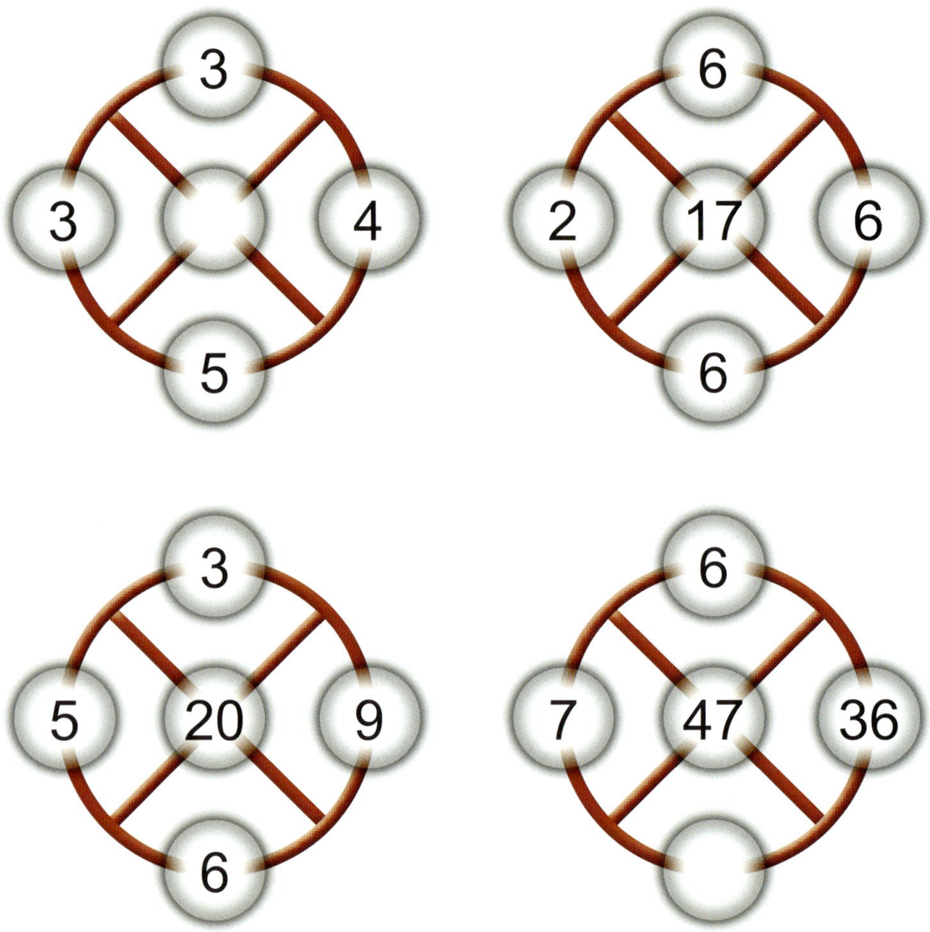

a) 14/6 b) 11/7 c) 12/8 d) 16/14

100 Schlussfolgerungen

Nehmen Sie an, die jeweils ersten beiden Sätze seien wahr. Ist dann die jeweilige Schlussfolgerung hinter dem Pfeil zwingend richtig oder falsch?

I

Alle Schafe tragen eine Brille.
Manches, das Brille trägt, ist klug.

⇛ *Manche Schafe sind klug.*

II

Manche Spinnen sind schön.
Alles Schöne hat Haare.

⇛ *Manche Spinnen haben Haare.*

III

Manche Gräser sind lang.
Alle langen Blumen sind blau.

⇛ *Manche Gräser sind blau.*

IV

Alle muskulösen Sportler können schwimmen.
Jeder Läufer ist muskulös.

⇛ *Manche Läufer können schwimmen.*

101 Logisches Achteck

Welche Zahl gehört an die Stelle des Fragezeichens?

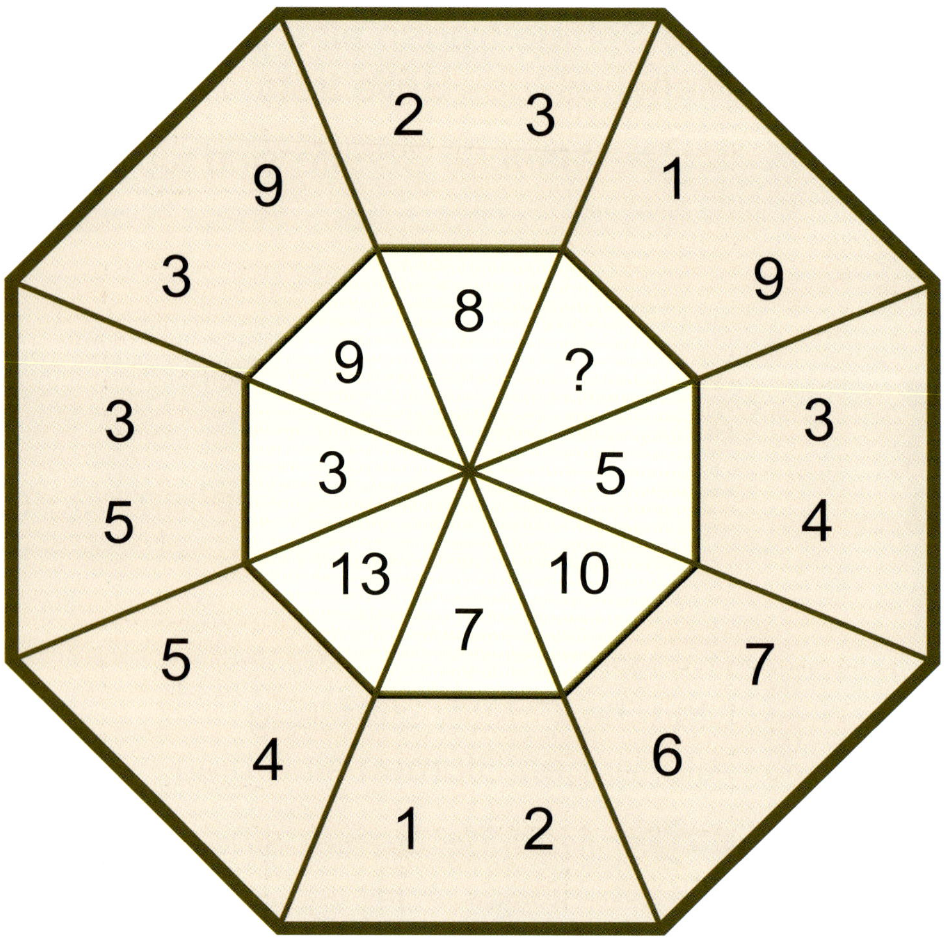

a) 7 b) 12 c) 4 d) 14

102 Dreier-System

Welche Grafik ersetzt jeweils das Fragezeichen?

I

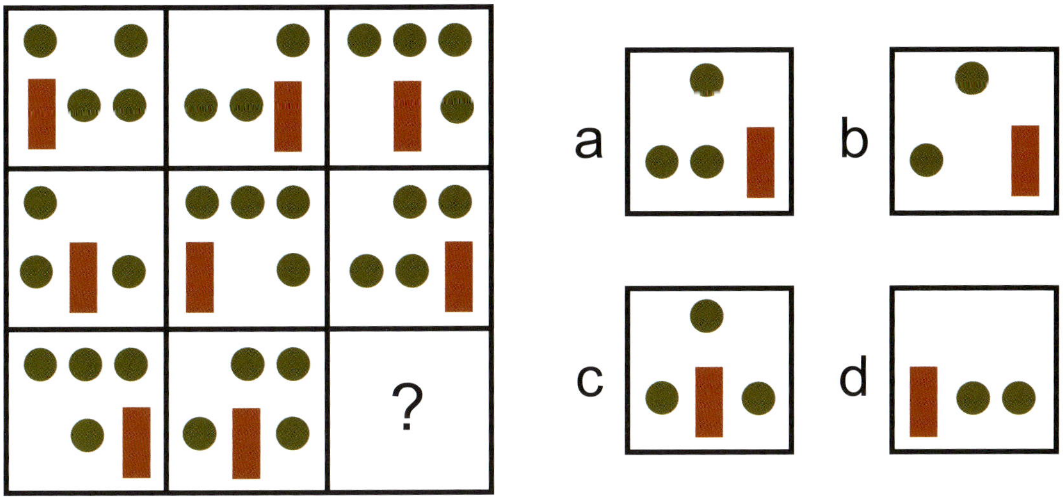

II

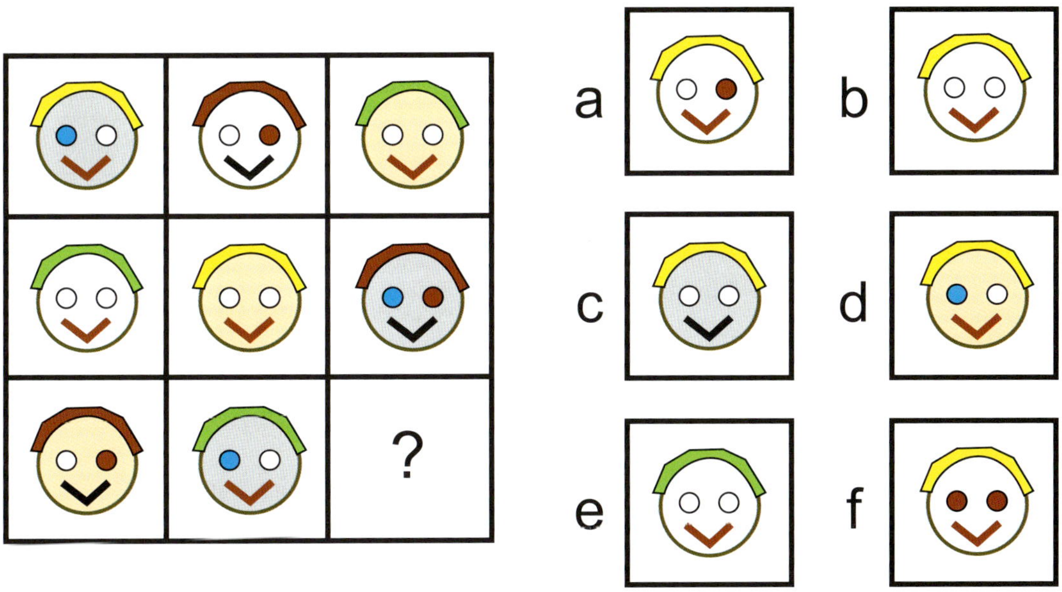

103 Außenseiter

Welches Wort passt am wenigsten zu den anderen?

I

a) komponieren b) malen
c) dichten d) spielen

II

a) Architekt b) Maurer
c) Zimmerer d) Schreiner

III

a) Stein b) Getreide
c) Pilz d) Bakterie

IV

a) löten b) schweißen
c) schneiden d) kleben

104 Zahleneier

Welche der zur Auswahl stehenden Zahlen vervollständigt jeweils das Ei mit dem fehlenden Wert?

I

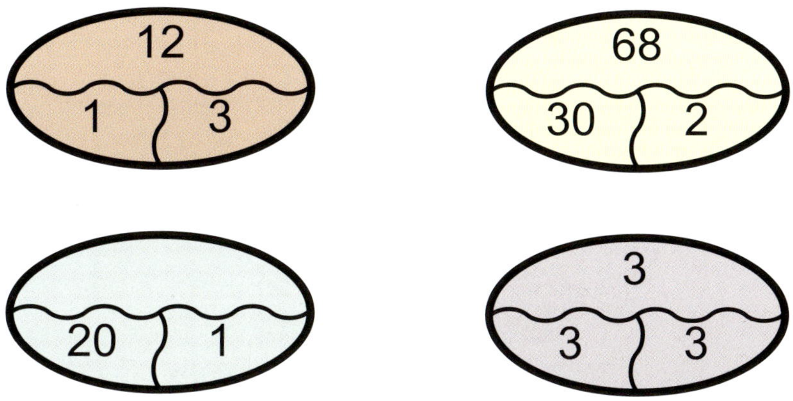

a) 4 b) 6 c) 11 d) 22

II

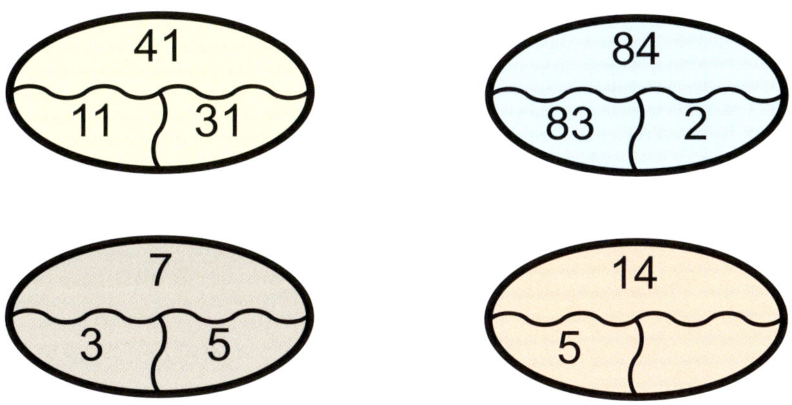

a) 11 b) 5 c) 10 d) 19

105 Drei Zahlentische

Für welche Zahlen stehen die Fragezeichen?

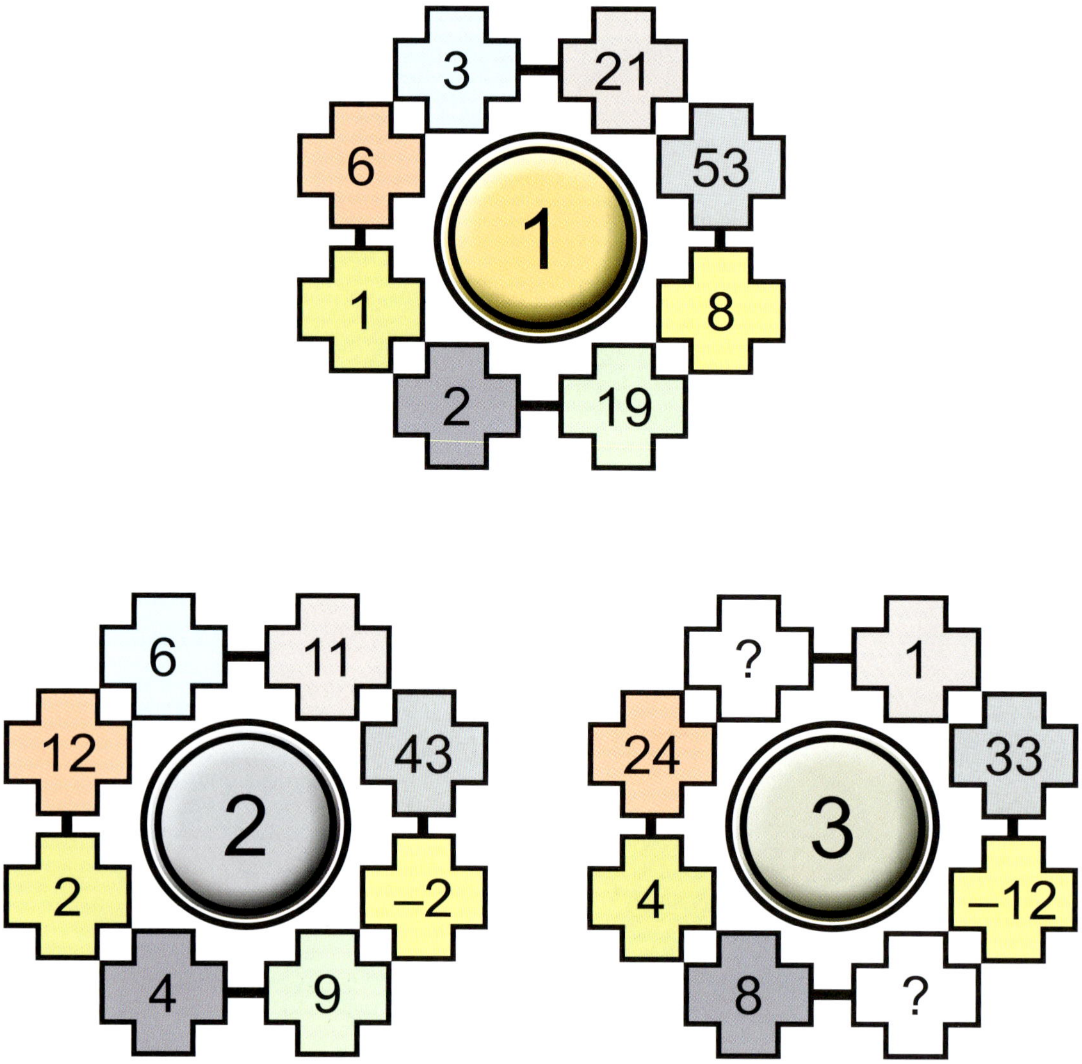

a) 12/6 b) 14/0 c) 12/–1 d) 9/1

106 Passformen

Welche der Alternativen unten würden Sie wählen?

a) 

b) 

c) 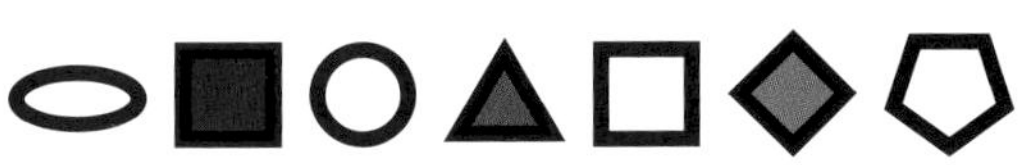

d) 

107 Figuralkonstruktionen

Die Figur links kann jeweils aus den Einzelteilen rechts zusammengesetzt werden. Dazu dürfen die Teile nicht gedreht werden, sie behalten also ihre Ausrichtung. Ein Teil bleibt jedoch übrig. Welches?

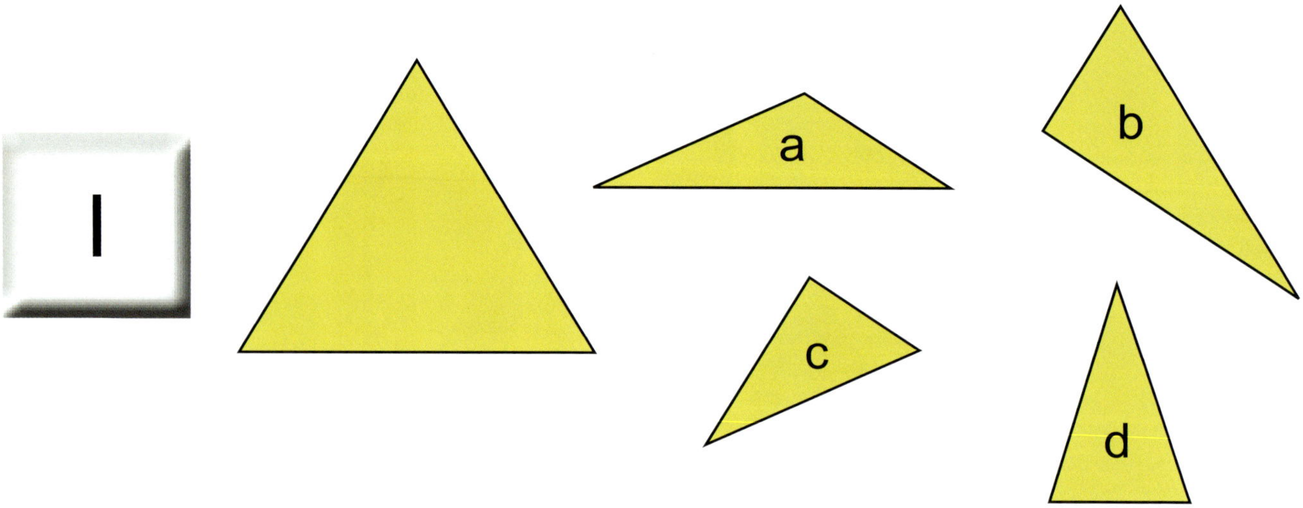

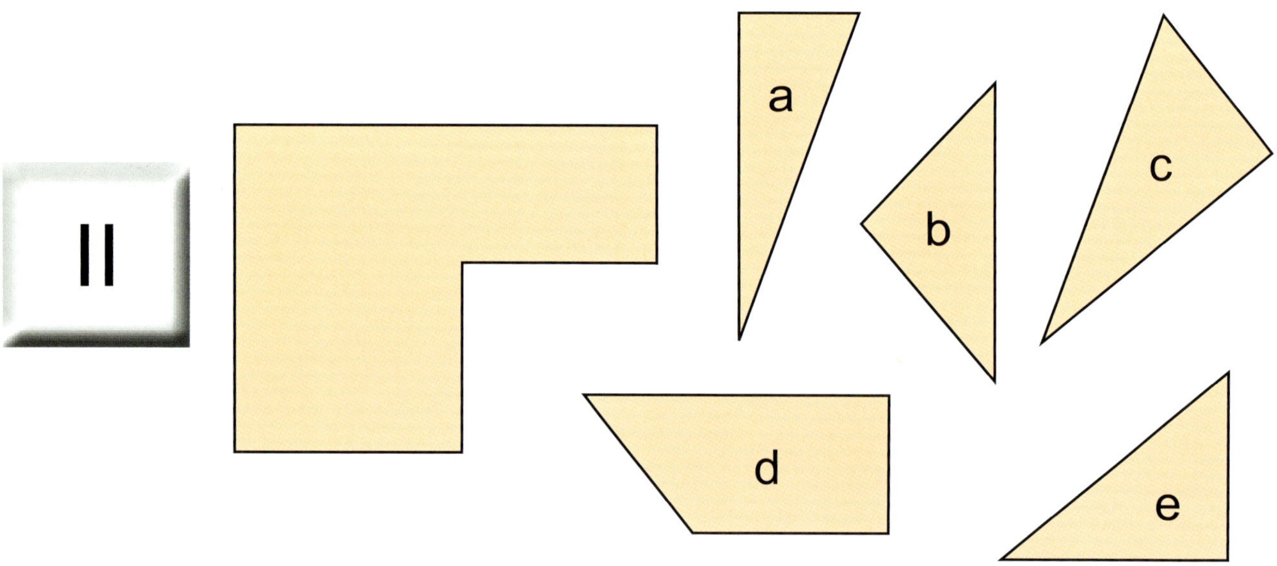

108 Zahlentorte

Fügen Sie die fehlende Zahl ein.

I

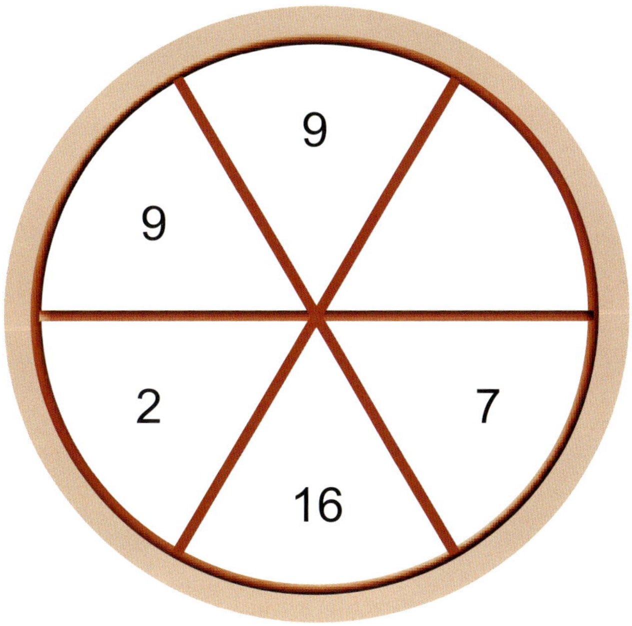

a) 3

b) 11

c) 15

d) 25

II

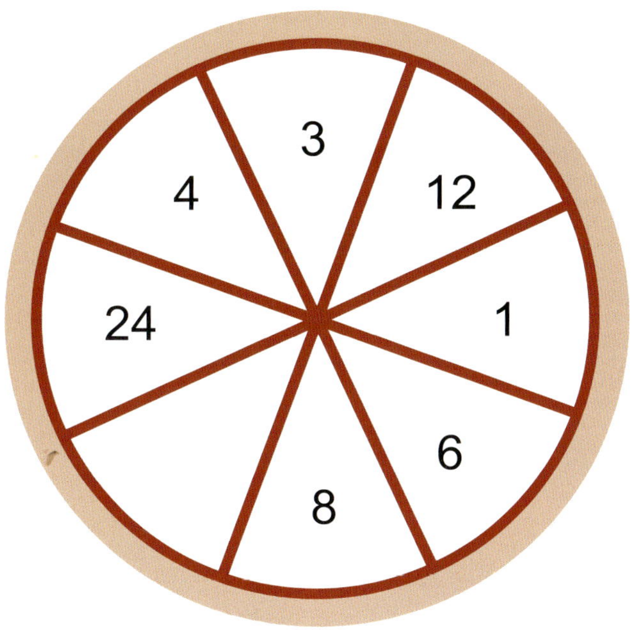

a) 20

b) 18

c) 9

d) 2

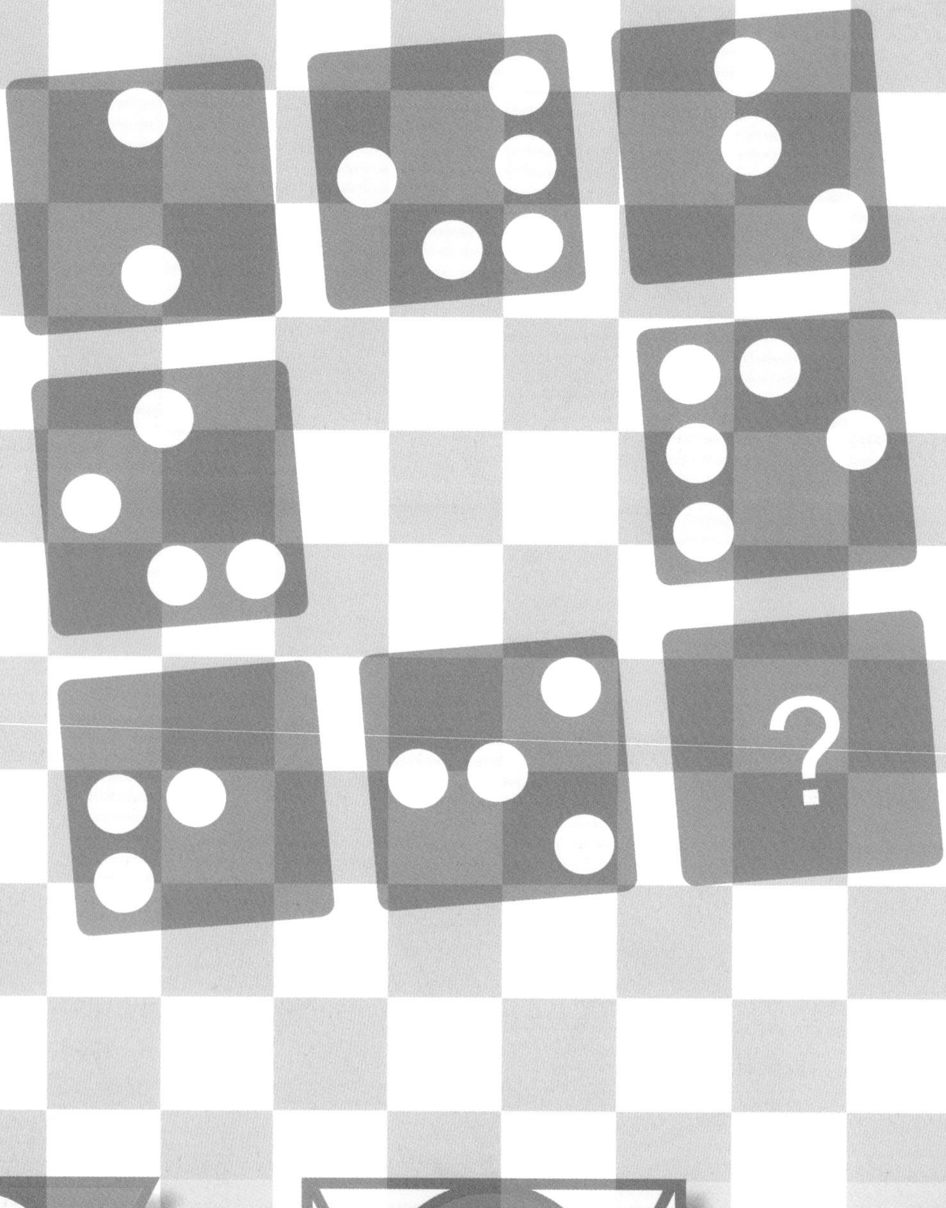

IQ Übungen III

Wenn Sie einen Test vor sich haben, der Aufgaben in der Schwierigkeit dieses Kapitels beinhaltet, werden Sie entweder viel Zeit dafür bekommen, oder es soll ein IQ jenseits der 130 Punkte ermittelt werden. Warum sollten Sie also diesen Teil des Buchs durcharbeiten, wenn Sie bei den üblichen Tests mit Aufgaben rechnen müssen, die weniger schwierig sind? – Ganz einfach: Für einen Trainingseffekt müssen Sie sich überfordern. Sie müssen auf Probleme stoßen, die Sie nicht oder nur nach sehr langem Nachdenken lösen können. Eine Aufgabe, die Sie in routinierter Manier erledigen, stellt kein Problem dar. IQ-Training heißt aber Probleme lösen, und Aufgaben, bei denen Sie nicht wissen, in welche Richtung Sie zu denken beginnen sollen, sind die effektivsten!

109 Würfeldreh

Einer der Würfel unter a bis d passt an die Stelle des Fragezeichens. Welcher?

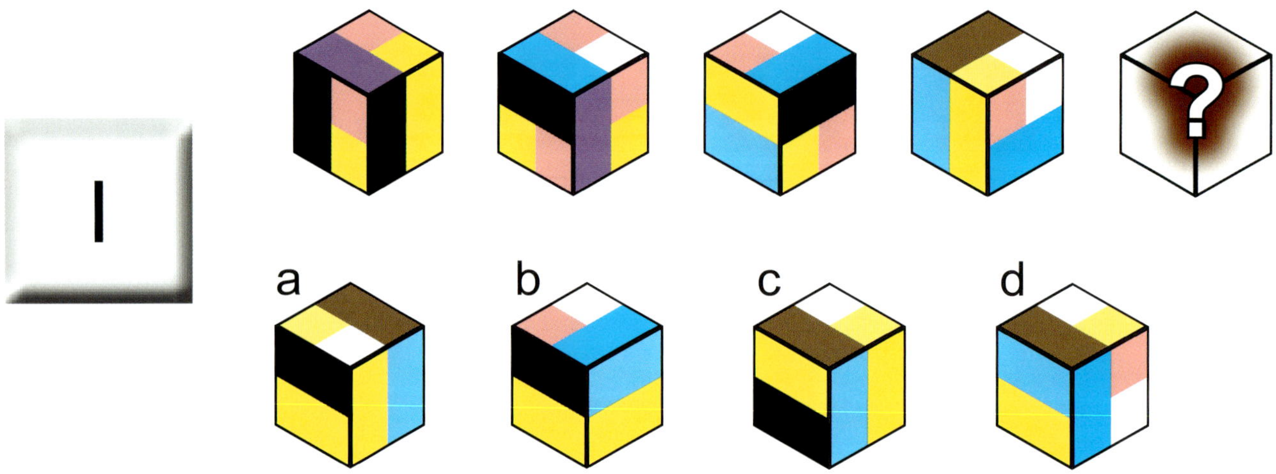

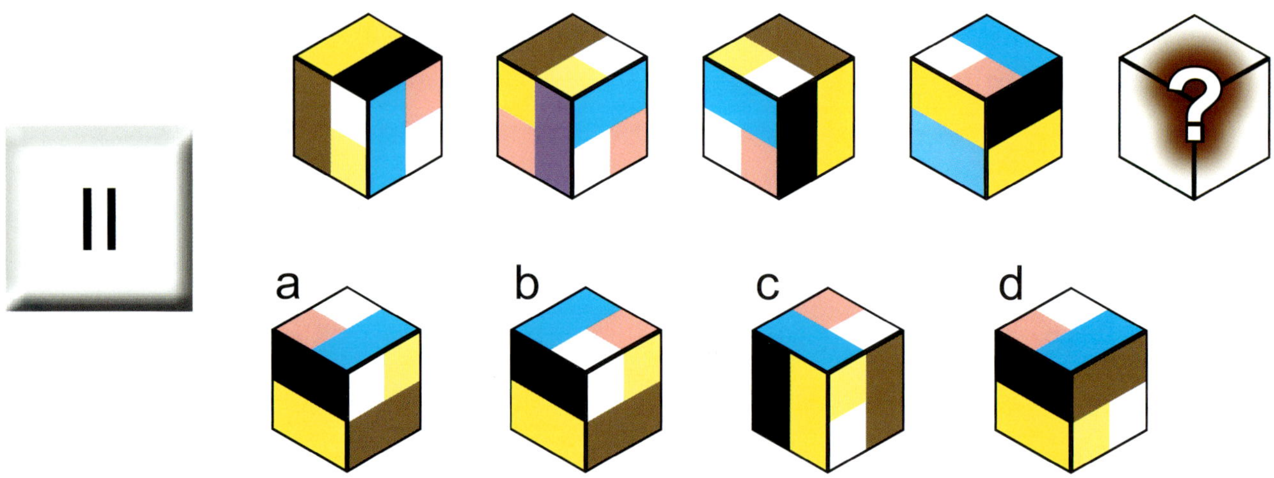

110 Spalten- und Zeilensummen

Gleiche Symbole stehen für die gleiche Zahl. Tragen Sie die fehlenden Zahlen in die leeren Kästchen ein.

I

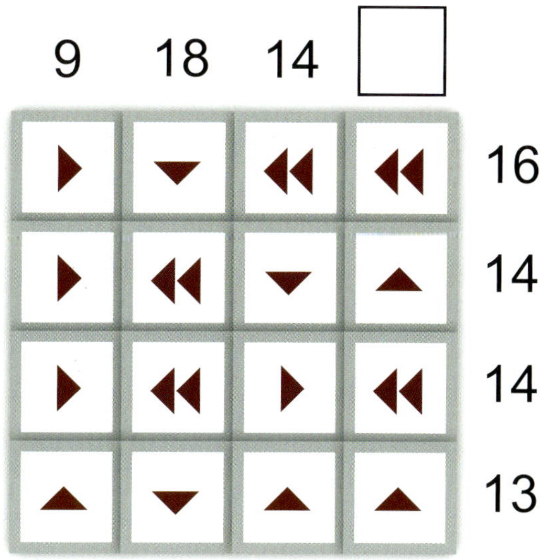

II

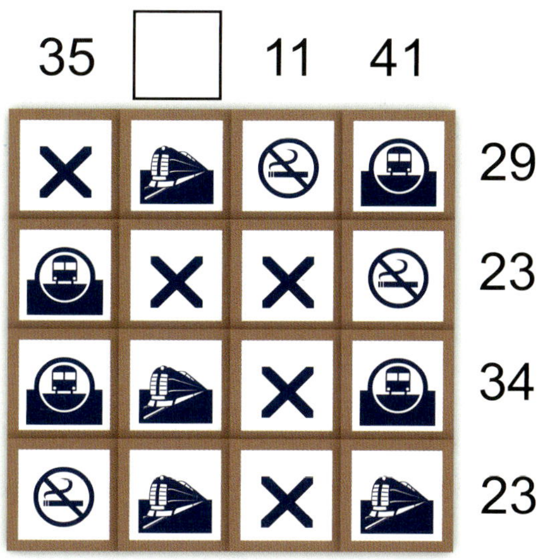

111 Redensartlich

Ergänzen Sie den jeweils gesuchten redensartlichen Ausdruck.

I

Wer nicht besonders klug ist, der hat das ______ nicht ______.

II

Wer jede Verbindung mit jemandem abbricht, der ______ das ______ zwischen sich und demjenigen entzwei.

III

Was dunkel und unverständlich bleibt, ist ein ______ mit sieben ______.

112 Zahlenpool

Welche der rechts zur Auswahl stehenden Zahlen passt jeweils zu den Zahlen im Becken?

I

a) 312

b) 833

c) 846

d) 258

II

a) 53

b) 54

c) 55

d) 56

113 Dreier-System

Welche Grafik ersetzt jeweils das Fragezeichen?

I

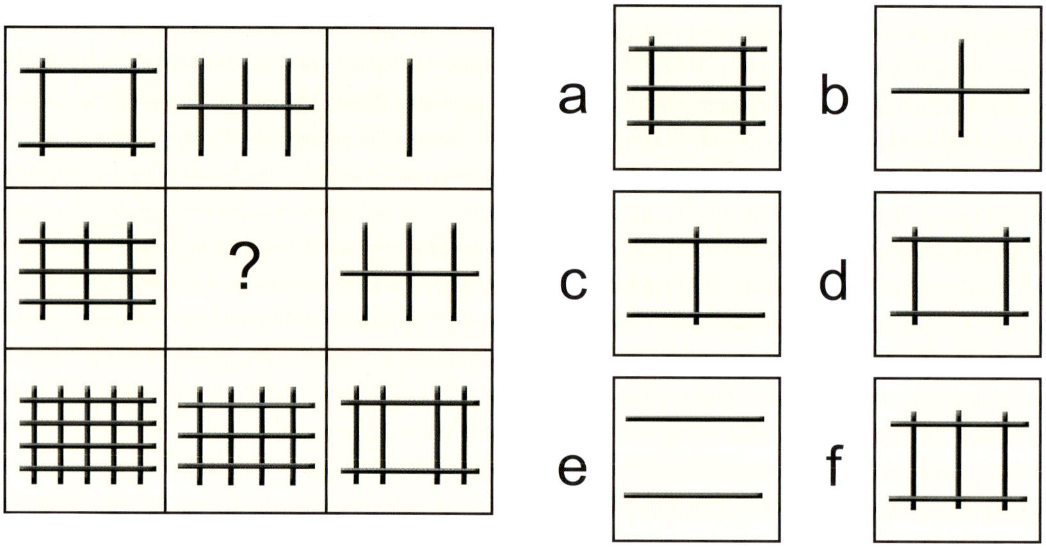

II

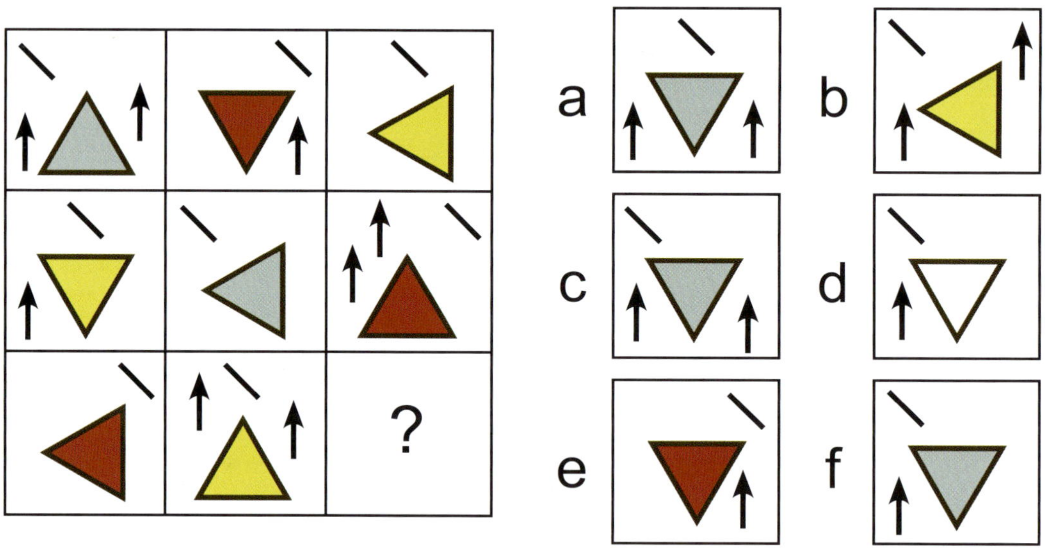

114 Drehwurm

Eine Figur ist gespiegelt.

I

a b c d e

II

a b c d e

III

a b c d e

IV

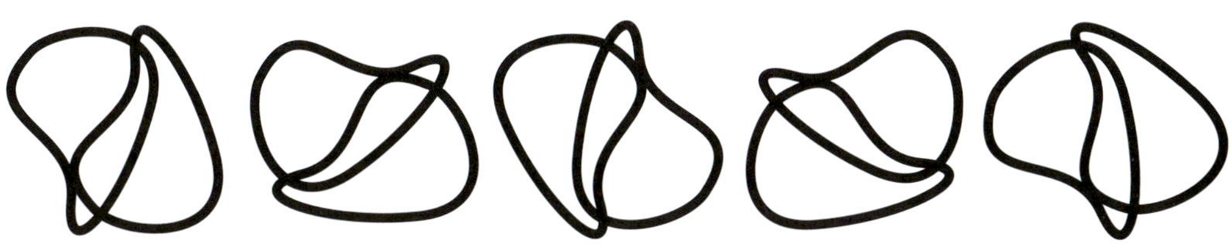

a b c d e

115 Moleküle

Erkennen Sie das rechnerische Muster, das dem System zugrunde liegt, und entscheiden Sie sich für die richtige Zahl.

I

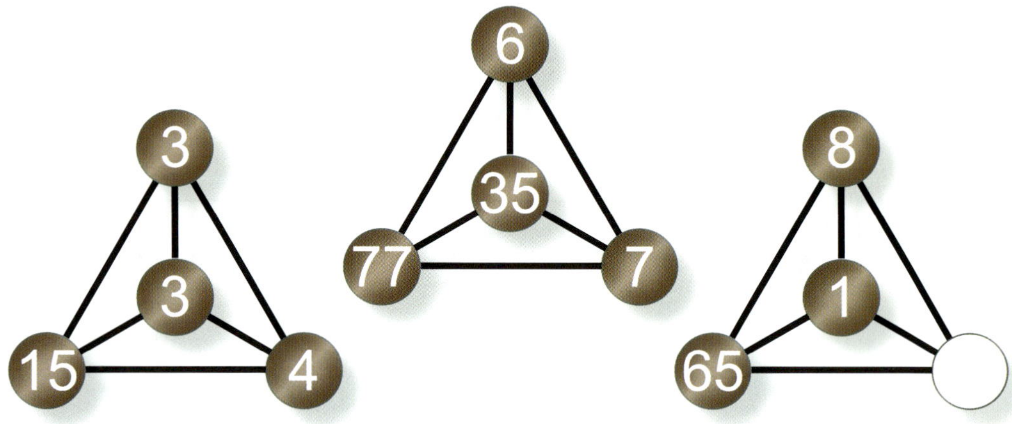

a) 3 b) 5 c) 8 d) 12

II

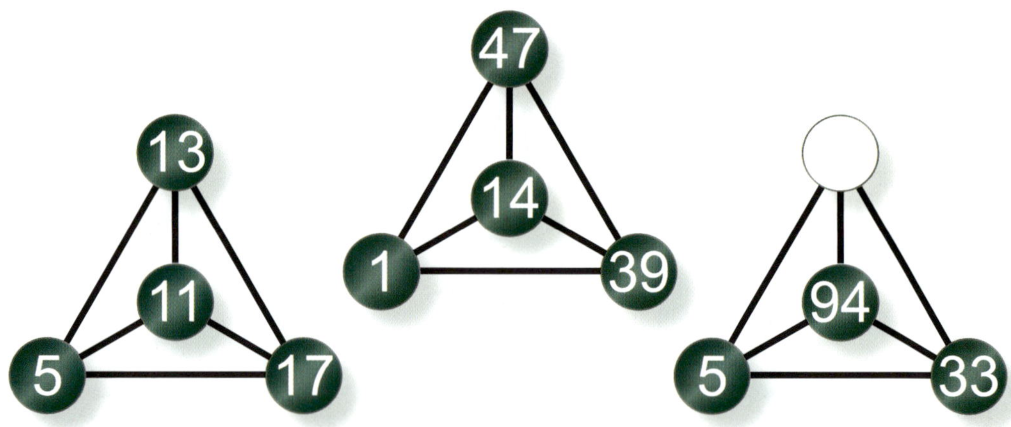

a) 13 b) 23 c) 25 d) 64

116 Gruppenzwang

Setzen Sie die sechs Mosaikbausteine entsprechend dem Plan rechts gedanklich zusammen. Vergleichen Sie dies mit der Vorgabe links. In welchem Bereich (A bis D) steckt ein Fehler?

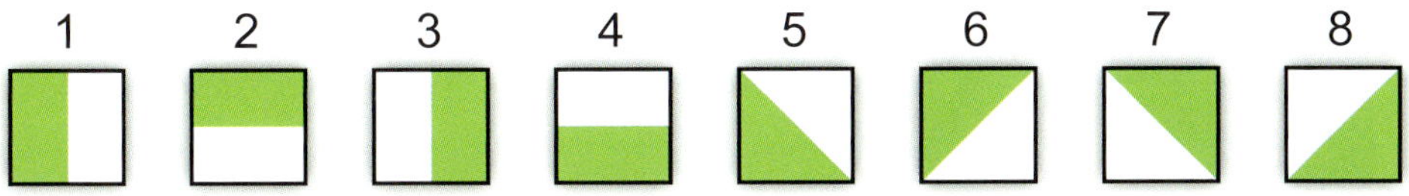

I

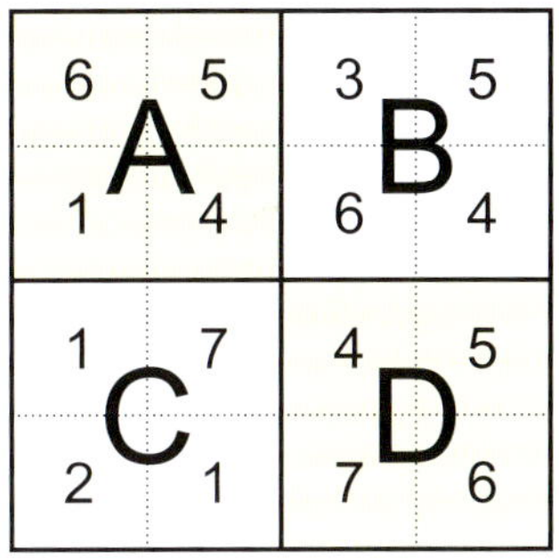

A ☐ B ☐ C ☐ D ☐

II

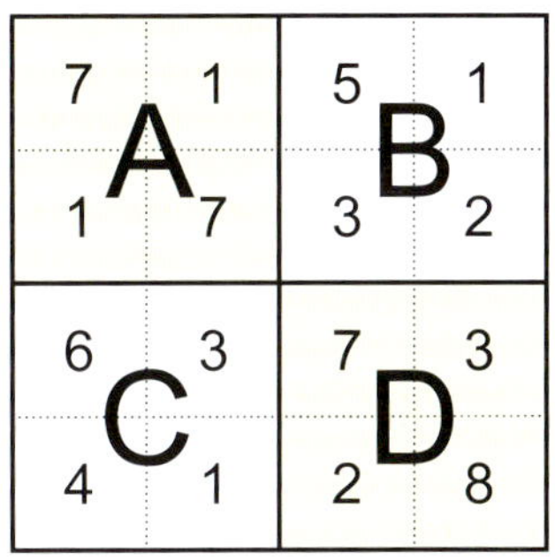

A ☐ B ☐ C ☐ D ☐

117 Ähnliche Redensarten

Finden Sie jeweils die je zwei Redewendungen, die eine ähnliche Bedeutung haben.

I

a) die Büchse der Pandora
b) das Goldene Kalb
c) Law and Order
d) Memento mori
e) Damoklesschwert

II

a) null und nichtig
b) Laisser-faire
c) rien ne va plus
d) veni, vidi, vici
e) der Würfel ist gefallen

III

a) jemanden durch die Mangel drehen
b) jemandem nach dem Munde reden
c) die Fahne nach dem Wind drehen
d) wie ein Blinder von der Farbe reden
e) jemandem über den Mund fahren

118 Pakete schnüren

Nach welcher Zahl ist jeweils gefragt?

I

Eine 45 Zentimeter lange Paketschnur soll in vier Teile zerschnitten werden. Jedes Teilstück soll dabei nur halb so lang sein wie das davor. Wie viele Zentimeter misst das längste Stück?

Antwort: ☐ Zentimeter

II

In einem Paket befinden sich Vollmilch-, Zartbitter-, Nugat- und weiße Schokoladen. 12 Tafeln sind weiße Schokoladen, ein Drittel sind Vollmilch-, ein Sechstel sind Nugat- und ein Viertel sind Zartbitterschokoladen. Wie viele Tafeln befinden sich in dem Paket?

Antwort: ☐ Schokoladen

119 Buchstabenchaos

Bauen Sie die Buchstabengruppen unter a) bis d) zu sinnvollen Wörtern um und wählen Sie für den unvollständigen Satz die korrekte Ergänzung.

I

Eine todbringende Funktion hatte früher ein ...

a) TILLEA
b) SHMLCE
c) ASKSEE
d) SPNGEA

II

Ein anderes Wort für Seilschaft könnte sein: ...

a) PSSEER
b) ALOPPS
c) NZEKAT
d) CLUQIE

III

Ein Träger leidet unter ...

a) LUSUTN
b) MELIMH
c) GEZREN
d) OLELDM

120 Logische Formenreihe

Führen Sie das Prinzip der Reihe fort und setzen Sie die richtige Alternative a bis d ein.

I

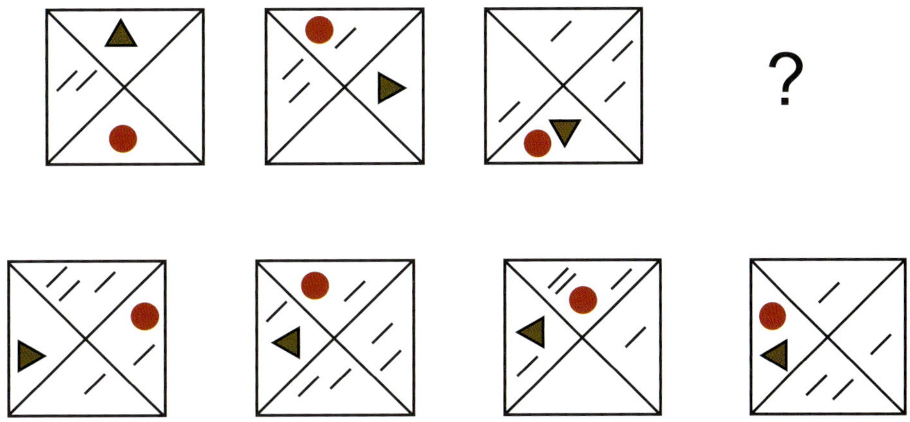

a b c d

II

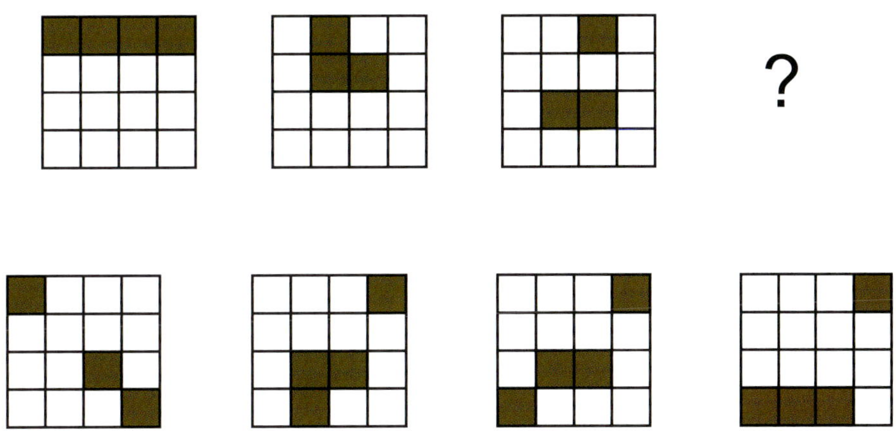

a b c d

121 Gruppenzwang

Ordnen Sie jede der unteren Grafiken 1 bis 4 der jeweils passenden Gruppe zu.

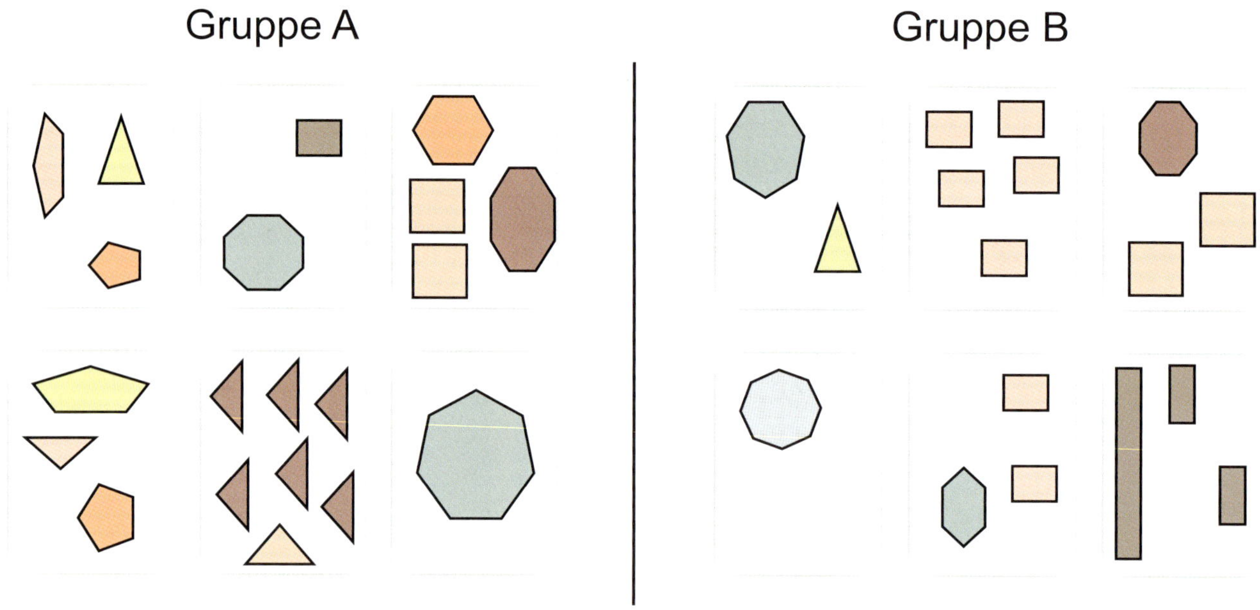

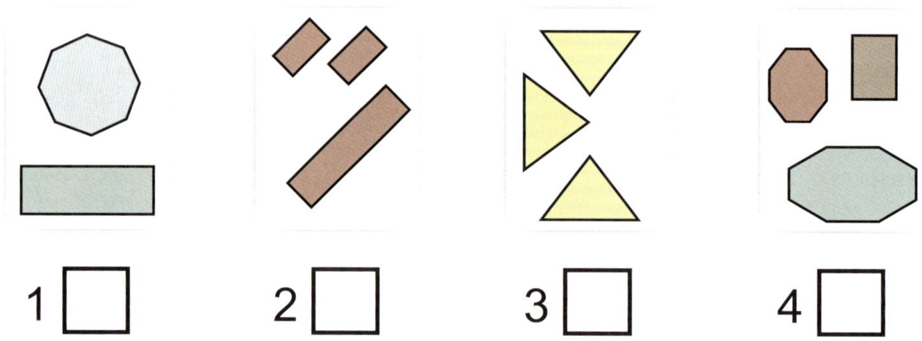

122 Tatsachenaussage

Kreuzen Sie den Satz mit der Tatsache an. Die anderen drei Sätze beinhalten Meinungen.

I

a) Auf manchen Schreibtischen wird nie geschrieben.

b) Ein Schreibtisch sollte immer aufgeräumt sein.

c) Ein kleiner Schreibtisch fördert die Konzentration.

d) Ein Büro hat immer einen Schreibtisch.

II

a) Aller Anfang ist schwer.

b) Müßiggang ist aller Laster Anfang.

c) Jeder Satz beginnt mit einem ersten Wort.

d) Am Anfang fallen alle Worte schwer.

123 Dominosystem

Welcher Dominostein passt?

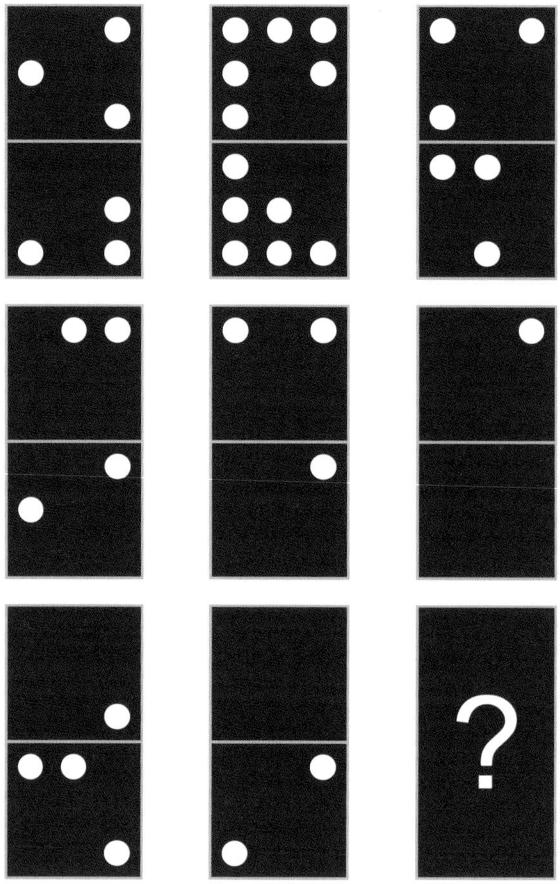

a

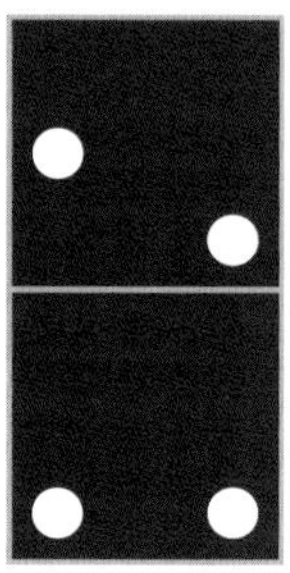

b

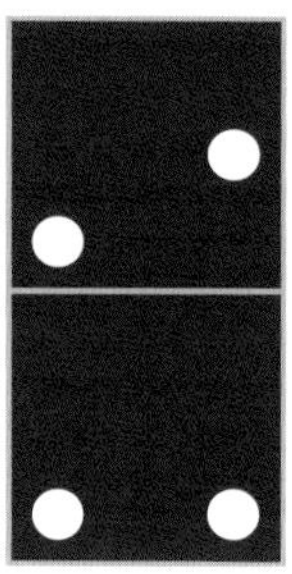

c

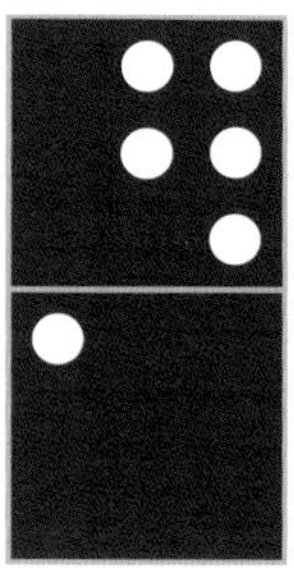

124 Stärkster Gegner

Welcher Begriff drückt am treffendsten das Gegenteil vom vorgegebenen Wort aus?

I

außer

a) innen
b) alle
c) nur
d) es sei denn

II

nebenbei

a) apropos
b) extra
c) episodisch
d) bisweilen

III

lyrisch

a) poetisch
b) musisch
c) lustvoll
d) nüchtern

125 Dreier-System

Welche Grafik ersetzt jeweils das Fragezeichen?

I

?

a 

b 

c 

d 

e 

f 

II

Tr	Dt	Kz
	Tz	Dr
Dz	Kr	?

a Tz

b Tr

c Dt

d Dz

e Kt

f Tt

126 Zeitenfolge

Was müsste an der Stelle des Fragezeichens stehen?

I

a)

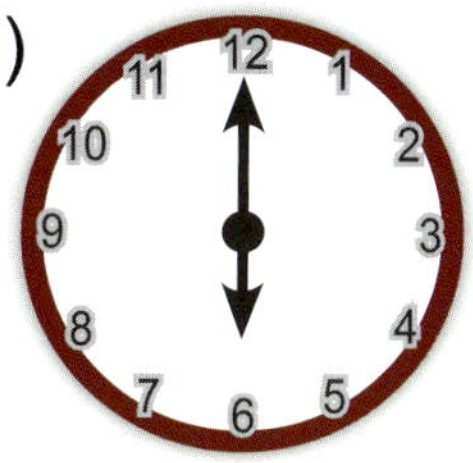

b)

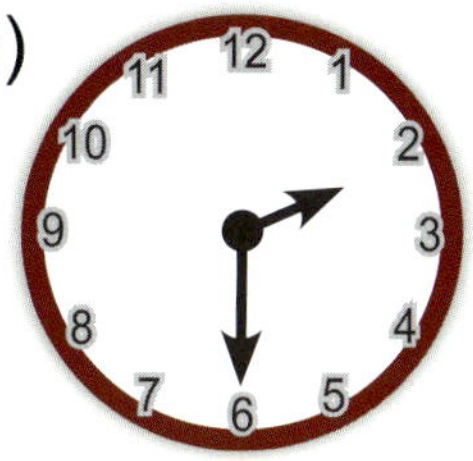

c)

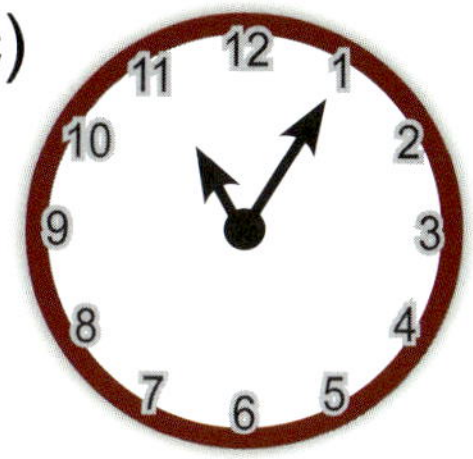

II

a)

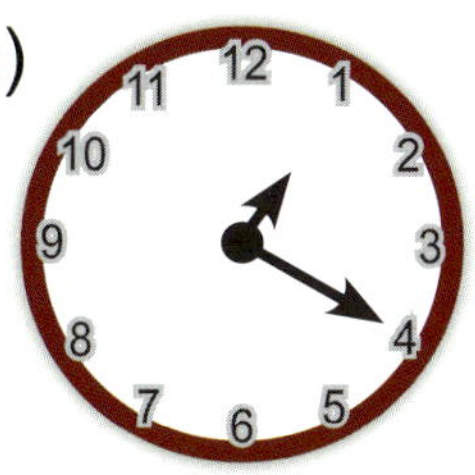

b)

c)

127 Parasitenwörter

Setzen Sie das fehlende Wort ein.

I	KOLLEG	→	(GABEL)	←	BAR
	DUETT	→	(_ _ _ _ _)	←	RINNSAL
II	KLAR	→	(KARTE)	←	LISTE
	SICH	→	(_ _ _ _ _)	←	BARON
III	SOHN	→	(OCHSE)	←	CHEMIE
	VIPER	→	(_ _ _ _ _)	←	RASSEL

128 Zahlentrios

Welches Tripel passt?

I

2	3	5	7	9	
7	5	4	3	2	
11	12	11	10	9	

a)	b)	c)	d)
5	4	2	8
9	3	1	4
6	2	5	12

II

12	15	33	35	55	
2	5	2	6	9	
2	5	1	8	0	

a)	b)	c)	d)
97	75	46	66
7	6	9	9
5	8	4	6

129 Zahlenkleeblatt

Welche Zahlen vervollständigen das System?

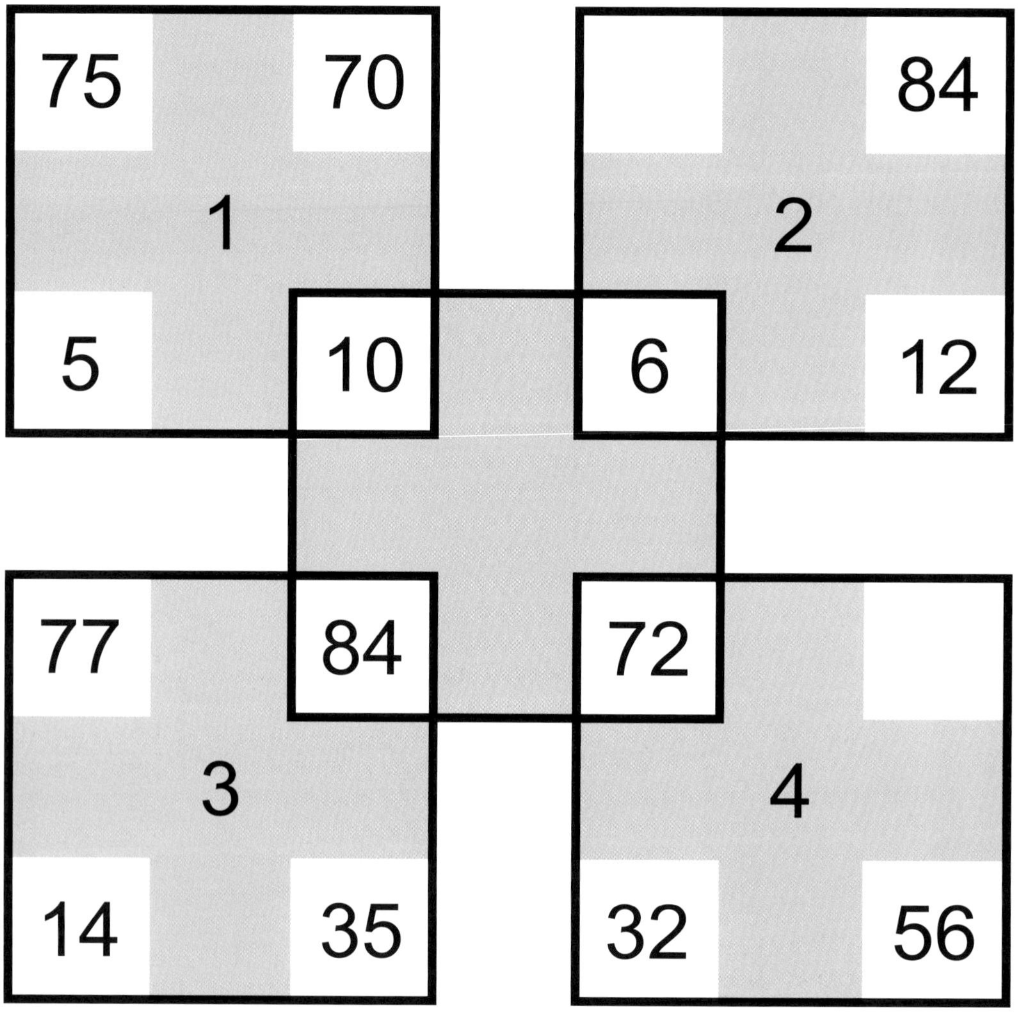

a) 66/64 b) 72/117 c) 76/115 d) 78/114

130 Konkurrierend ähnlich

Welcher Begriff ähnelt dem vorgegebenen am meisten?

I

plausibel

a) erklärbar
b) begreiflich
c) erwartungsgemäß
d) richtig

II

unumgänglich

a) unüberwindlich
b) abwendbar
c) erforderlich
d) unumstößlich

III

gleichmütig

a) gleichgültig
b) unemotional
c) harmoniebedürftig
d) ausgeglichen

131 Anfang und Ende

Welches Wortende kann sämtlichen dieser Wortanfänge angehängt werden? Welcher Wortanfang fehlt unten?

I

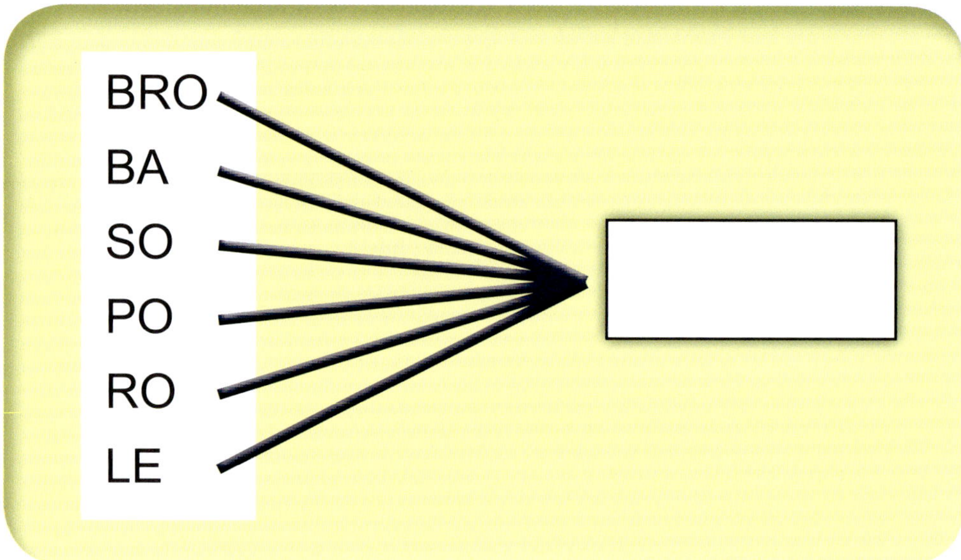

II

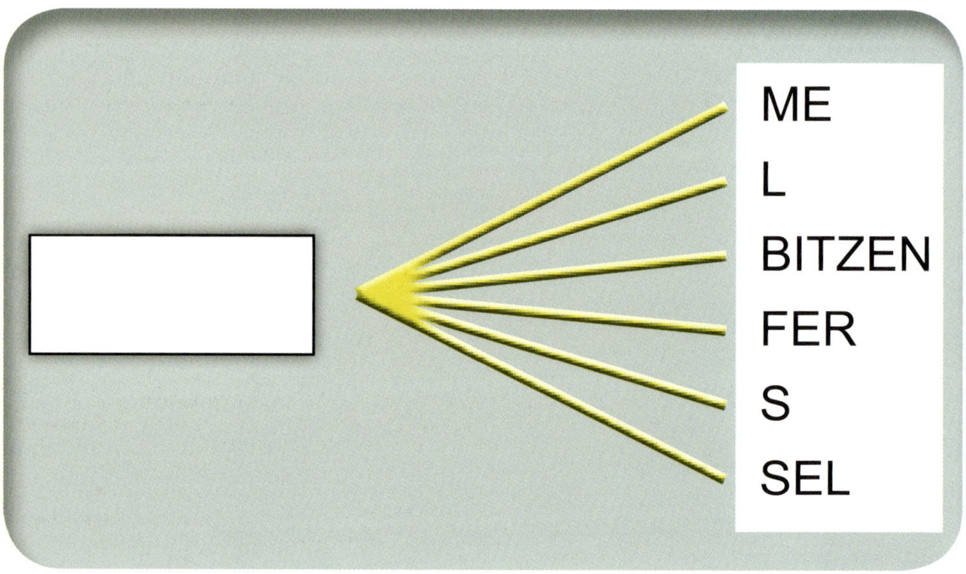

132 Rechnerische Verhältnisse

Welche Grafik ist die passende Ergänzung?

verhält sich zu

wie

zu

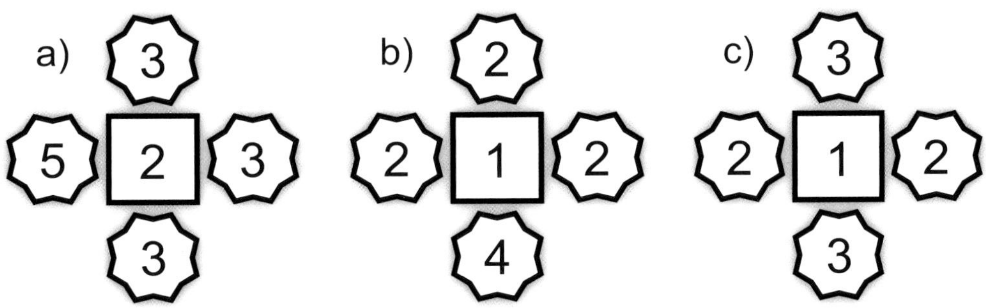

133 Teilhaber

Tragen Sie das fehlende Wort in die Klammer ein.

I

KRI + (____________________) + E = Gläser

Behausung

II

V + (____________________) + CK = Schutz

Gemisch

III

RE + (____________________) + UNG = Gewalt

Eigenschaft

IV

K + (____________________) + EL = Körper

Nahrungsmittel

134 Formenwirrwarr

Welche Zahl gehört ins jeweils leere Feld?

I

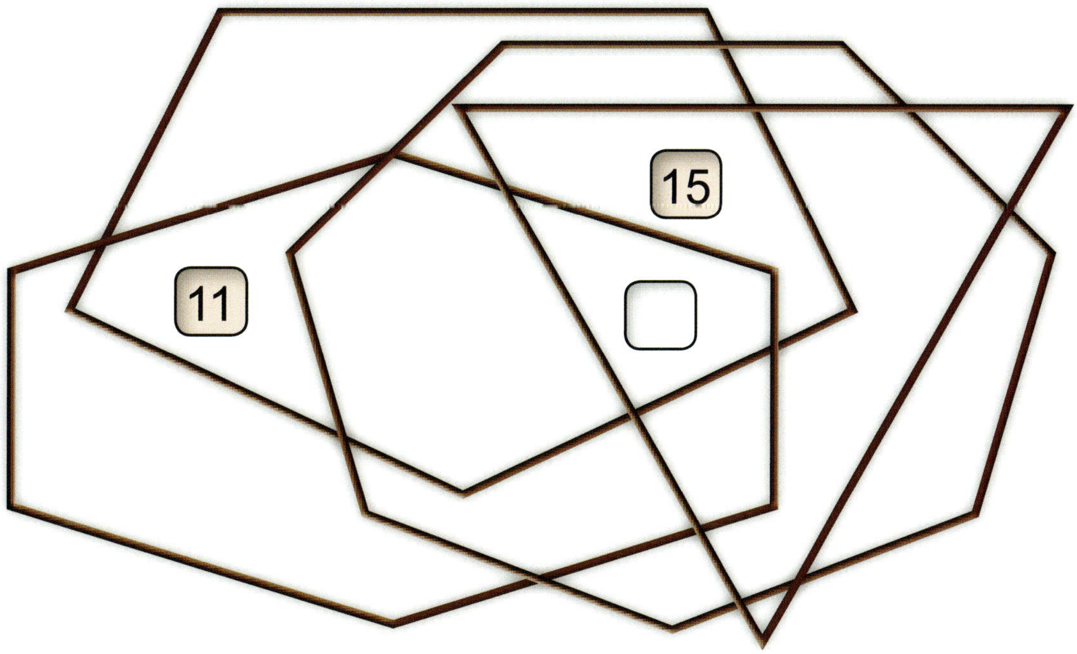

II

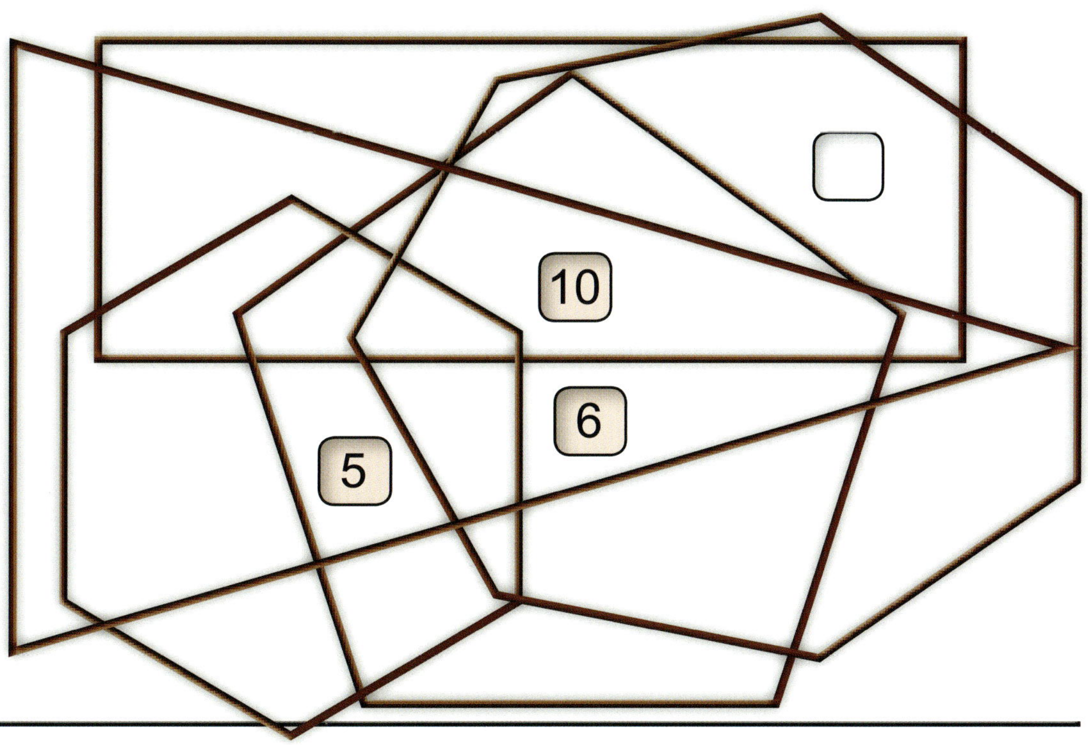

135 Waagschalen

Mit welcher Menge bringen Sie die letzte Waage ins Gleichgewicht?

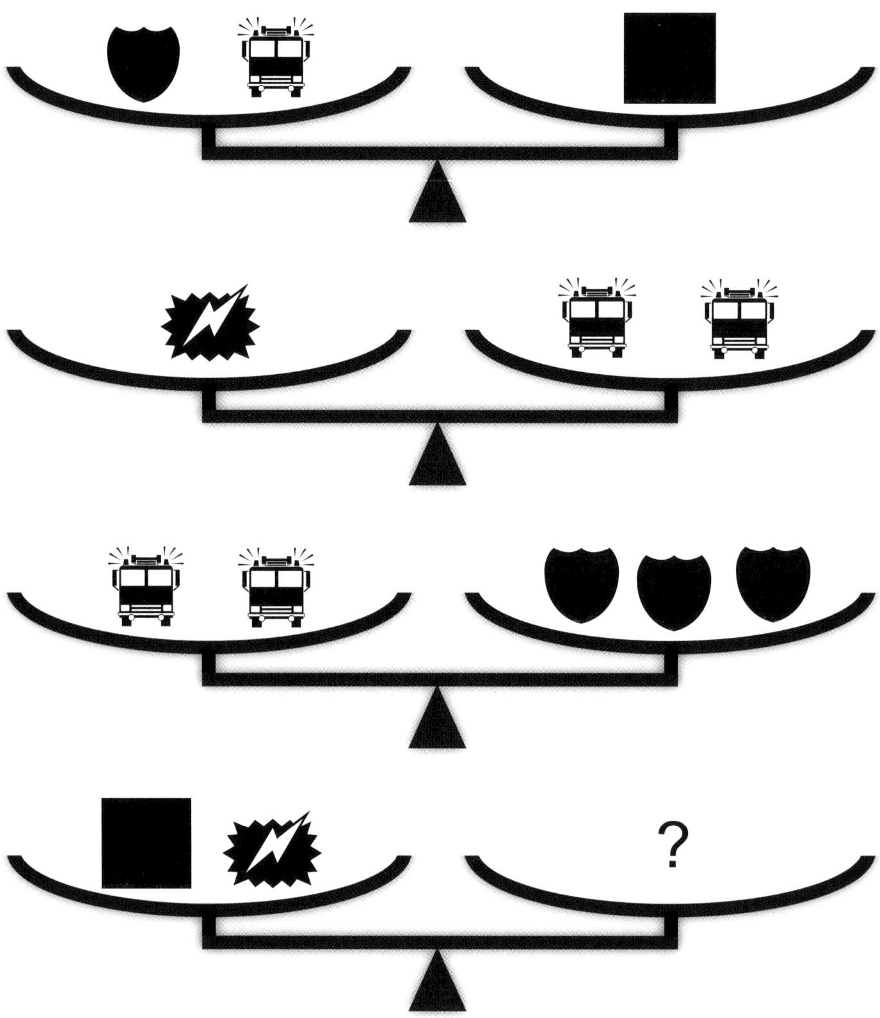

a) 

b) 

c) 

d) 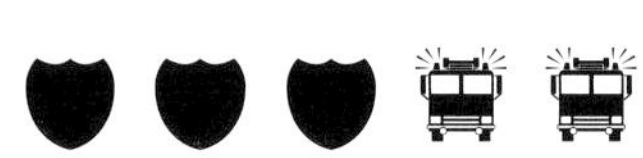

136 Schmelztiegel

Bei den folgenden Wörtern (bzw. Wortfragmenten) fehlen am Ende bzw. am Anfang dieselben Buchstaben. Ergänzen Sie sie!

I	Gall □□□ rag
II	Seg □□□□ or
III	Sab □□□ ik
IV	Stu □□□ xid

137 Außenseiter

Welche Grafik passt nicht zu den anderen?

I

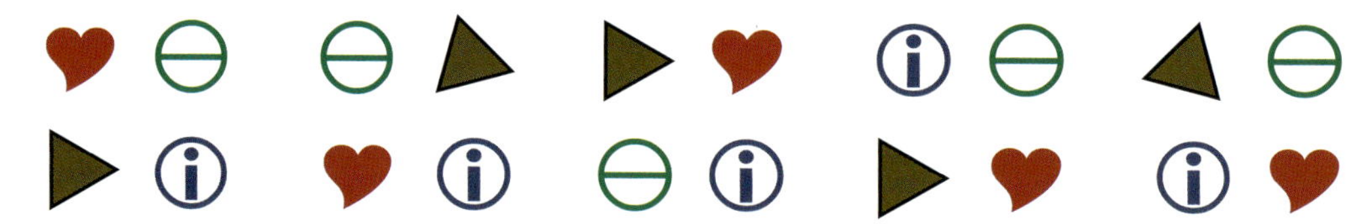

a) b) c) d) e)

II

a) b) c) d) e)

III

a) b) c) d) e)

138 Wochentage

Nach welchen Wochentagen wird gefragt?

I

Welcher Tag war 4 Tage vor morgen, wenn von gestern bis übermorgen halb so viele Tage vergehen wie von heute bis zum nächsten Montag?

☐ Mo ☐ Di ☐ Mi ☐ Do ☐ Fr ☐ Sa ☐ So

II

13 Tage vor gestern war es 5 Tage nach dem 7. Tag. Welcher Tag ist 3 Tage nach morgen, wenn der 18. Tag ein Mittwoch war?

☐ Mo ☐ Di ☐ Mi ☐ Do ☐ Fr ☐ Sa ☐ So

III

Welcher Tag war vorgestern, wenn es morgen 23 Tage vor dem 6. Juni und der 13. September desselben Jahres ein Sonntag ist?

☐ Mo ☐ Di ☐ Mi ☐ Do ☐ Fr ☐ Sa ☐ So

139 Bruchfolge

Welches Zahlenduo setzt die Reihe fort?

I

1	2	2	4	8	11	?
2	1	3	4	6	12	

a)	b)	c)	d)
33	33	32	34
19	25	17	19

II

7	11	13	17	19	?
7	2	4	8	10	

a)	b)	c)	d)
22	23	23	24
4	5	6	7

140 Logische Formenreihe

Führen Sie das Prinzip der Reihe fort und setzen Sie die richtige Alternative a bis d ein.

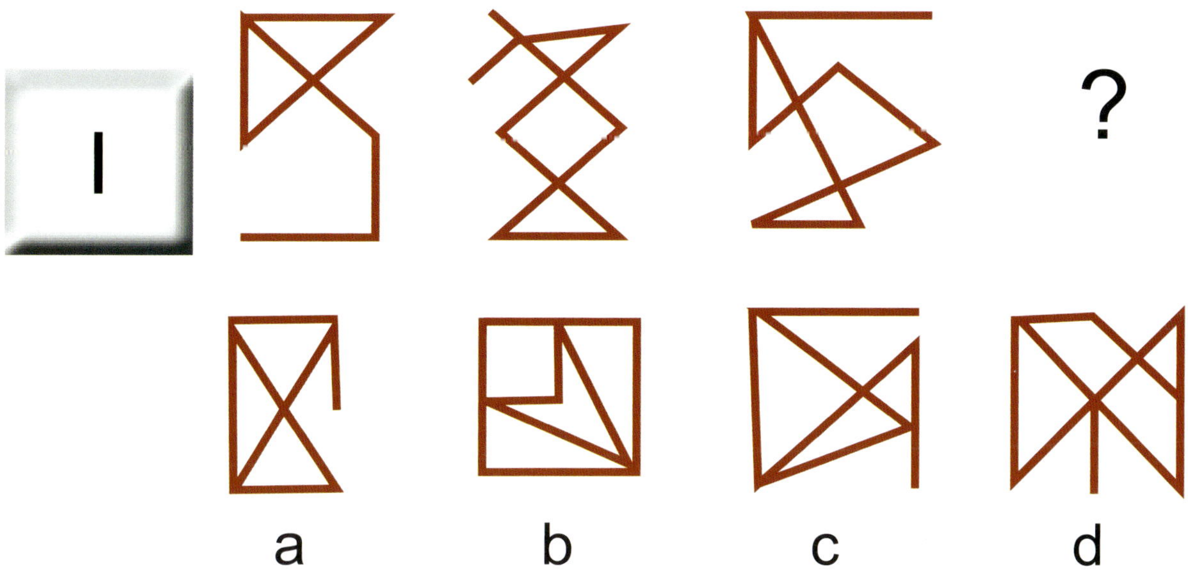

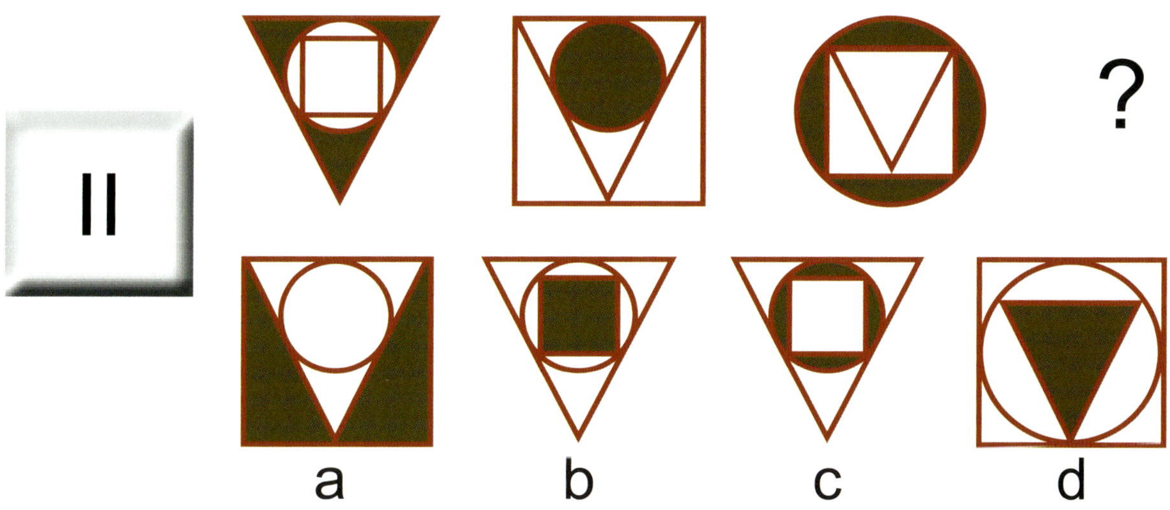

141 Tastenfelder

Welcher Buchstabe gehört ins leere Feld?

N	P	F	H
E	J	B	G
T	X	M	Q
C	P	E	

a) L b) T c) S d) R

142 Oberbegriffe

Finden Sie ein Wort, das einen gemeinsamen, möglichst eng abgrenzenden Oberbegriff zu den drei vorgegebenen Wörtern bildet.

I

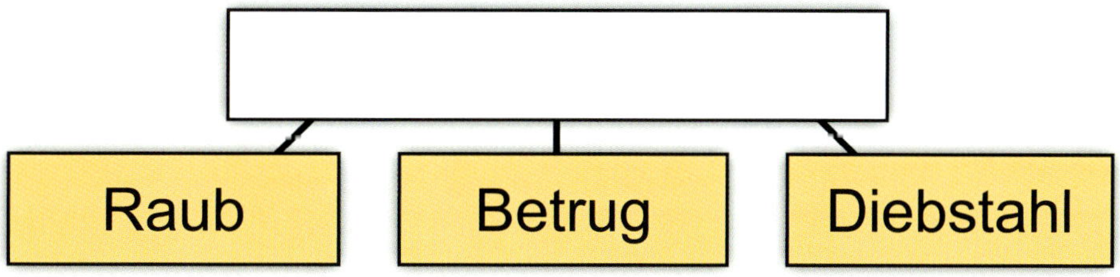

II

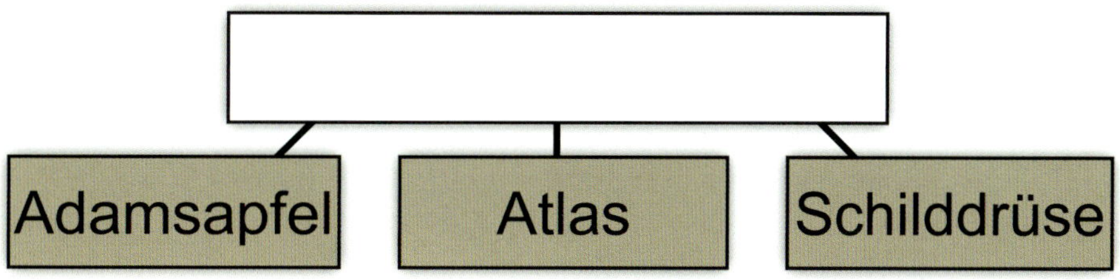

III

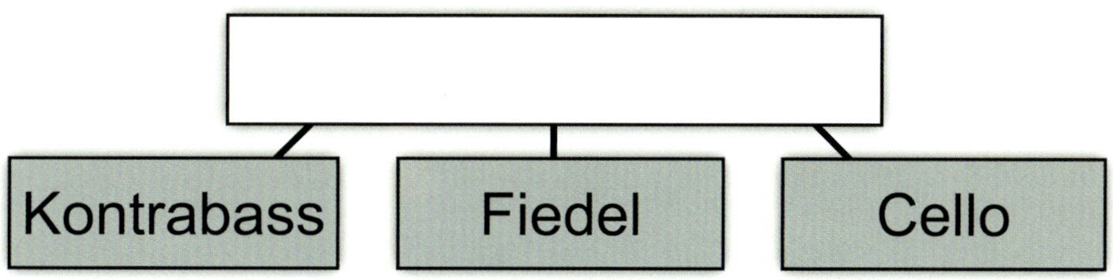

IV

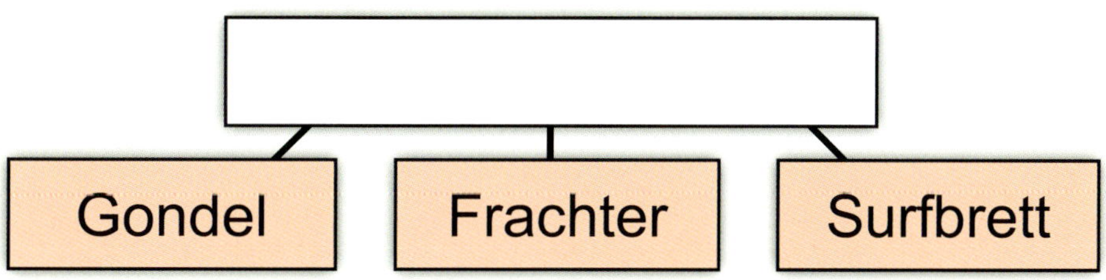

143 Zahlen bei Tisch

Welche der rechts zur Auswahl stehenden Zahlen passen in die leeren Felder?

I

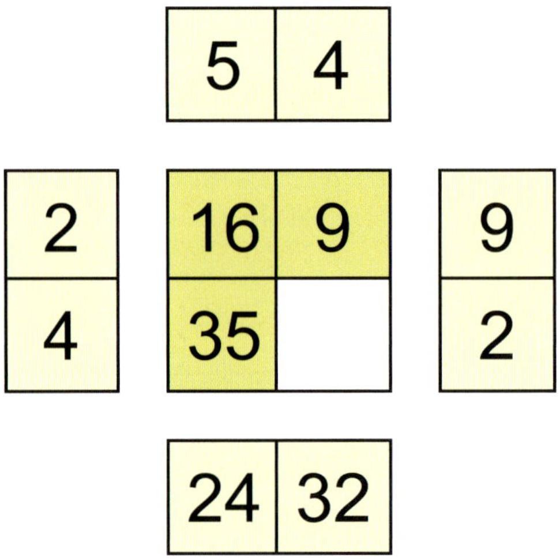

a) 19

b) 27

c) 37

d) 41

II

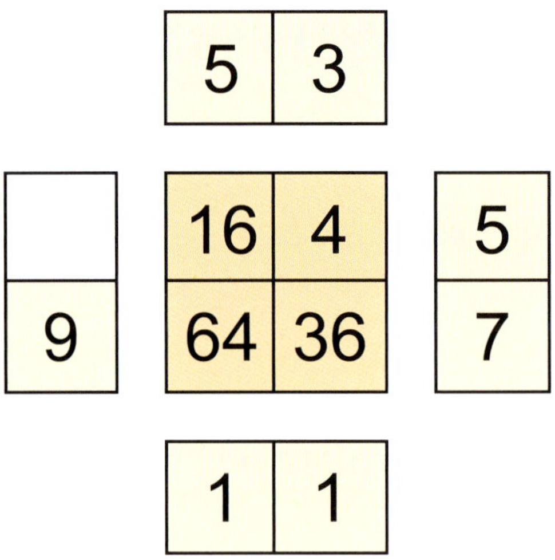

a) 9

b) 8

c) 7

d) 6

144 Kugelkisten

Ersetzen Sie jeweils das Fragezeichen.

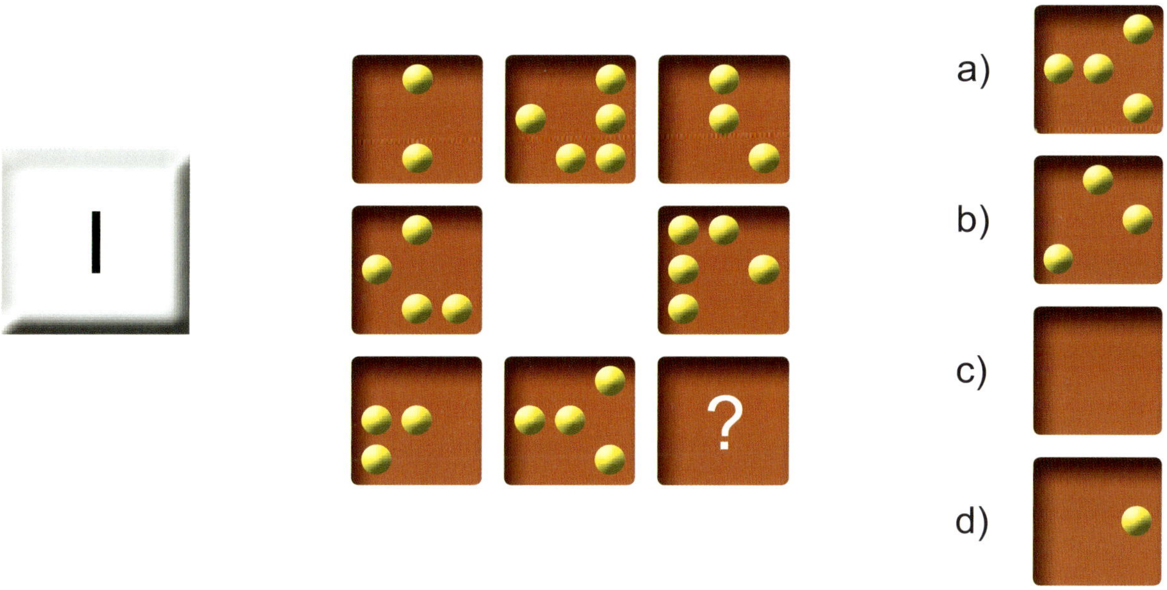

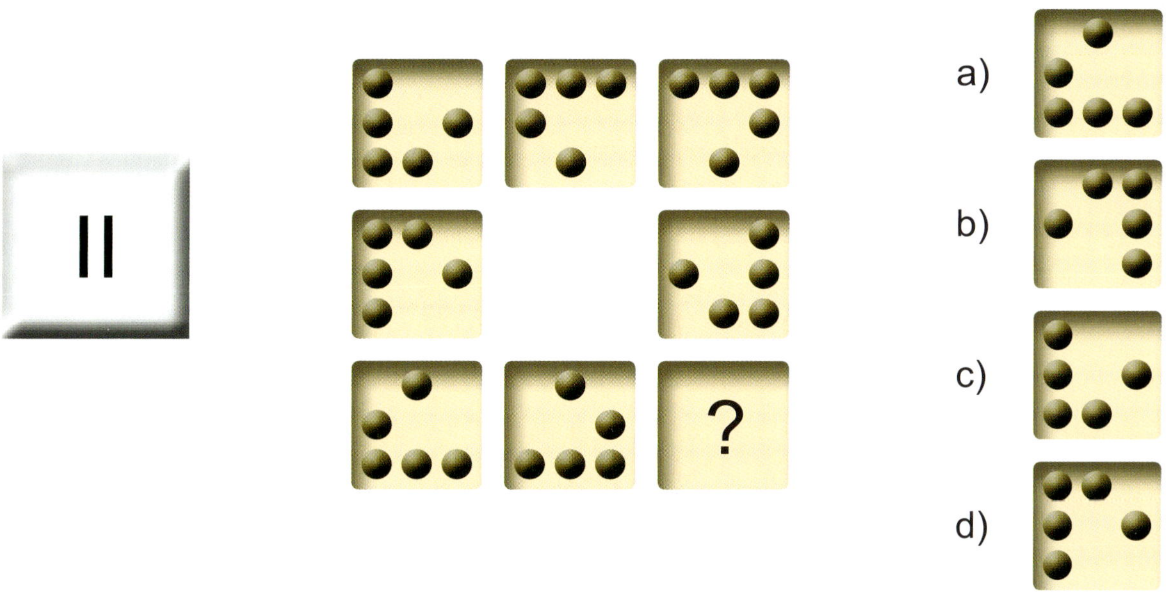

145 Zahlenreihen

Markieren Sie die fehlende Zahl.

I

–1	4	3	7	10	

a) 8 b) 13 c) 9 d) 17

II

2	3	8	

a) 16 b) 21 c) 63 d) 133

III

4	9	25	49	

a) 81 b) 100 c) 121 d) 144

IV

1	4	9	7	7	9	

a) 13 b) 7 c) 10 d) 11

146 Grafische Analogien

Links und rechts des Gleichheitszeichens sollen sich Grafikpaare gegenüberstehen, die in einem analogen Verhältnis zueinander stehen. Welche Grafik a bis d ersetzt das Fragezeichen?

I

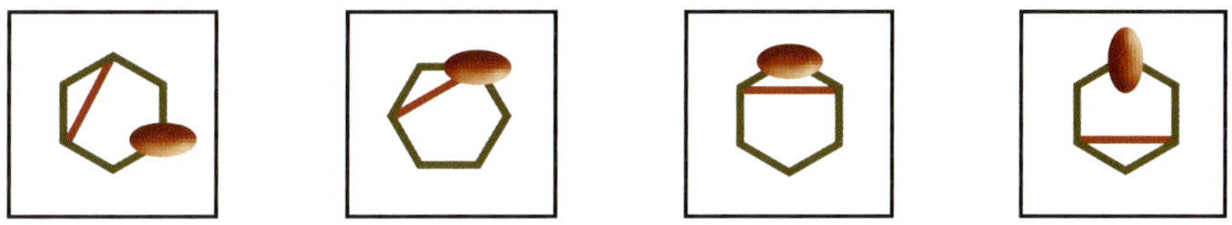

a b c d

II

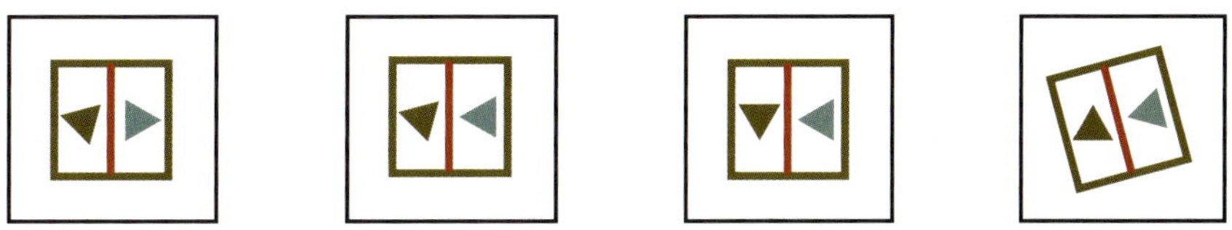

a b c d

147 Flächen zählen

Jede Grafik stellt einen geschlossenen Körper dar.
Wie viele Flächen hat dieser jeweils?

I

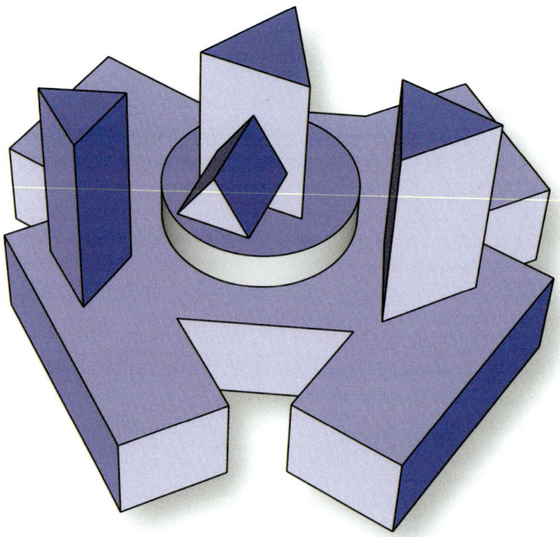

Flächenanzahl:

II

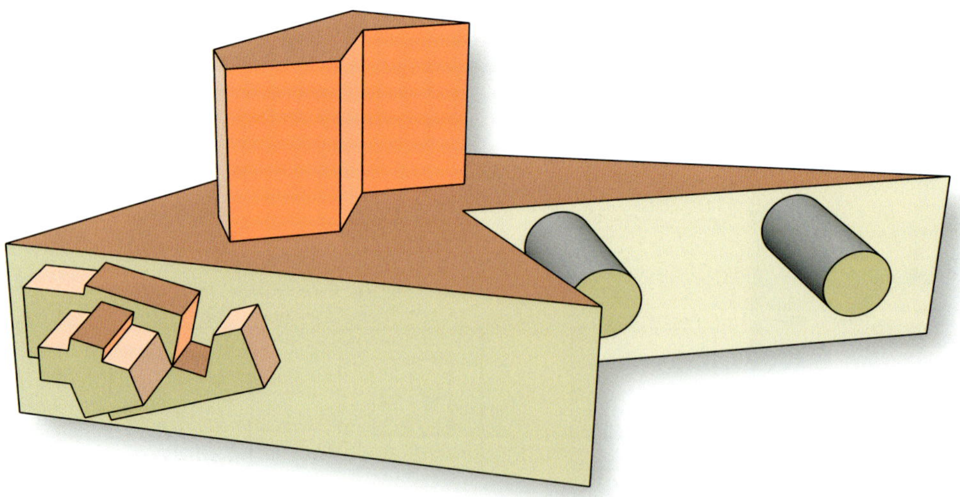

Flächenanzahl:

148 Brückenbau

In der Mitte fehlt ein Brückenwort, mit dem jeweils das linke Wort endet und das rechte beginnt. Die Wörter dürfen bei Bedarf gebeugt (dekliniert) werden.

I	Note...		...bein
II	Krokodil...		...gas
III	Kern...		...oper
IV	Kaffee...		...wind
V	Bier...		...muskel

149 Analogien

Sie sehen jeweils zwei Begriffspaare. Finden Sie in der unteren Zeile den fehlenden Begriff.

I

Lenkrad	Kreisel
Bildschirm	?

a) Blumenkohl b) Fußballfeld
c) Goldmünze d) Maus

II

Rohr	Gas
Kabel	?

a) Öl b) Benzin
c) Strom d) Schnur

III

lustig	witzig
Gespräch	?

a) Witz b) Unterhaltung
c) Diskussion d) Smalltalk

150 Zahlenmännchen

Welche Zahl fehlt jeweils?

I

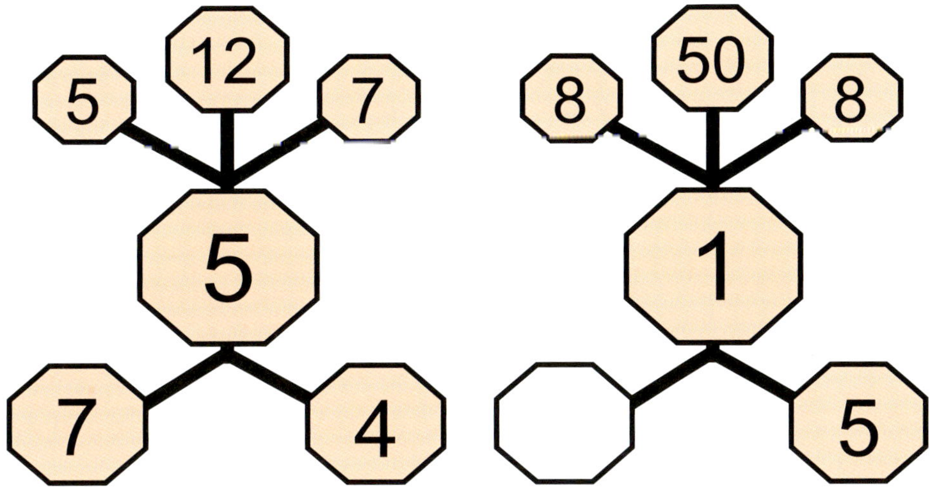

a) 3 b) 5 c) 8 d) 9

II

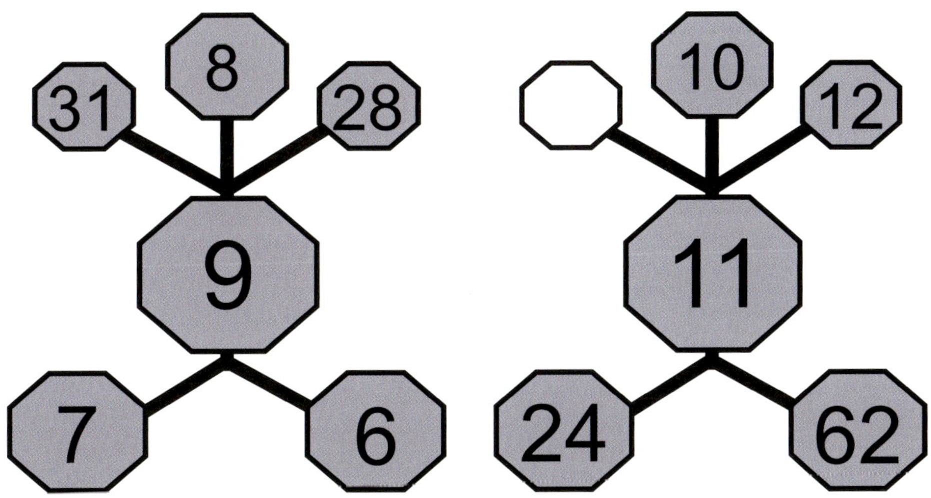

a) –8 b) 0 c)12 d) 87

151 Pärchenbildung

Finden Sie die beiden Begriffe, die am besten zusammenpassen.

I

a) schwer	b) tief
c) robust	d) dunkel
e) kräftig	f) groß

II

a) absurd	b) humorvoll
c) unterhaltsam	d) theatralisch
e) lachhaft	f) künstlerisch

III

a) fehlerhaft	b) unlauter
c) unwahr	d) fälschlich
e) verlegen	f) verlogen

152 Würfeltest

Genau ein Würfel unter a bis d ist der vorgegebene Würfel oben. Auf jeder der sechs Seiten eines Würfels befindet sich etwas anderes.

I

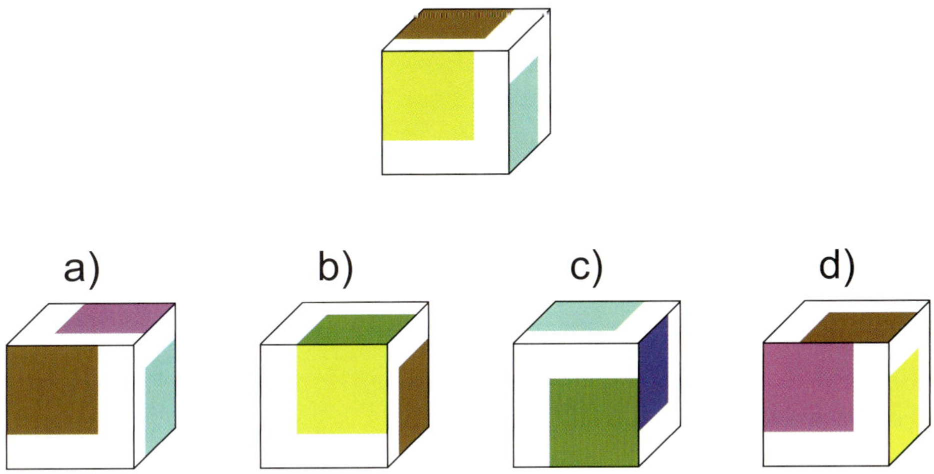

II

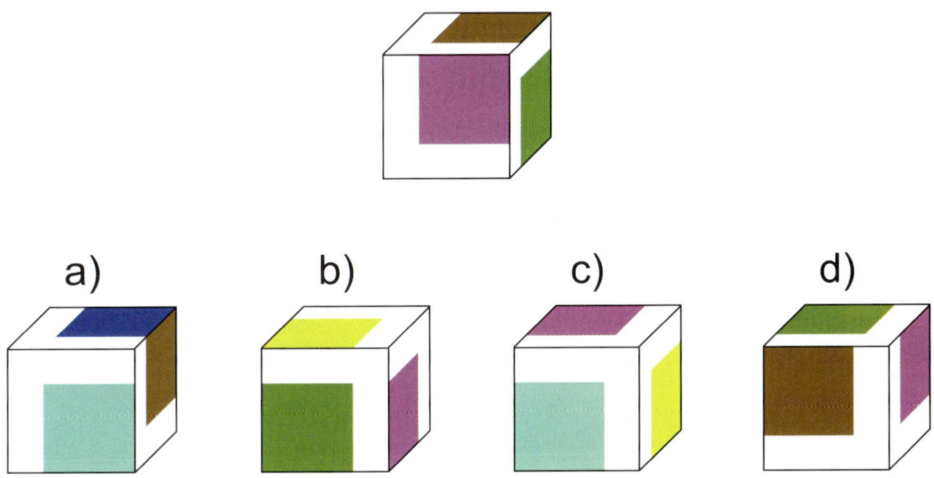

153 Viertelkreise

Bestimmen Sie die fehlenden Zahlen.

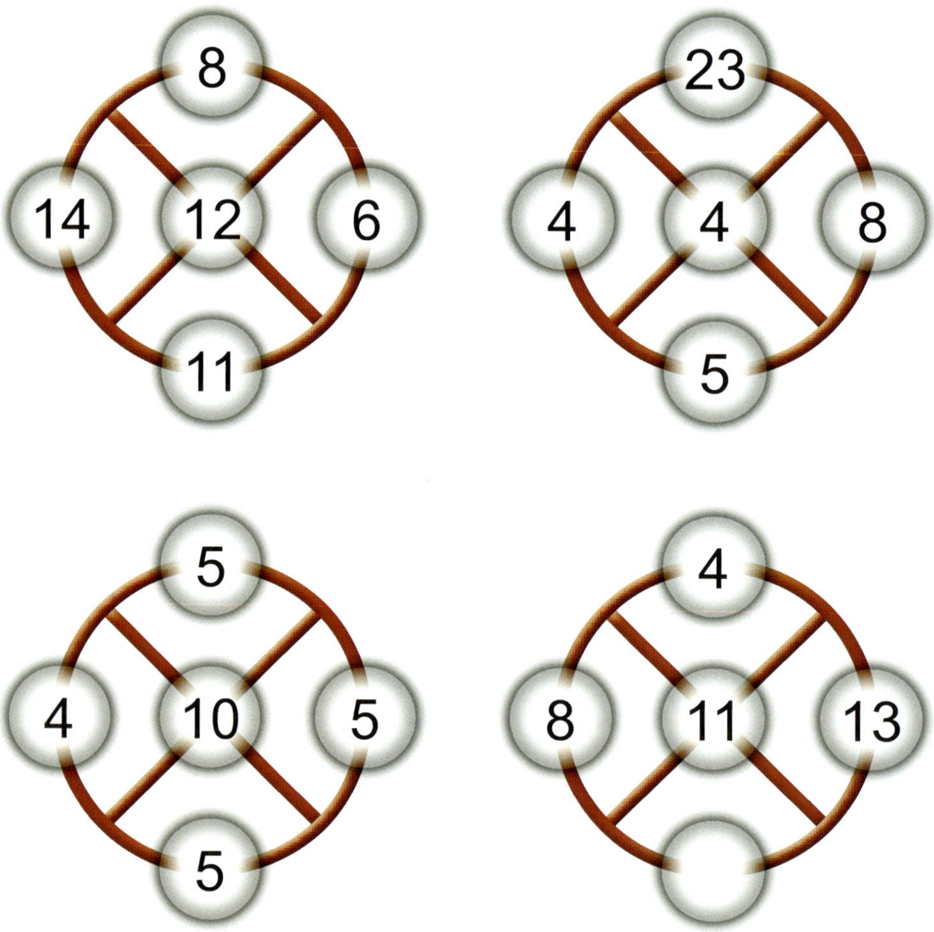

a) 13 b) 8 c) 15 d) 19

154 Schlussfolgerungen

Nehmen Sie an, die jeweils ersten drei Sätze seien wahr. Ist dann die jeweilige Schlussfolgerung hinter dem Pfeil zwingend richtig oder falsch?

I

Alle blauen Bananen sind eckig.
Manches Eckige ist ein Apfel.
Alle Äpfel sind blau.

⇛ *Manche Bananen sind ein Apfel.*

II

Mancher Erfolg bringt Reichtum.
Wer reich ist, hat Bildung.
Bildung macht attraktiv.

⇛ *Manch Attraktiver ist erfolgreich.*

III

Manche Liebe macht stark.
Manches Starke ist gut.
Alles Gute macht Spaß.

⇛ *Manches, das Spaß macht, ist Liebe.*

155 Logisches Achteck

Welche Zahl gehört an die Stelle des Fragezeichens?

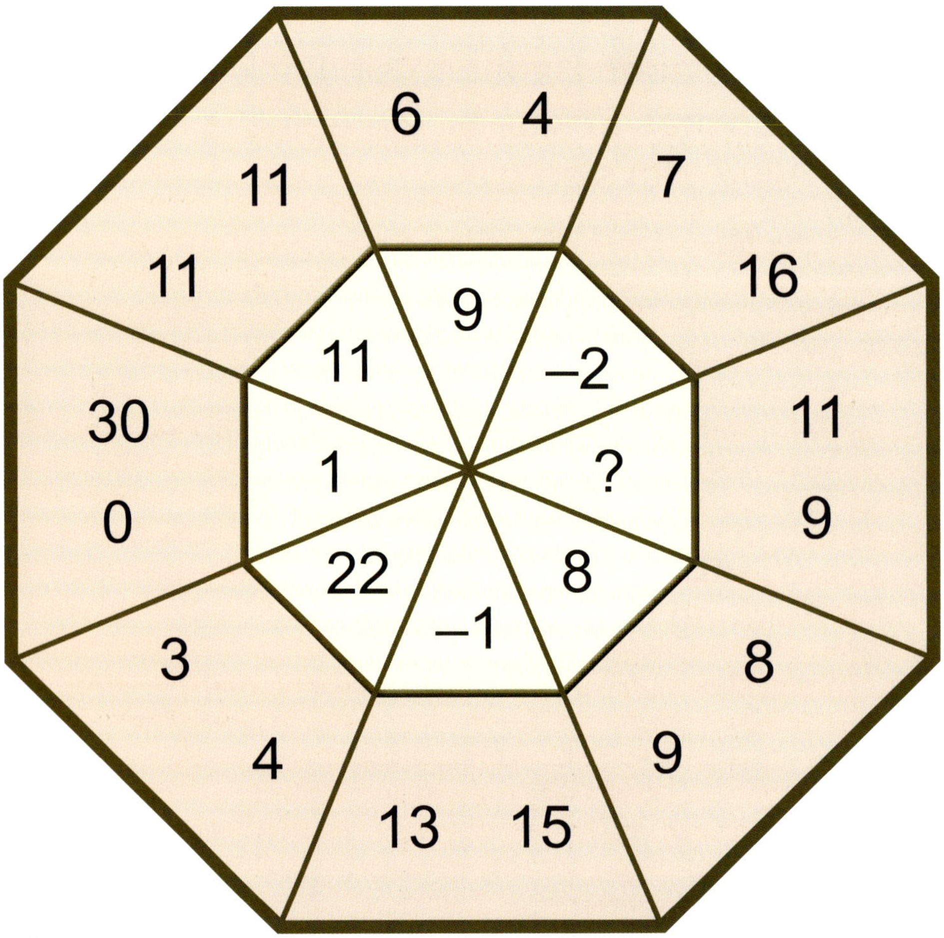

a) 3 b) 5 c) 17 d) 28

156 Dreier-System

Welche Grafik ersetzt jeweils das Fragezeichen?

I

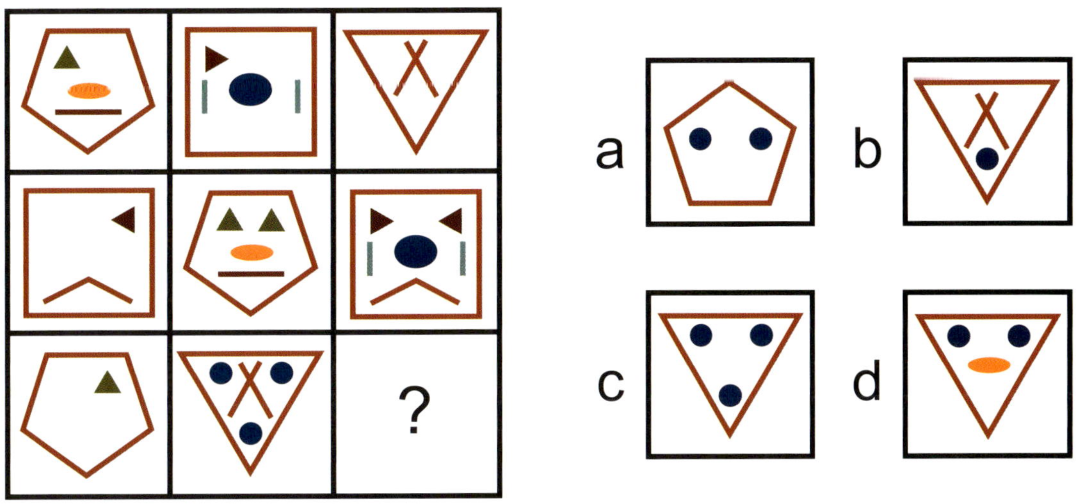

II

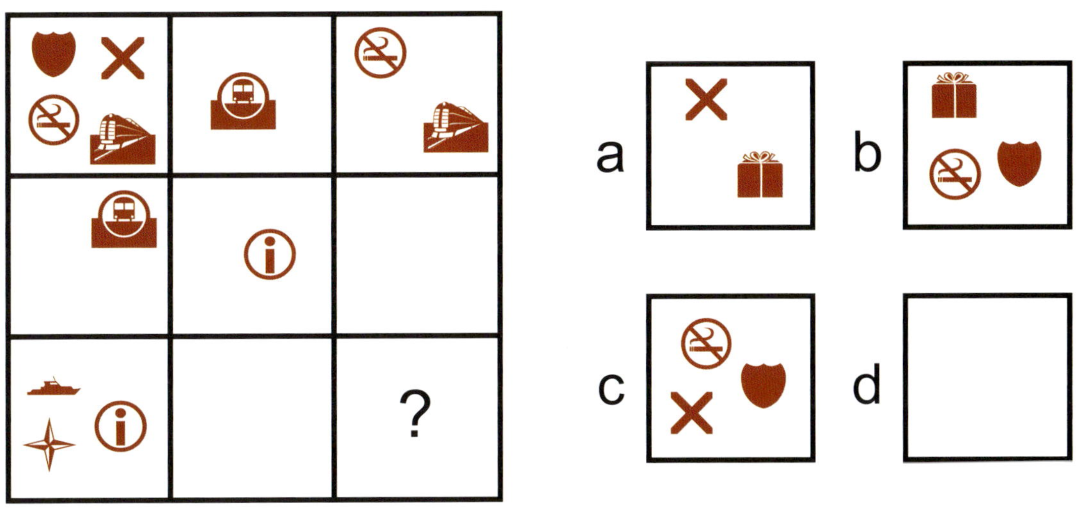

157 Außenseiter

Welches Wort passt am wenigsten zu den anderen?

I

a) passiv
b) lasch
c) schwach
d) apathisch

II

a) fassungslos
b) irritiert
c) konsterniert
d) verstört

III

a) schüchtern
b) diskret
c) zurückhaltend
d) unaufdringlich

IV

a) elegant
b) apart
c) luxuriös
d) erlesen

158 Zahleneier

Welche der zur Auswahl stehenden Zahlen vervollständigen jeweils die Eier mit den fehlenden Werten?

I

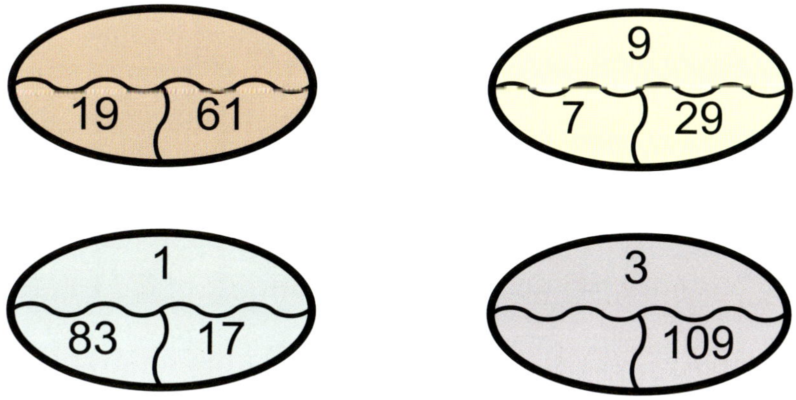

a) 7/21 b) 8/101 c) 8/98 d) 8/103

II

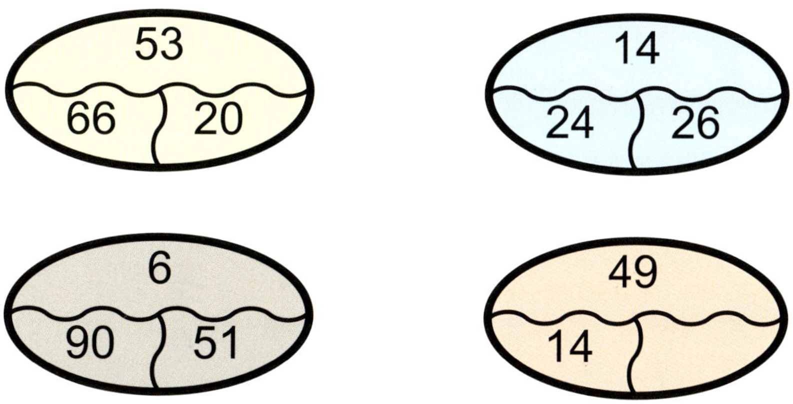

a) 34 b) 41 c) 56 d) 67

159 Drei Zahlentische

Für welche Zahlen stehen die Fragezeichen?

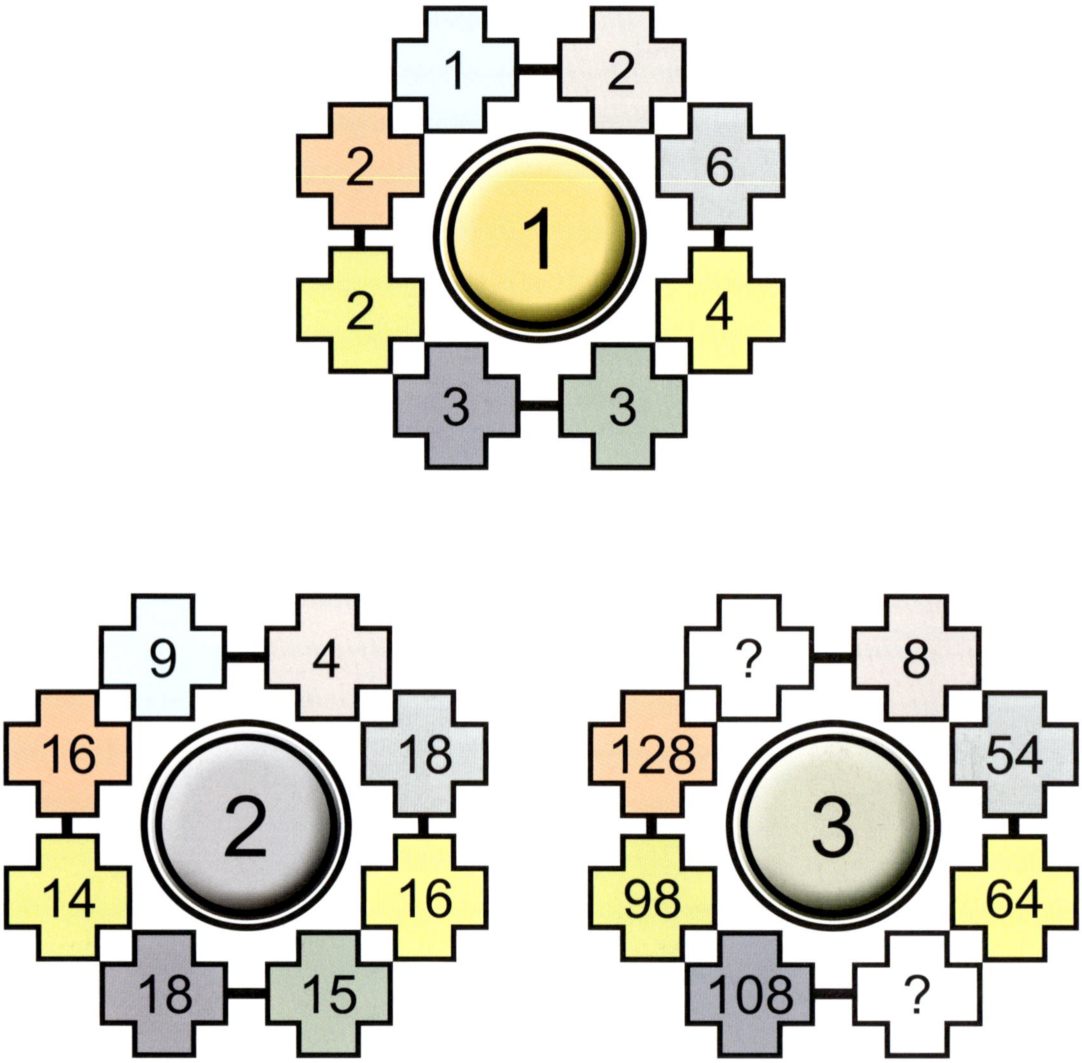

a) 72/70 b) 63/72 c) 81/75 d) 18/18

160 Passformen

Welche der Alternativen unten würden Sie wählen?

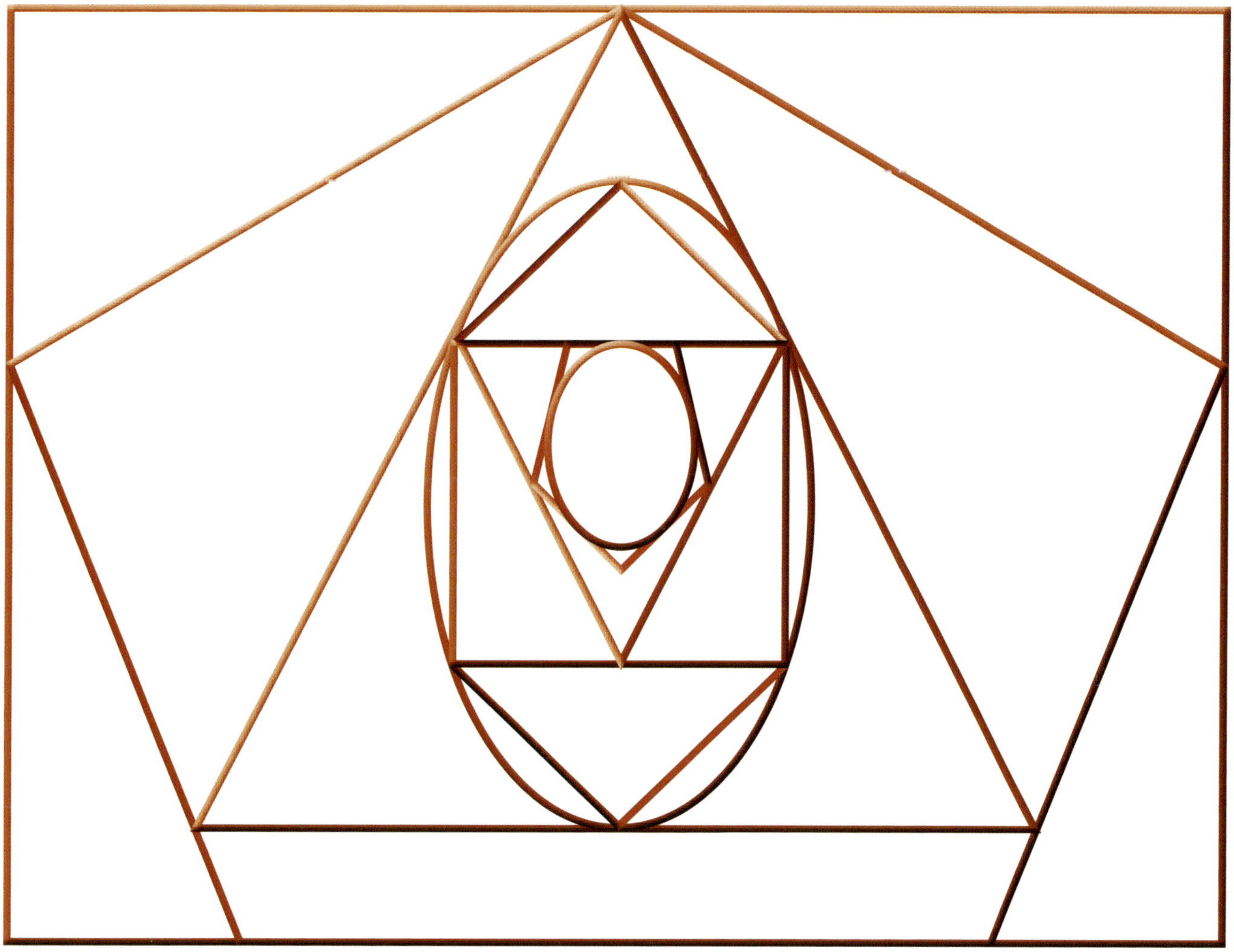

a) 

b) 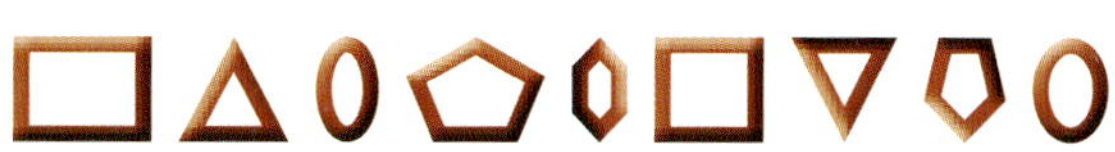

c) 

d) 

161 Figuralkonstruktionen

Die Figur links kann jeweils aus den Einzelteilen rechts zusammengesetzt werden. Dazu dürfen die Teile nicht gedreht werden, sie behalten also ihre Ausrichtung. Ein Teil bleibt jedoch übrig. Welches?

I

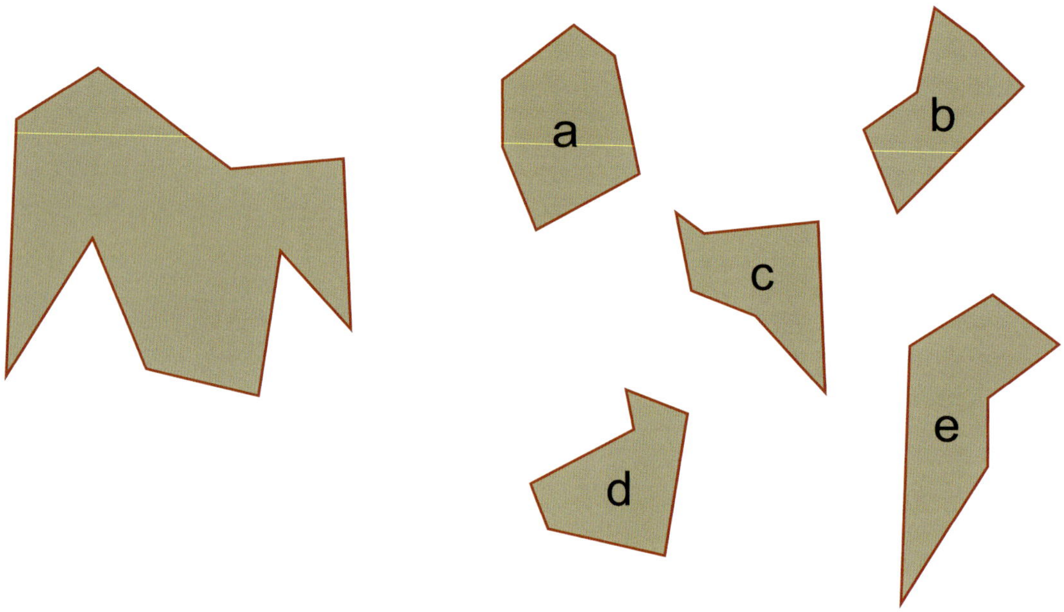

II

162 Zahlentorte

Fügen Sie die fehlenden Zahlen ein.

I

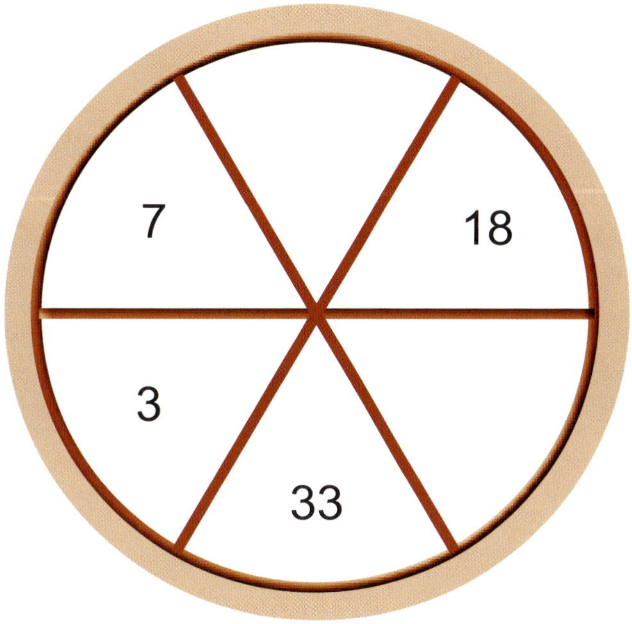

a) 11, 20

b) 12, 25

c) 12, 30

d) 12, 31

II

a) 3

b) 4

c) 5

d) 6

IQ Übungen IV

Gratulation! Sie haben es bis zum Königskapitel geschafft. Hier erwarten Sie ausschließlich harte Brocken. Diese Rätsel sind bereits zu schwer, als dass sie in offiziellen Standard-IQ-Tests eingesetzt würden. Sollten Sie diese Rätsel in kurzer Zeit lösen können, sind Sie wahrscheinlich hochbegabt, haben also einen IQ, der sehr weit über dem Durchschnitt liegt. Und selbst wenn Sie dieses Kapitel nur mit Mühe oder gar nicht bewältigen, könnte Ihr IQ immer noch überdurchschnittlich sein. Wie auch immer Sie sich in diesem Kapitel behaupten, es wird einen gewaltigen Trainingseffekt haben.

163 Würfeldreh

Einer der Würfel unter a bis d passt an die Stelle des Fragezeichens. Welcher? Keine zwei Würfelseiten sind gleich.

I

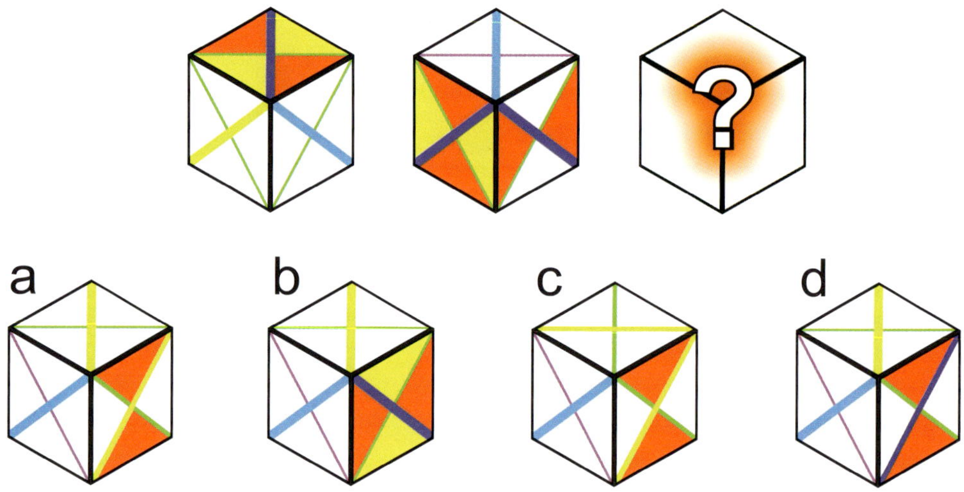

II

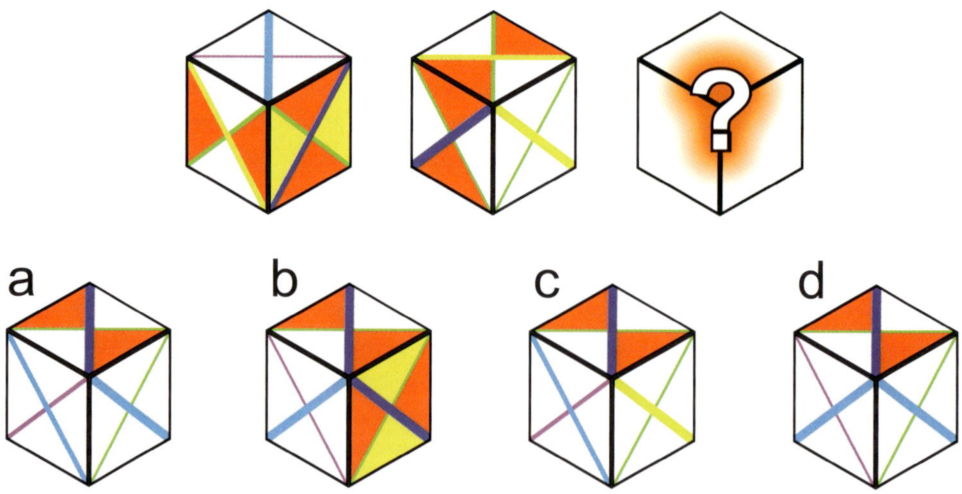

164 Spalten- und Zeilensummen

Gleiche Symbole stehen für die gleiche Zahl. Tragen Sie die fehlenden Zahlen in die leeren Kästchen ein.

I

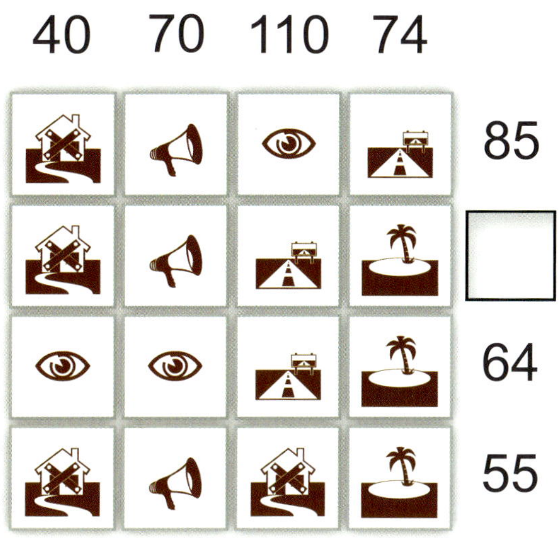

II

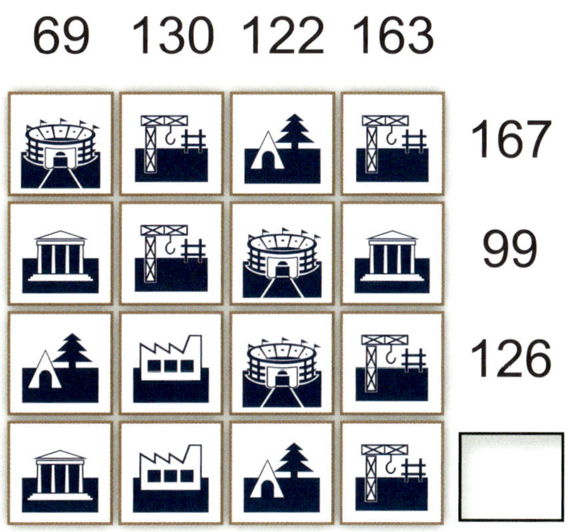

165 Redensartlich

Ergänzen Sie den jeweils gesuchten redensartlichen Ausdruck.

I

Was offenkundig ist,
lässst sich ______ von
der ______ ______.

II

Wer jemanden verdammt, der
______ einen ______ gegen
ihn auf.

III

Wer das Zeitliche segnet,
der geht ______ ______
allen ______.

166 Zahlenpool

Welche der rechts zur Auswahl stehenden Zahlen passt jeweils zu den Zahlen im Becken?

I

a) 41

b) 111

c) 139

d) 145

II

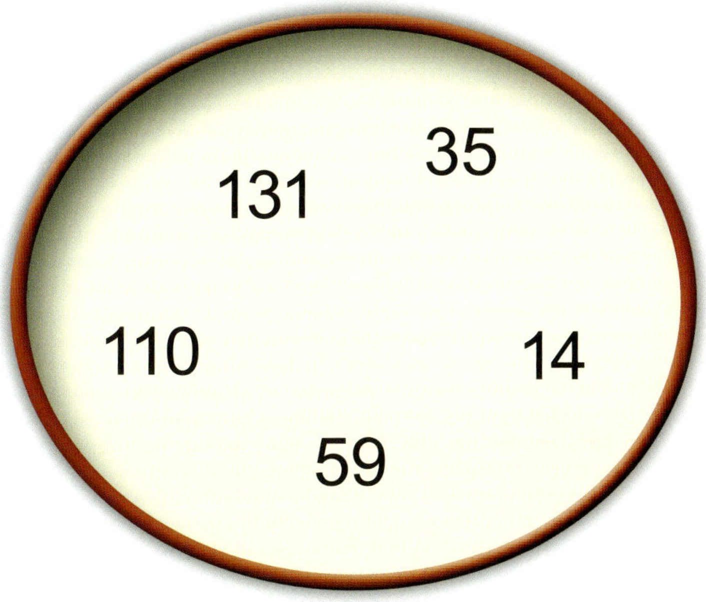

a) 74

b) 75

c) 76

d) 77

167 Würfelperspektiven

Die je drei Darstellungen einer Zeile zeigen immer denselben Würfel. Welche Punktzahl befindet sich jeweils der 4 gegenüber?

Antwort: Die Zahl ☐

Antwort: Die Zahl ☐

Antwort: Die Zahl ☐

168 Drehwurm

Eine Figur ist gespiegelt.

I

a b c d e

II

a b c d e

III

a b c d e

IV

a b c d e

169 Moleküle

Erkennen Sie das rechnerische Muster, das dem System zugrunde liegt, und entscheiden Sie sich für die richtige Zahl.

I

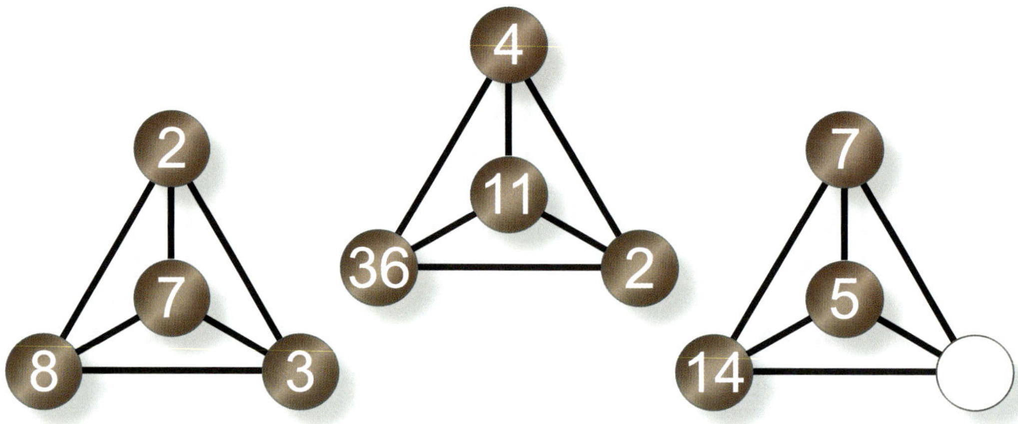

a) 3 b) 4 c) 5 d) 6

II

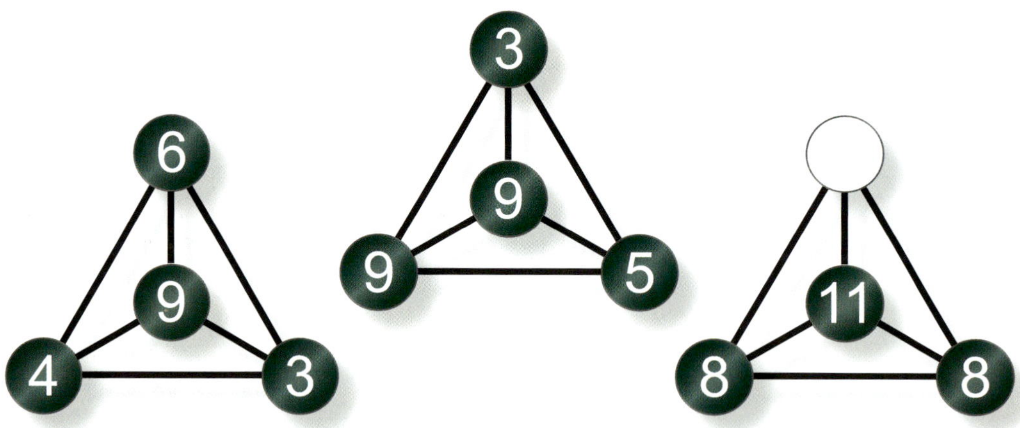

a) 1 b) 2 c) 3 d) 4

170 Gruppenzwang

Setzen Sie die zwölf Mosaikbausteine entsprechend dem Plan rechts gedanklich zusammen. Vergleichen Sie dies mit der Vorgabe links. In welchem Bereich (A bis D) steckt ein Fehler?

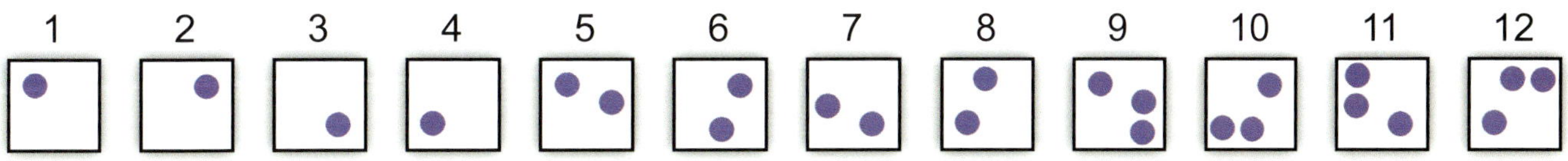

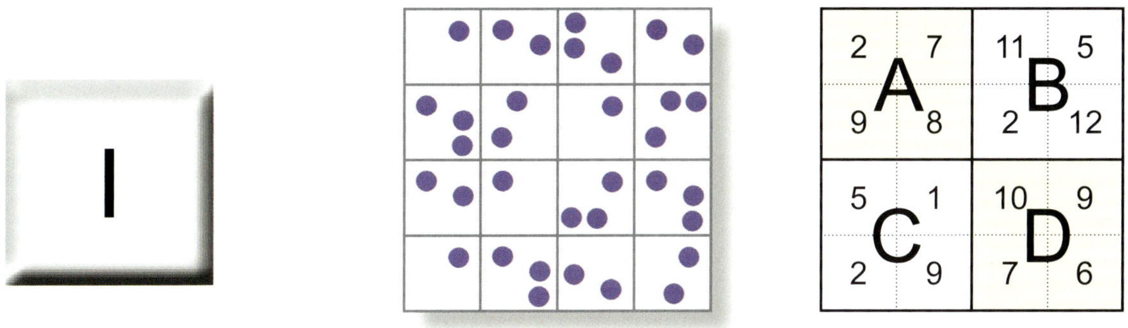

A ☐ B ☐ C ☐ D ☐

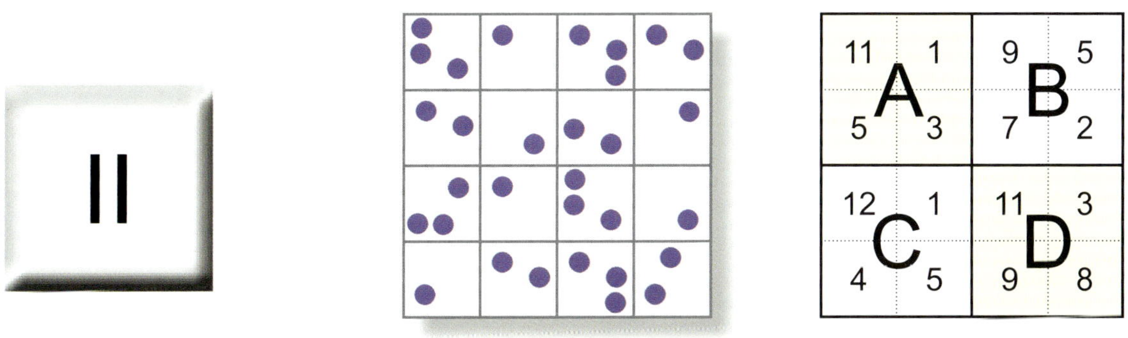

A ☐ B ☐ C ☐ D ☐

171 Ähnliche Redensarten

Welche Redensart passt jeweils am wenigsten dazu?

I

a) Auf gut Deutsch
b) Kindermund tut Wahrheit kund
c) Jemanden zum Besten halten
d) Farbe bekennen
e) Die Hosen runterlassen

II

a) Viele Wege führen nach Rom
b) Nach etwas grasen
c) Den falschen Weg einschlagen
d) Von Pontius zu Pilatus laufen
e) Händeringend nach etwas suchen

III

a) Der Klügere gibt nach
b) Geben ist seliger denn Nehmen
c) Hilf dir selbst, so hilft dir Gott
d) Einem geschenkten Gaul schaut man nicht ins Maul
e) Gebranntes Kind scheut das Feuer

172 Quadratisch, praktisch, genial

Um diese Figur nachzubilden, dürfen Sie quadratische Papierstücke ausschneiden und nach Belieben an- bzw. übereinanderlegen. Welche kleinstmögliche Anzahl solcher Papierstücke benötigen Sie dafür?

Lösung: _____ Papierstücke

173 Buchstabenchaos

Bauen Sie die Buchstabengruppen unter a) bis d) zu sinnvollen Wörtern um und wählen Sie für den unvollständigen Satz die korrekte Ergänzung.

I

Eine klassische Grußform ist der ...

a) FSADLEEH

b) AANHRPLF

c) ASSKUHND

d) OYEPHHKT

II

Speicher gibt es oft als ...

a) BTAETIRE

b) UTQTERAT

c) NAZBUSST

d) ANERWDKH

III

Manche Menschen haben ein fröhliches ...

a) NFKUHETR

b) MINUSGTM

c) DPTLAIMO

d) ATNLRULE

174 Logische Formenreihe

Führen Sie das Prinzip der Reihe fort und setzen Sie die richtige Alternative a bis d ein.

I

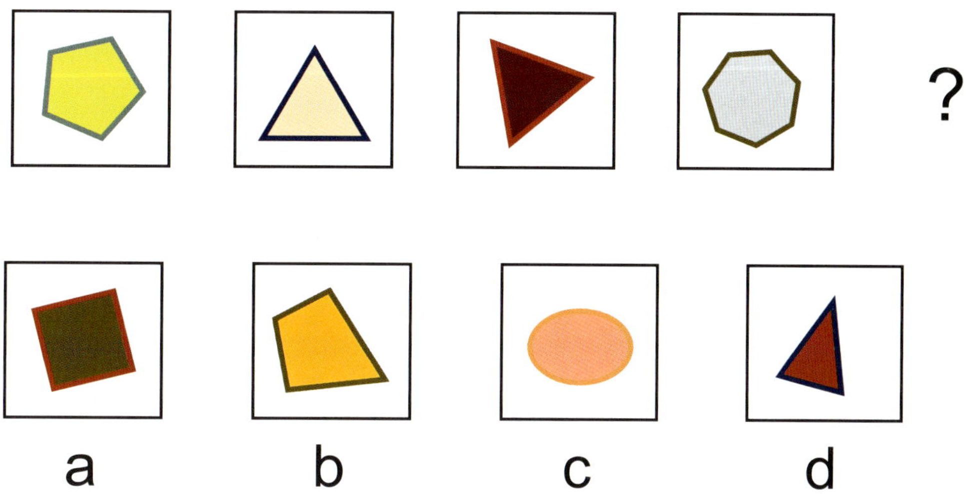

II

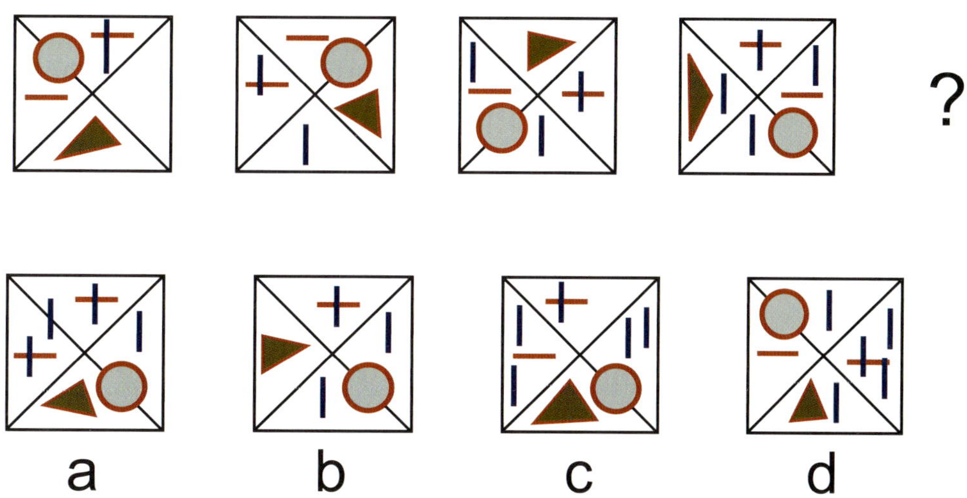

175 Gruppenzwang

Ordnen Sie jede der unteren Grafiken 1 bis 4 der jeweils passenden Gruppe zu.

Gruppe A | Gruppe B

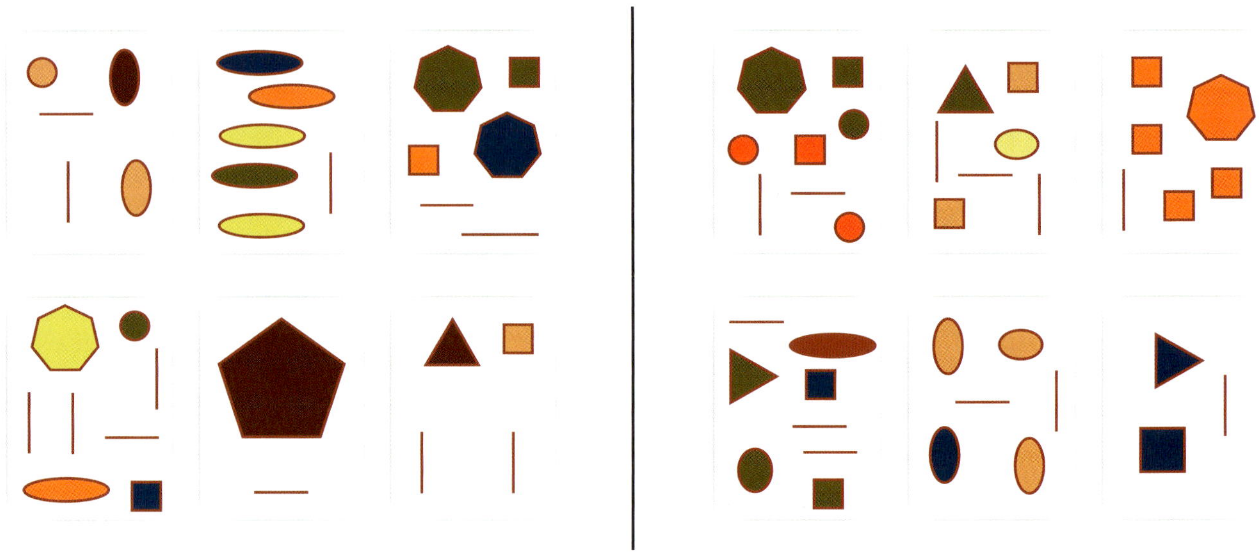

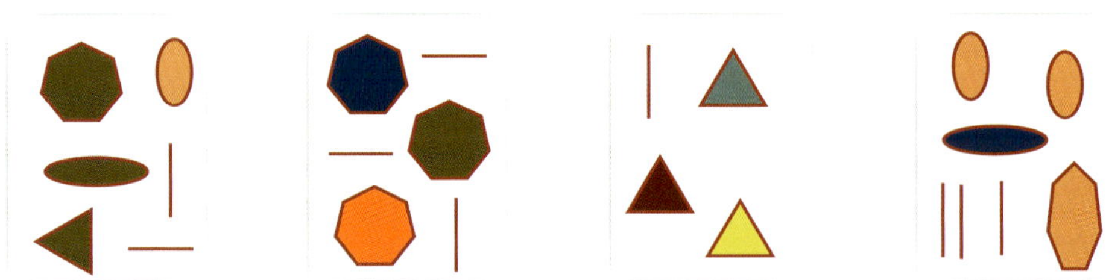

1 ☐ 2 ☐ 3 ☐ 4 ☐

176 Analogien

Sie sehen jeweils zwei Begriffspaare. Finden Sie in der unteren Zeile den fehlenden Begriff.

I

Urlaub	Reise
Krankheit	?

a) Genesung
b) Arztbesuch
c) Hospital
d) Medizin

II

kauen	beißen
quetschen	?

a) stechen
b) schlagen
c) reißen
d) drücken

III

Geräusch	Orchester
Geruch	?

a) Note
b) Duft
c) Parfüm
d) Spray

177 Dominosystem

Welcher Dominostein passt?

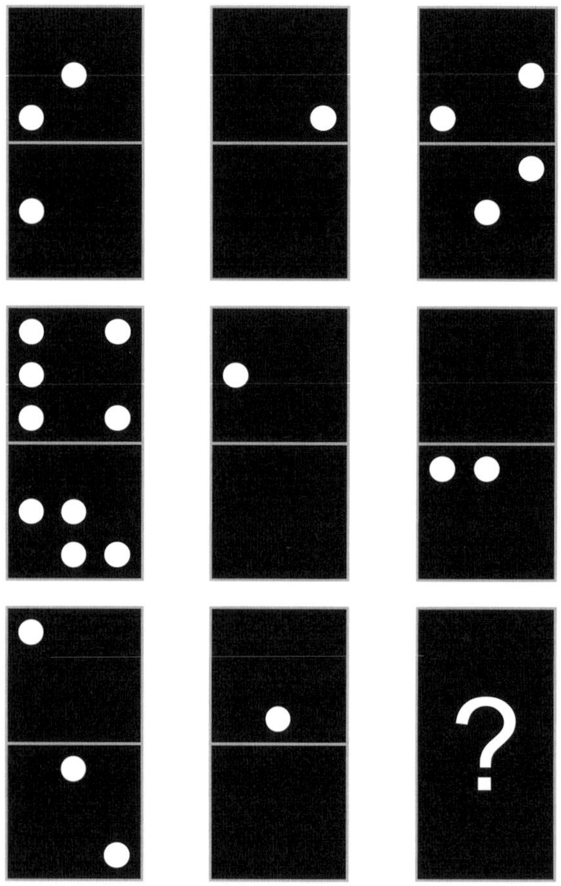

a

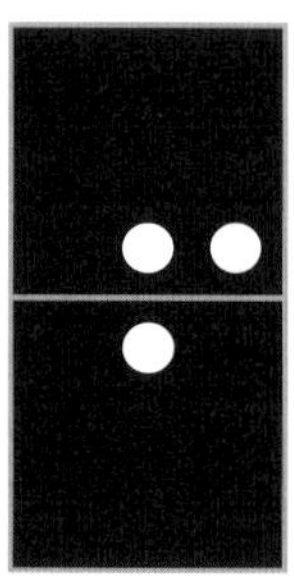

b

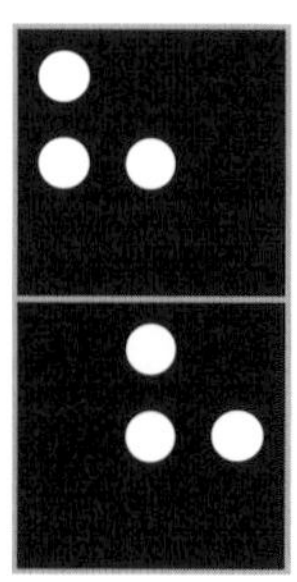

c

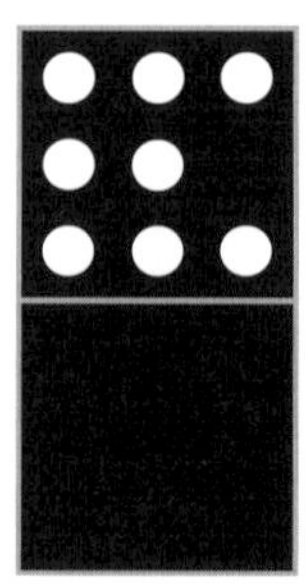

178 Stärkster Gegner

Welcher Begriff drückt am treffendsten das Gegenteil vom vorgegebenen Wort aus?

I

immun

a) abgehärtet
b) widerstandsfähig
c) anfällig
d) zartbesaitet

II

schwelen

a) aufflammen
b) glimmen
c) glühen
d) genießen

III

um

a) fast
b) durch
c) annähernd
d) herum

179 Dreier-System

Welche Grafik ersetzt jeweils das Fragezeichen?

I

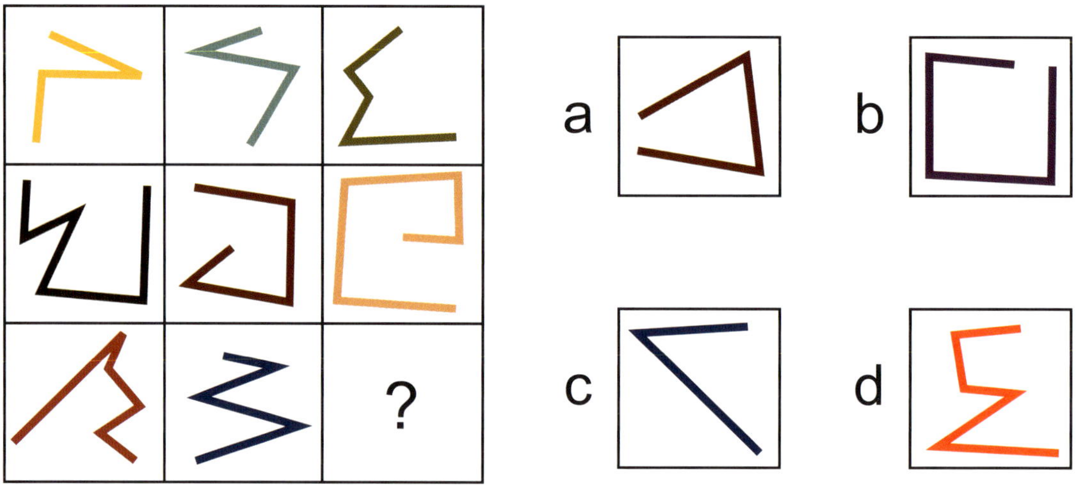

II

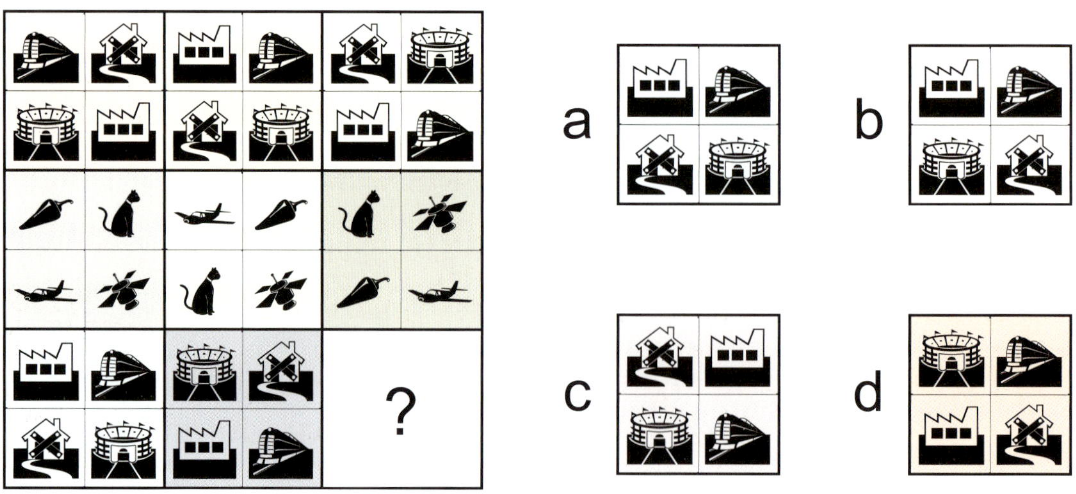

180 Zeitenfolge

Was müsste an der Stelle des Fragezeichens stehen?

I

a)

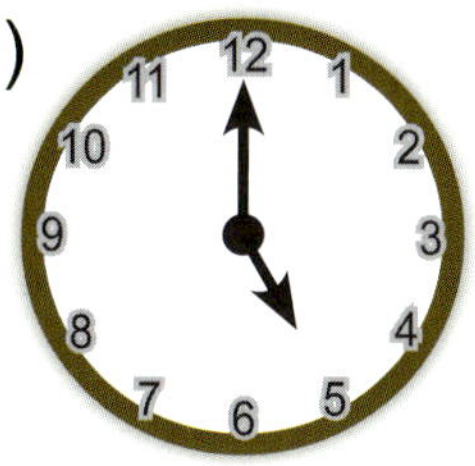

b)

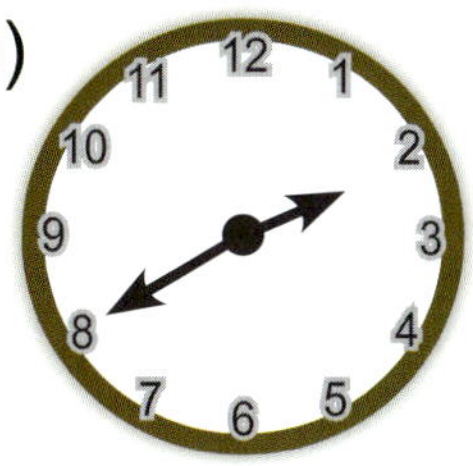

c)

II

a)

b)

c)

181 Kugeln in Kisten

Welche Darstellung folgt als nächste?

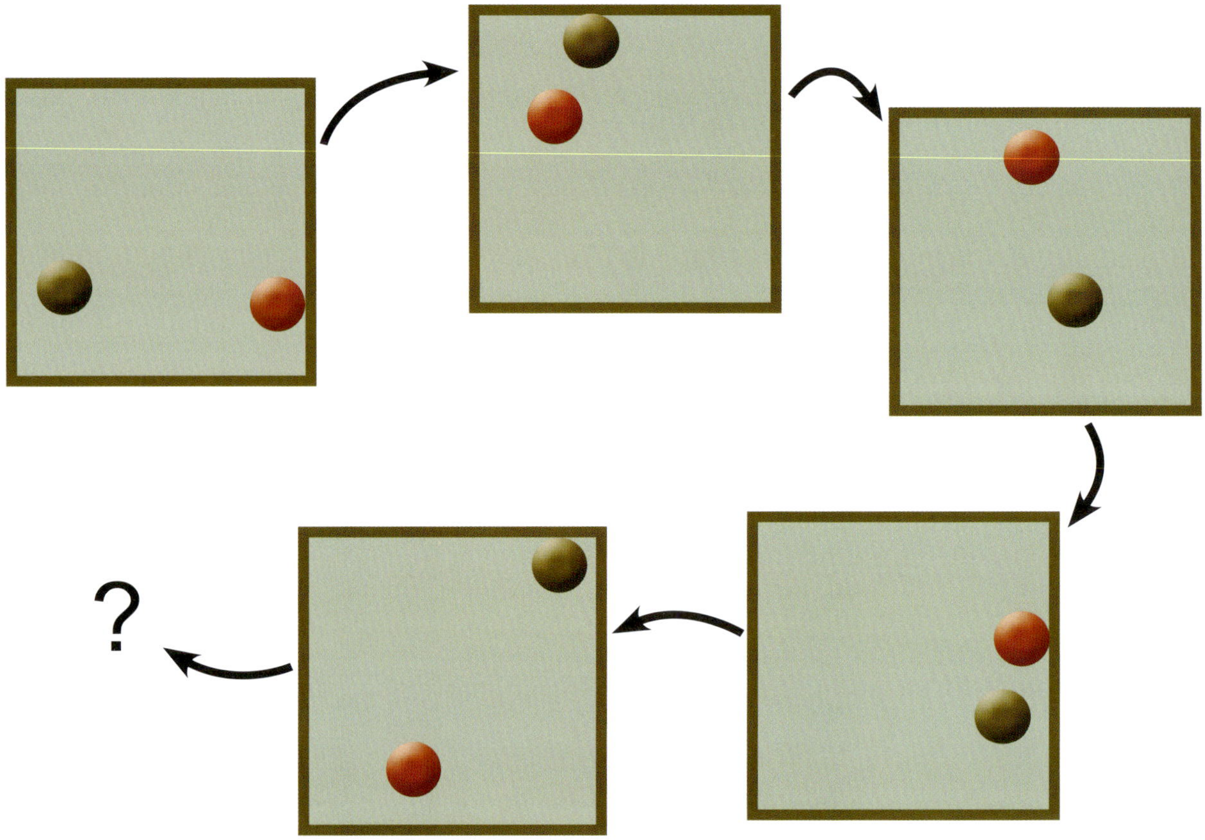

a

b

c

182 Zahlentrios

Welches Tripel passt?

I

11	9	13	14	7	
7	20	18	22	23	
11	12	7	5	9	

a)	b)	c)	d)
24	33	16	9
8	16	11	6
4	10	9	4

II

8	–9	0	356	61	
5	16	8	19	11	
22	70	17	58	5	

a)	b)	c)	d)
456	956	589	156
22	21	22	22
202	285	0	326

183 Zahlenkleeblatt

Welche Zahlen vervollständigen das System?

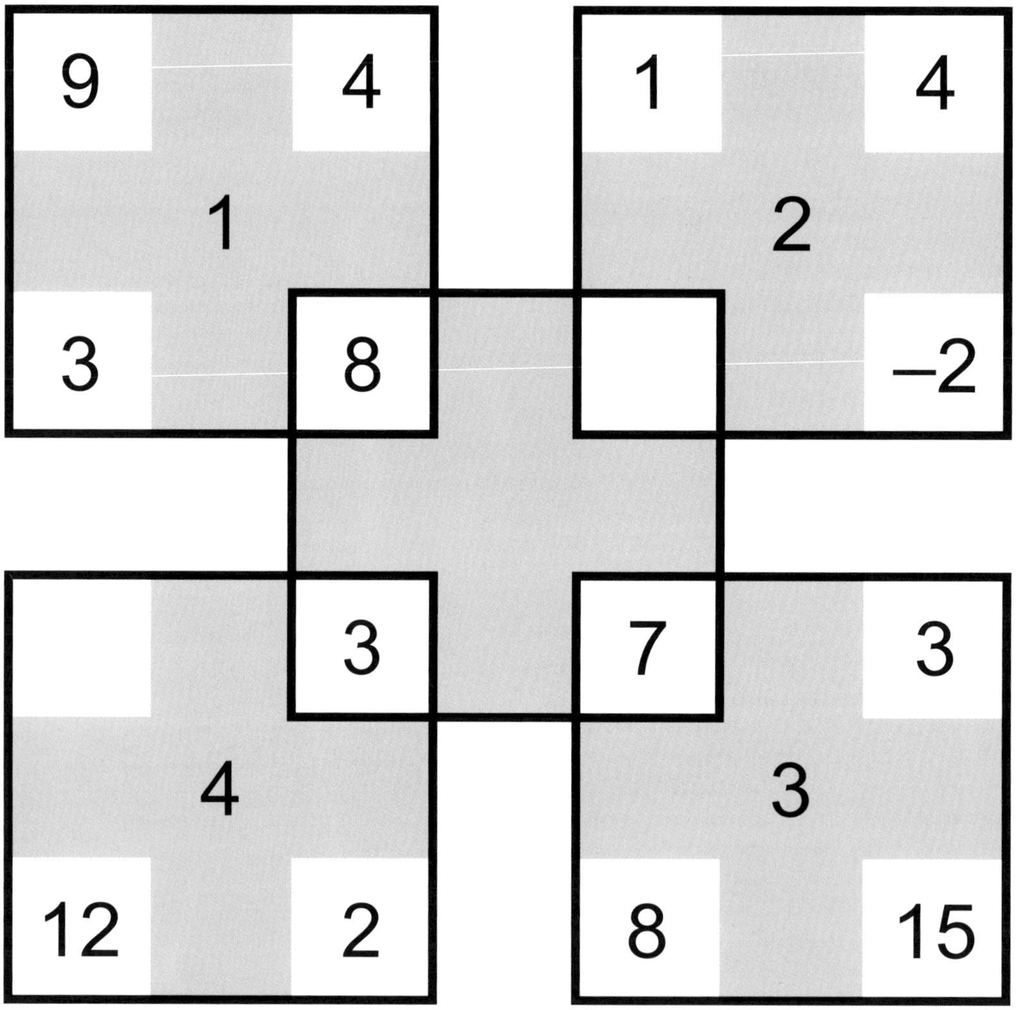

a) 9/4 b) 7/8 c) 11/4 d) 6/2

184 Konkurrierend ähnlich

Welcher Begriff ähnelt dem vorgegebenen am meisten?

I

inoffiziell

a) außeramtlich
b) außerdienstlich
c) unter der Hand
d) ungesichert

II

lax

a) leicht
b) ungefähr
c) nachlässig
d) cirka

III

obig

a) vorgenannt
b) höher
c) folgend
d) erste

185 Anfang und Ende

Welches Wortende kann sämtlichen dieser Wortanfänge angehängt werden? Welcher Wortanfang fehlt unten?

I

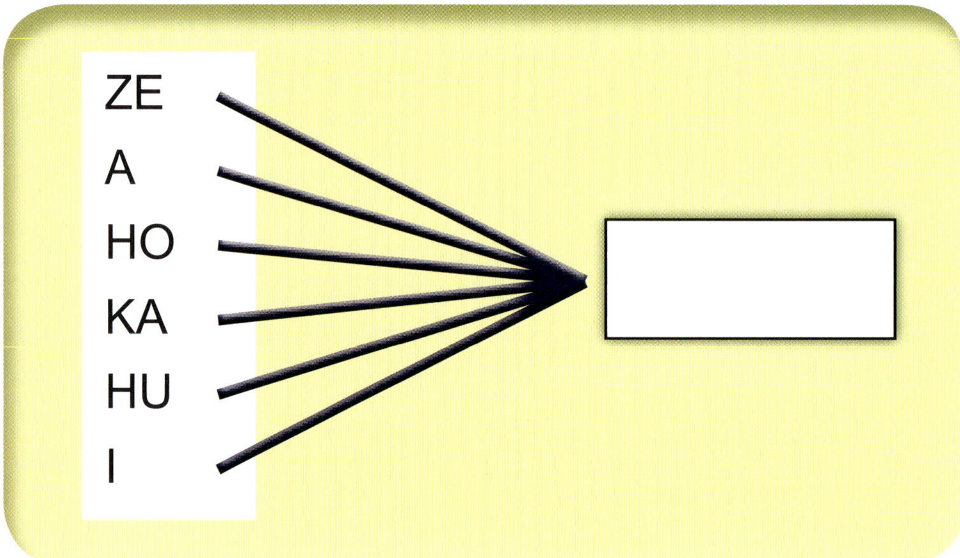

II

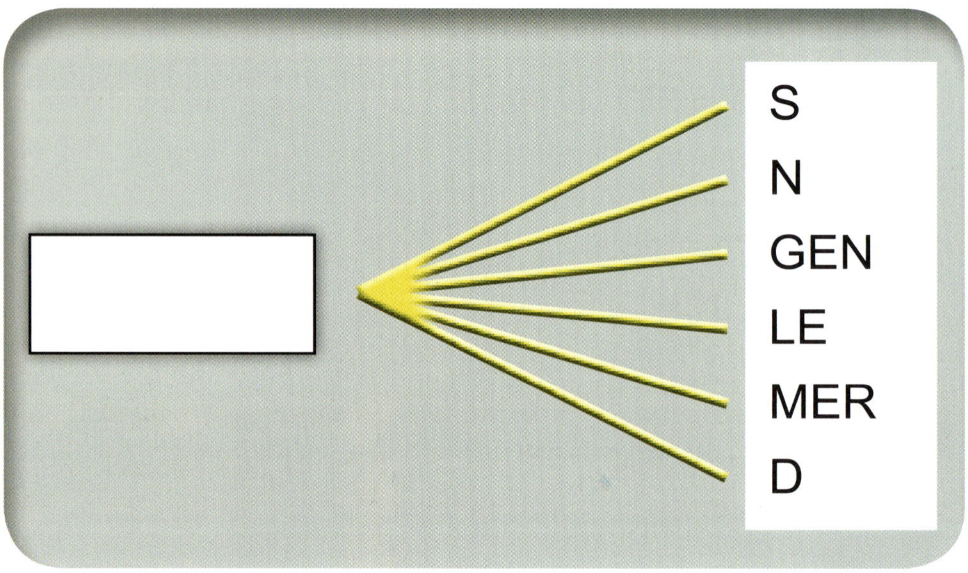

186 Rechnerische Verhältnisse

Welche Grafik ist die passende Ergänzung?

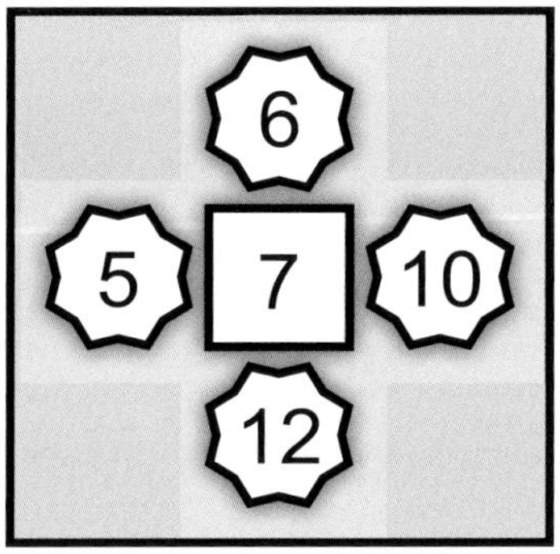

verhält sich zu

wie

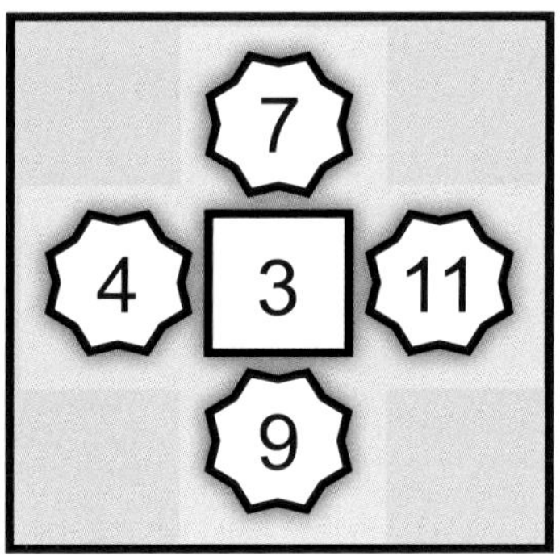

zu

a)

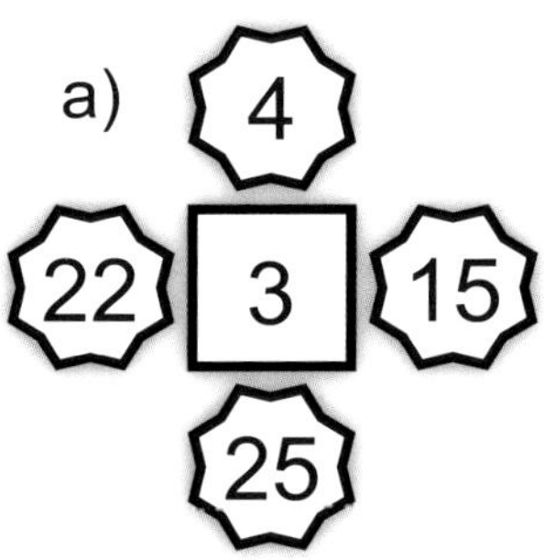

b)

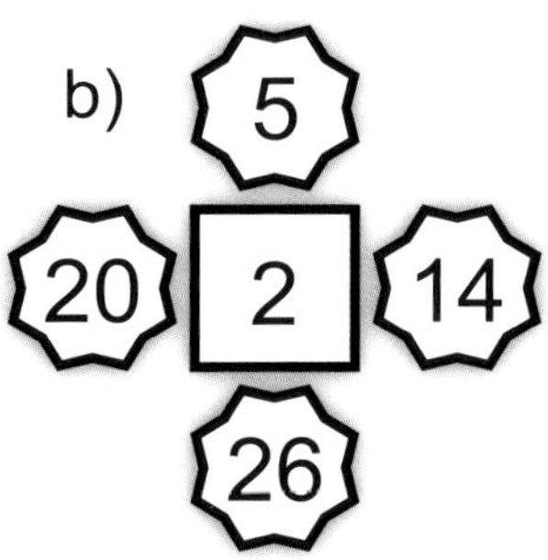

c)

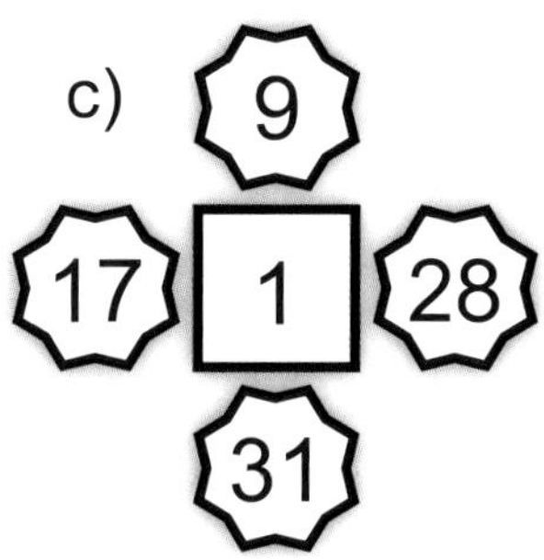

187 Teilhaber

Tragen Sie das fehlende Wort in die Klammer ein.

I

STR + (________________) + N = bewegen
Signal

II

L + (________________) + R = Unterweisender
Gefühl

III

SA + (________________) + NDER = Tier
Tier

IV

TH + (________________) + R = Film
Einkerbung

188 Formenwirrwarr

Welche Zahl gehört ins jeweils leere Feld?

I

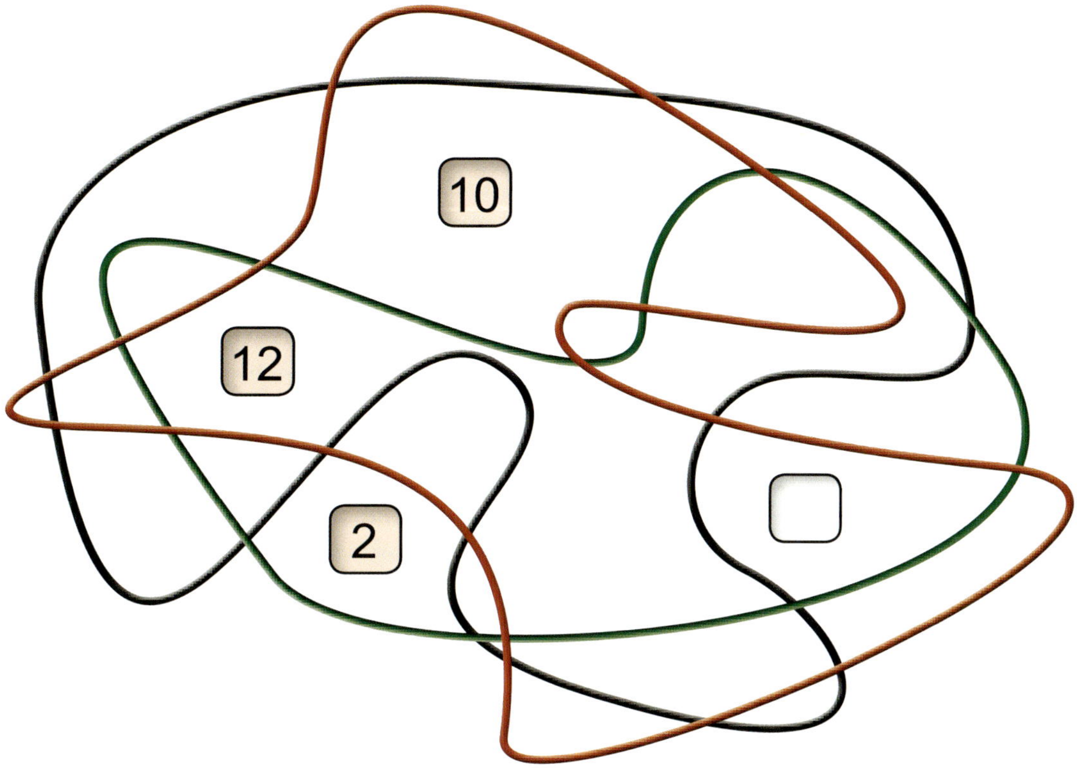

II

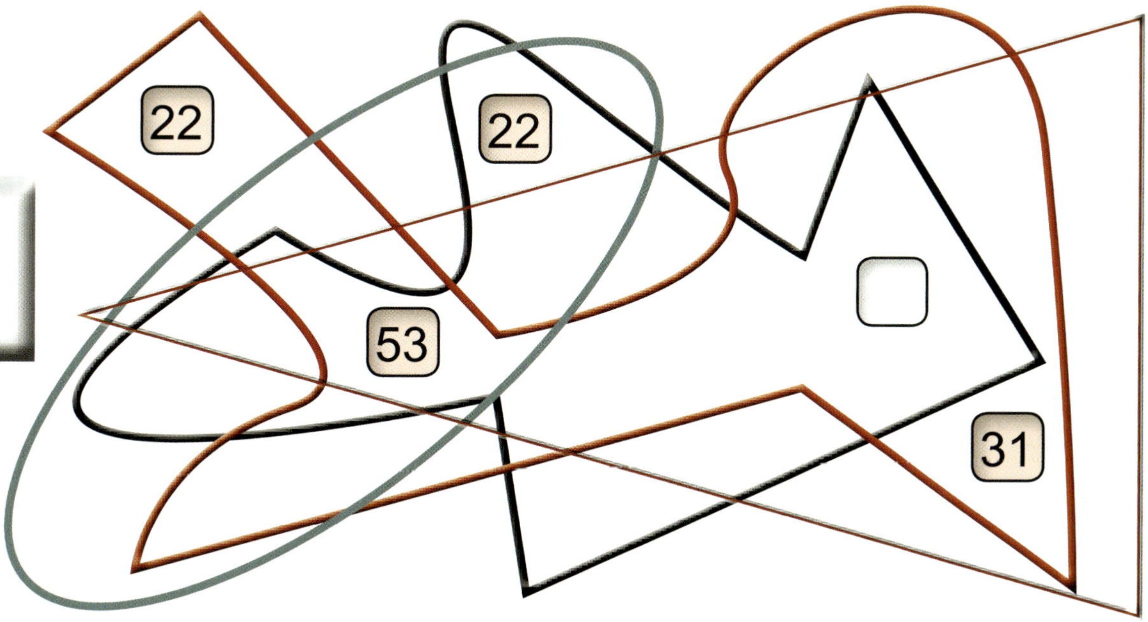

189 Waagschalen

Mit welcher Menge bringen Sie die letzte Waage ins Gleichgewicht?

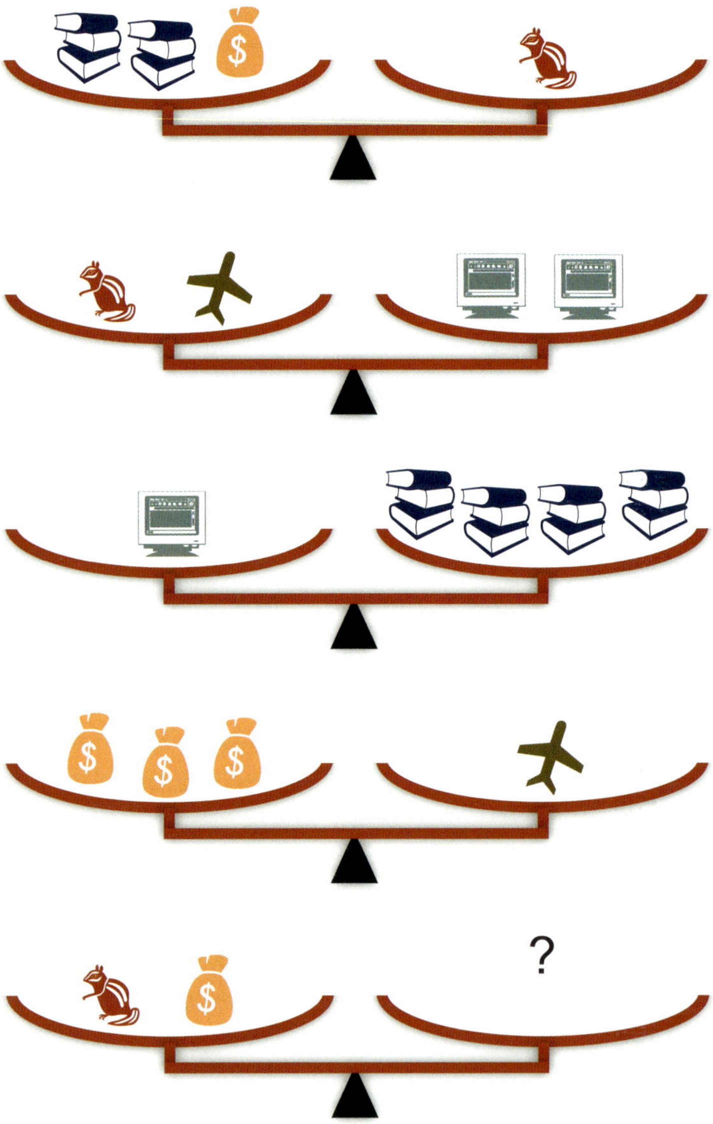

a) 

b) 

c) 

d) 

190 Schmelztiegel

Bei den folgenden Wortfragmenten fehlen am Ende bzw. am Anfang dieselben Buchstaben. Ergänzen Sie sie!

I	Kr □□□□ er
II	Kol □□□□ r
III	Lib □□□ tik
IV	Pa □□□□□□ chen

191 Sternenfolge

Mit welcher Grafik geht es weiter?

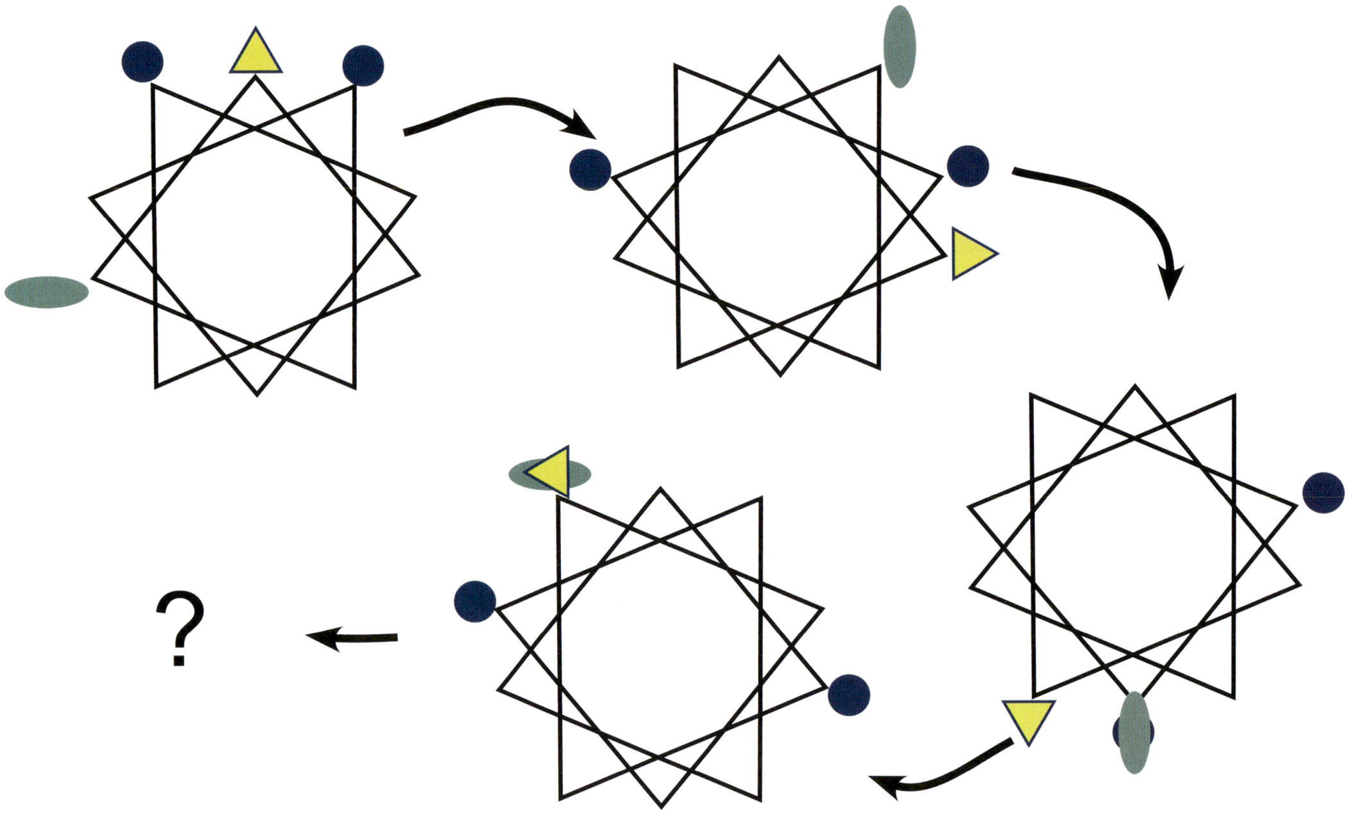

a b c

192 Wochentage

Nach welchen Wochentagen wird gefragt?

I

Gestern war es 34 Tage nach Sophias Geburtstag, der 9 Tage vor dem Tag war, der wiederum 16 Tage vor dem Tag Y war. Welcher Tag ist 33 Tage nach vorgestern, wenn Tag X 41 Tage vor einem Samstag war und wenn von X bis Y 4 Tage vergingen?

☐ Mo ☐ Di ☐ Mi ☐ Do ☐ Fr ☐ Sa ☐ So

II

11 Tage vor dem Tag Y war seine Hochzeit. Sein Einstellungstest findet 81 Tage nach dem Tag X statt. Y ist 30 Tage nach X, und 17 Tage vor dem genannten Testtermin ist ein Samstag. Welcher Tag ist heute, wenn es in 2 Tagen 19 Tage nach der Hochzeit sein wird?

☐ Mo ☐ Di ☐ Mi ☐ Do ☐ Fr ☐ Sa ☐ So

193 Zahlenkasten

Welche Zahl gehört jeweils an die Stelle des Fragezeichens?

I

42	35	24	4
20	?	15	3
14	8	6	7
6	5	2	

II

	3		
		?	7
5			

194 Logische Formenreihe

Führen Sie das Prinzip der Reihe fort und setzen Sie jeweils die richtige Alternative a bis d ein.

I

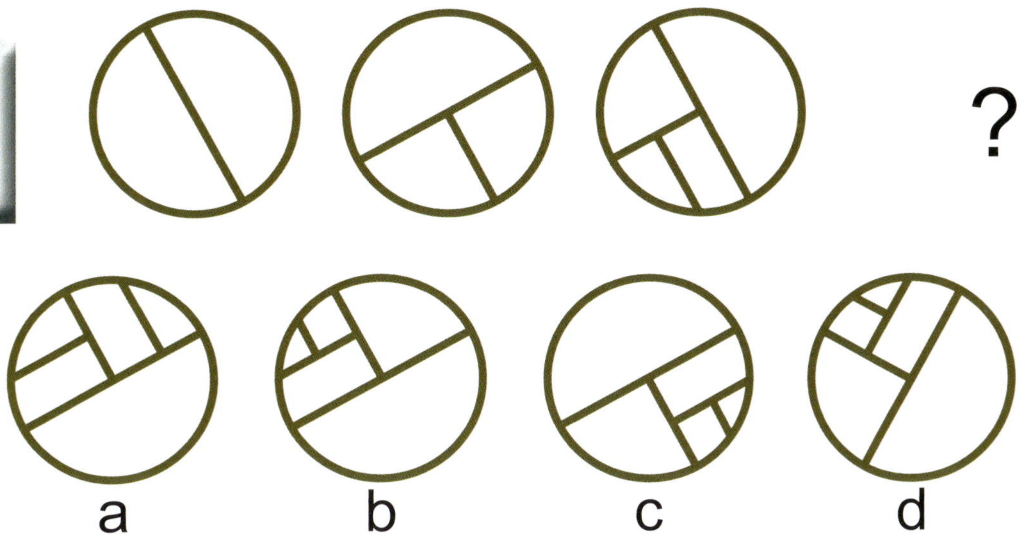

II

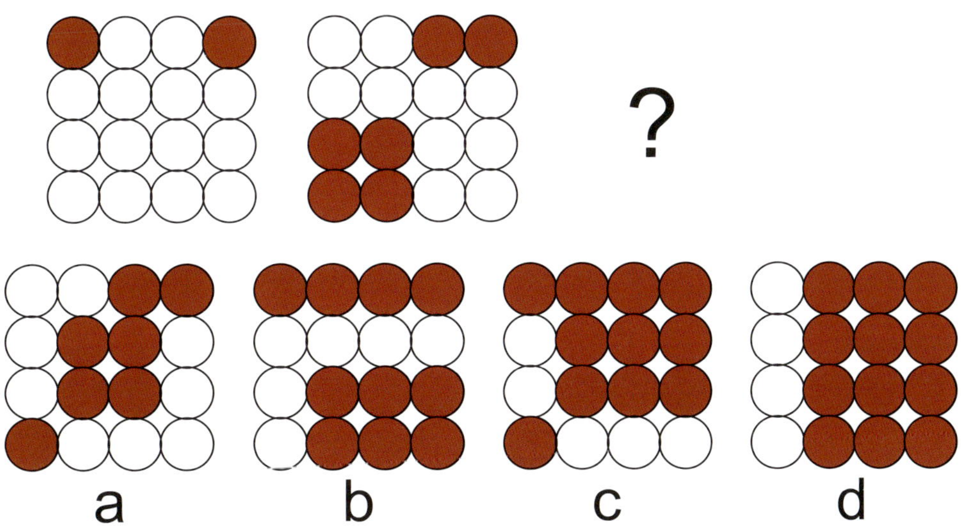

195 Tastenfelder

Welcher Buchstabe gehört ins leere Feld?

a) P b) R c) S d) U

196 Oberbegriffe

Finden Sie ein Wort, das einen gemeinsamen, möglichst eng abgrenzenden Oberbegriff zu den drei vorgegebenen Wörtern bildet.

I

- Division
- Addition
- Subtraktion

II

- Glas
- Koffer
- Tüte

III

- Diener
- Kuss
- Kopfnicken

IV

- Drachen
- Sphinx
- Greif

197 Zahlen bei Tisch

Welche der rechts zur Auswahl stehenden Zahlen passen in die leeren Felder?

I

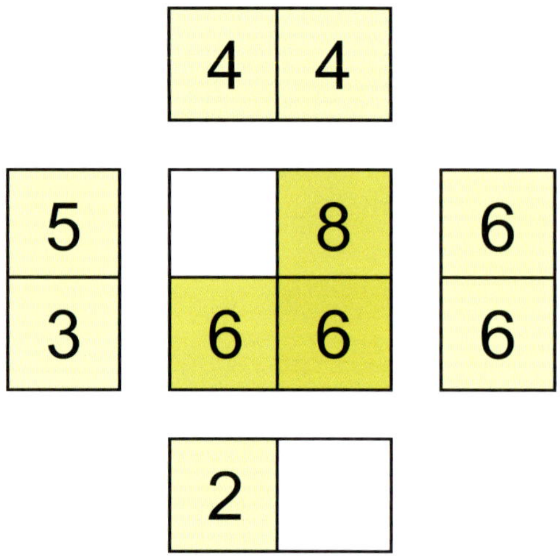

a) 6/8

b) 7/8

c) 3/7

d) 4/9

II

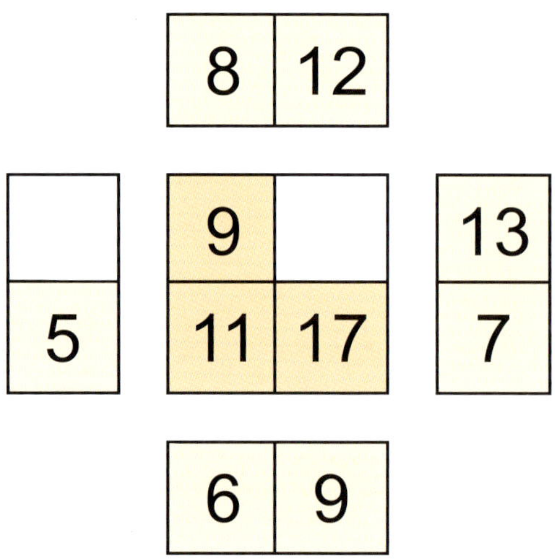

a) 14/9

b) 15/8

c) 16/9

d) 17/7

198 Kugelkisten

Ersetzen Sie jeweils das Fragezeichen.

I

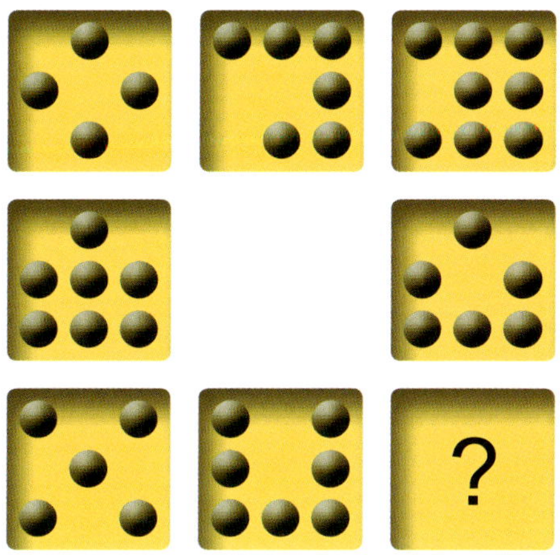

a) 

b) 

c) 

d) 

II

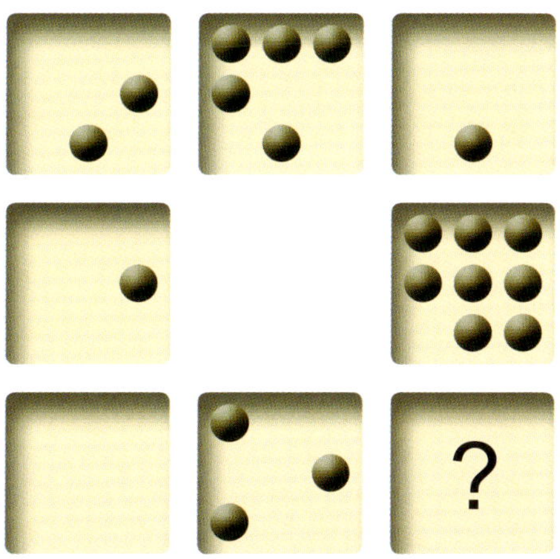

a) 

b) 

c) 

d) 

199 Logische Reihen

Finden Sie den fehlenden Buchstaben bzw. die fehlende Zahl.

I

E	Z	D	V	F	

a) S b) B c) T d) R

II

M	D	M	D	

a) Z b) E c) F d) G

III

4	4	4	4	4	5	6	4	

a) 2 b) 4 c) 5 d) 7

IV

4	10	4	3	4	3	4	4	

a) 2 b) 3 c) 4 d) 7

200 Formenvergleich

Welche Grafik passt?

I

a b c d e

II

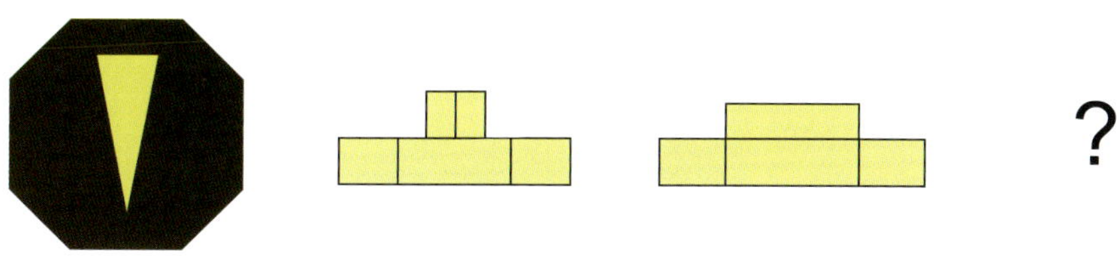

a b c d e

201 Fremdkörper

Welcher Körper passt nicht dazu?

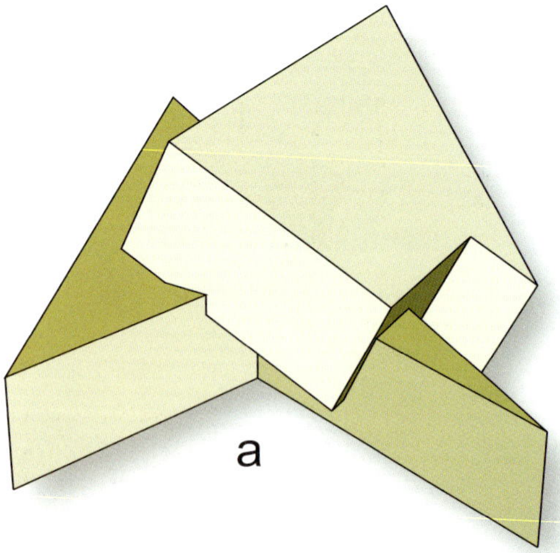

a

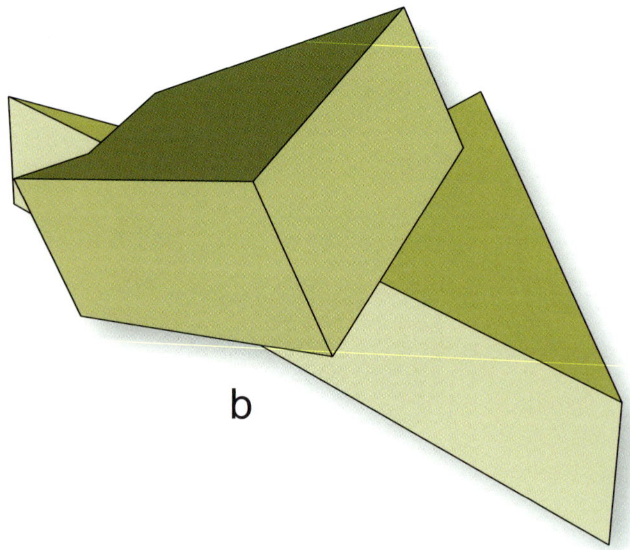

b

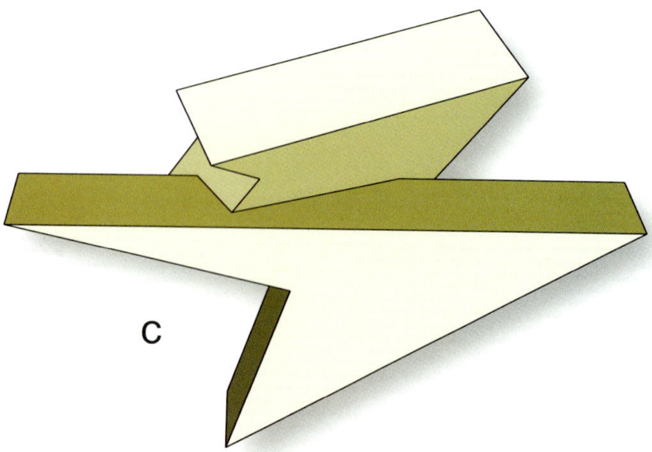

c

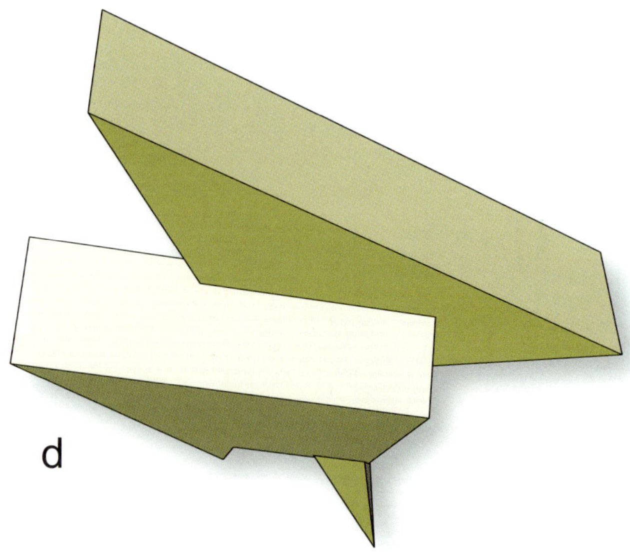

d

202 Logische Formenreihe

Führen Sie das Prinzip der Reihe fort und setzen Sie die richtige Alternative a bis d ein.

I

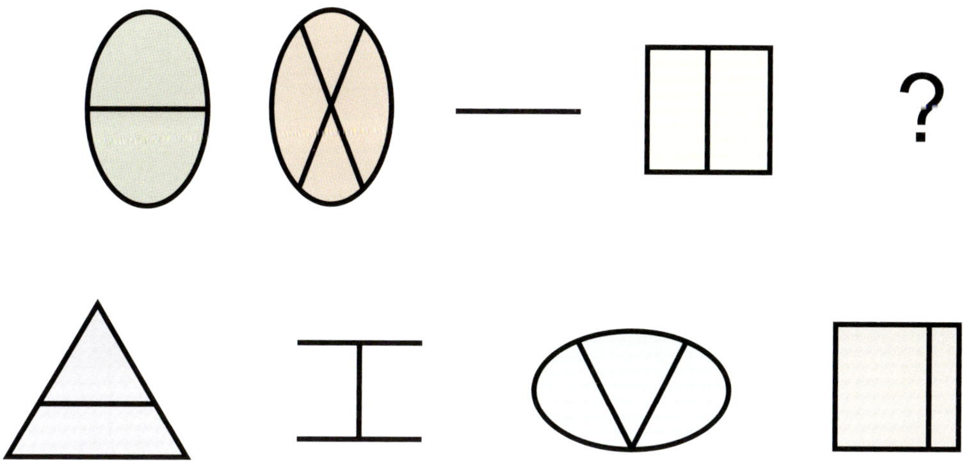

a b c d

II

a b c d

203 Analogien

Sie sehen jeweils zwei Begriffspaare. Finden Sie in der unteren Zeile den fehlenden Begriff.

I

Karikatur	Porträt
Parodie	?

a) Nachahmung b) Prominenter
c) Schauspiel d) Kabarett

II

Architekt	Gebäude
Autor	?

a) Buch b) Roman
c) Spielfilm d) Schauspieler

III

Überschrift	Artikel
Betreff	?

a) Einspuch b) E-Mail
c) Argument d) Geschichte

204 Zahlenmännchen

Welche Zahl fehlt jeweils?

I

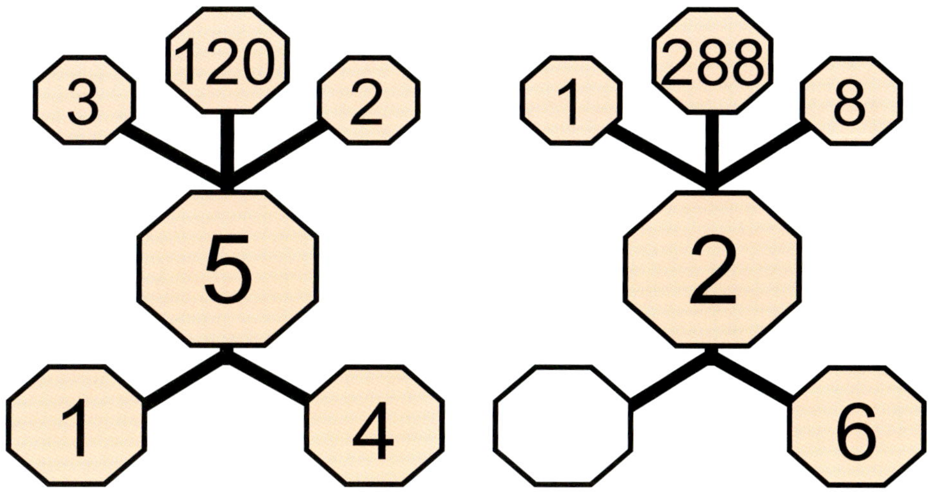

a) 2 b) 3 c) 4 d) 9

II

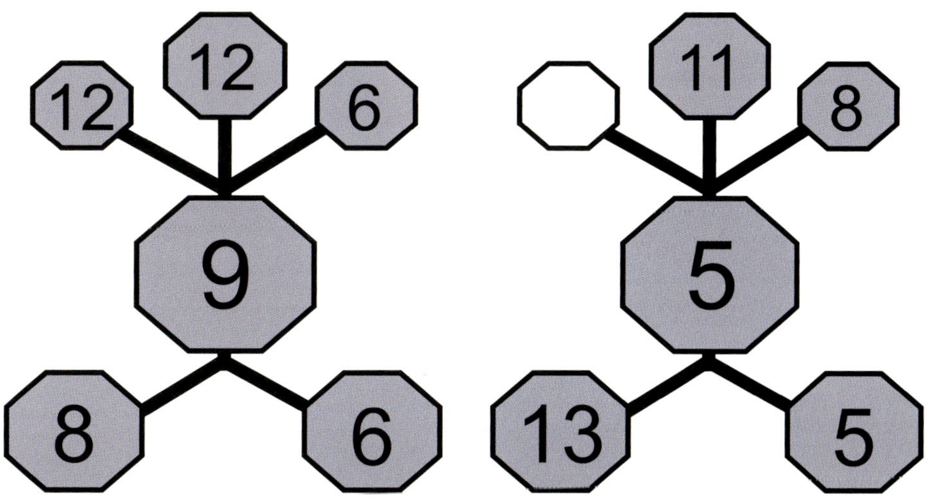

a) 4 b) 5 c) 6 d) 7

205 Allgemeingültigkeit

Versuchen Sie, mindestens einen Satz zu bilden, der allgemeingültig ist.

I

Je schwieriger ein Rätsel, desto ...

a) interessanter ist es.
b) mehr Lösungsmöglichkeiten kommen in Betracht.
c) höher die erforderliche Konzentration.
d) mehr können es nicht lösen.
e) komplizierter muss man denken.

II

Je höher der Lohn, desto ...

a) besser die Arbeitsmoral.
b) anspruchsvoller die Tätigkeit.
c) attraktiver der Arbeitsplatz.
d) unsicherer der Arbeitsplatz.
e) höher die Produktionskosten.

III

Je intelligenter ein Mensch, desto ...

a) schneller kann er denken.
b) höher sein Verdienst.
c) einfacher verläuft sein Leben.
d) mehr Probleme kann er lösen.
e) höher seine Bildung.

206 Würfeltest

Welche Ansicht erhält man, wenn der Würfel (der übrigens alle sechs Augenzahlen aufweist) logisch konsequent noch zweimal gedreht wird?

I

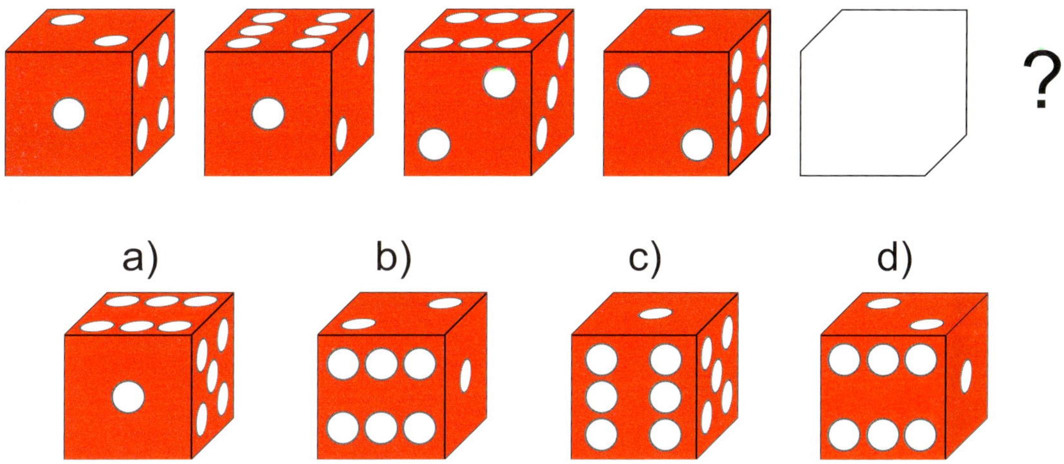

II

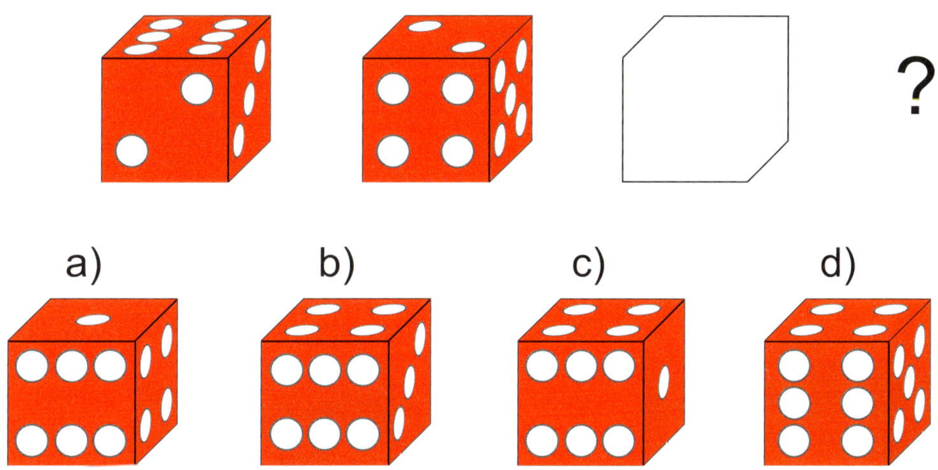

207 Viertelkreise

Bestimmen Sie die fehlende Zahl.

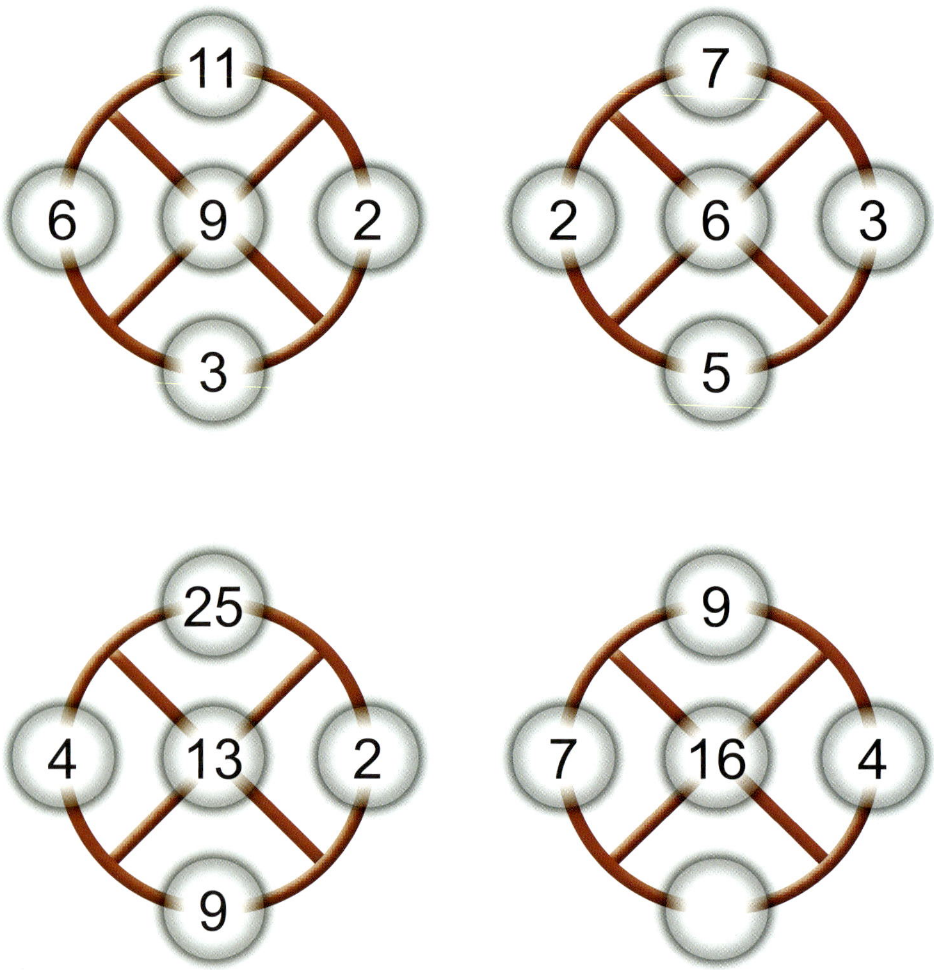

a) 4 b) 18 c) 7 d) 3

208 Schlussfolgerungen

Sind die Schlussfolgerungen unter a) bis e) wahr (w), falsch (f) oder unbestimmt (u)?

I

1. Rainers Hund heißt Hannes.
2. Hannes isst am liebsten Futter der Firma X.
3. Firma Y fertigt Tiefkühlkost.
4. Firma X bildet nicht aus.
5. Rainers Tochter aus erster Ehe ist Maria.
6. Marias Mutter hat eine Katzenallergie.

a) Maria mag Tiefkühlkost.
b) Marias Vater hat einen Hund.
c) Maria macht eine Ausbildung bei Firma X.
d) Rainers Exfrau hat eine Katzenallergie.
e) Rainer arbeitet bei Firma Y.

II

1. Manche Männer spielen Fußball.
2. Alle Frauen trinken Kaffee.
3. Manche Fußballer trinken keinen Kaffee.
4. Wer Kaffee trinkt, ist gesund.
5. Alle Fußballer sind gesund.

a) Manche Frauen spielen Fußball.
b) Manche Frauen trinken Tee.
c) Manche Männer sind gesund.
d) Alle Frauen sind gesund.
e) Alle Fußballer, die Kaffee trinken, sind Frauen.

209 Logisches Achteck

Welche Zahl gehört an die Stelle des Fragezeichens?

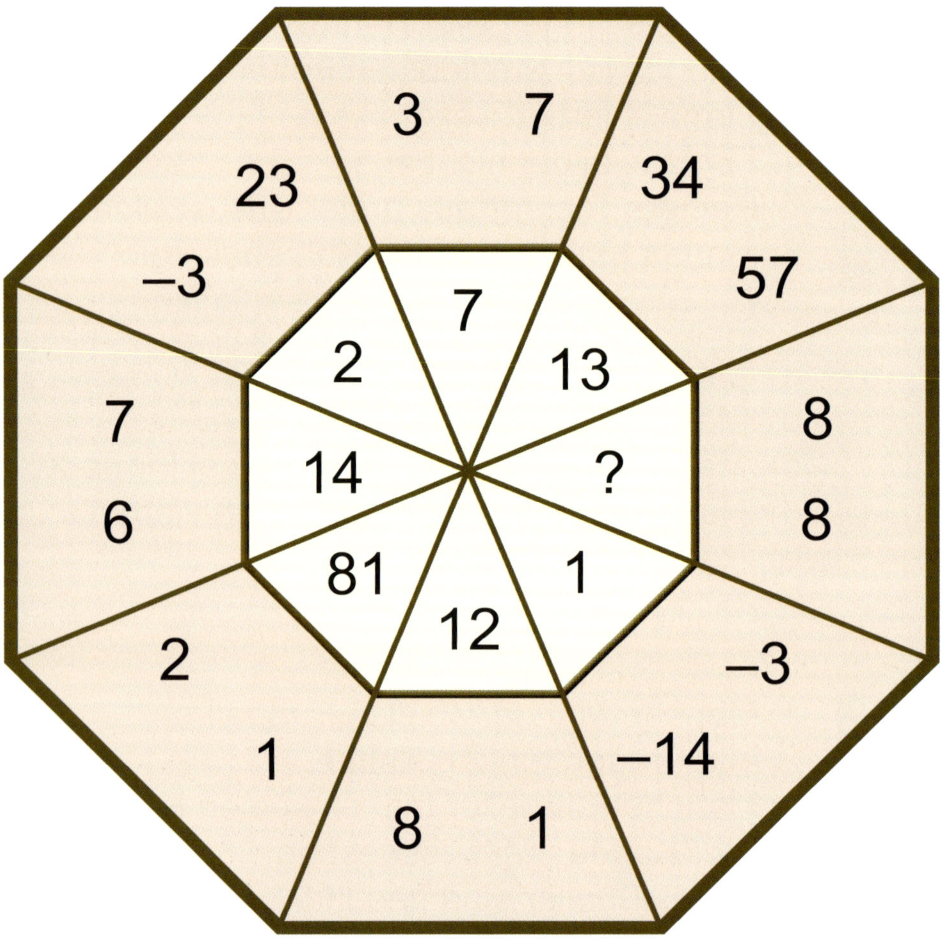

a) 34 b) 15 c) –13 d) 16

210 Dreier-System

Welche Grafik ersetzt jeweils das Fragezeichen?

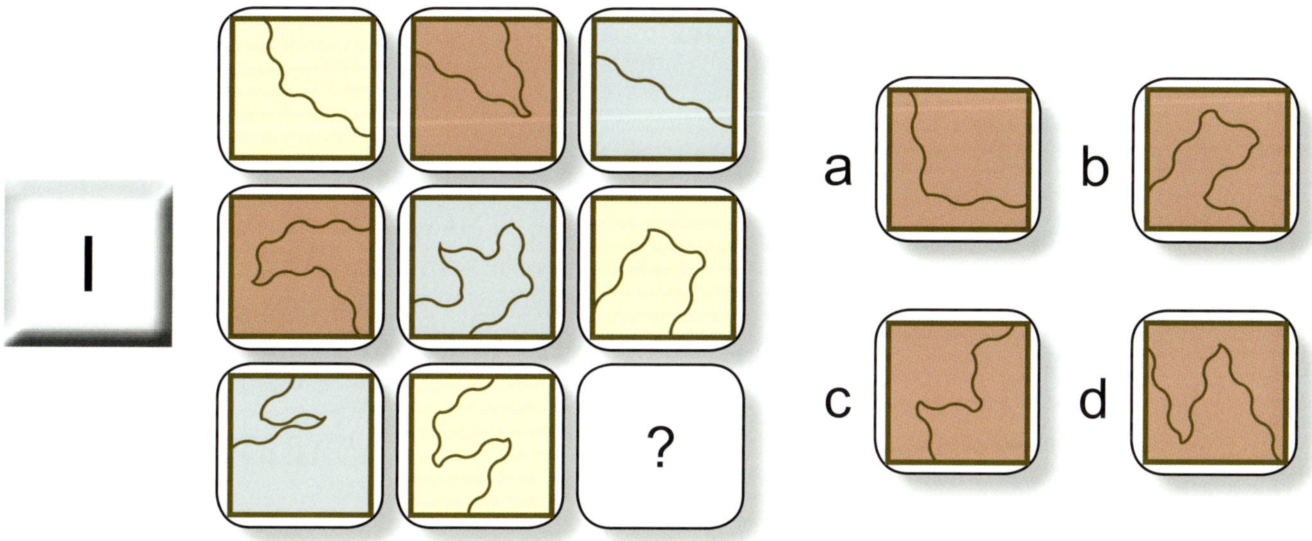

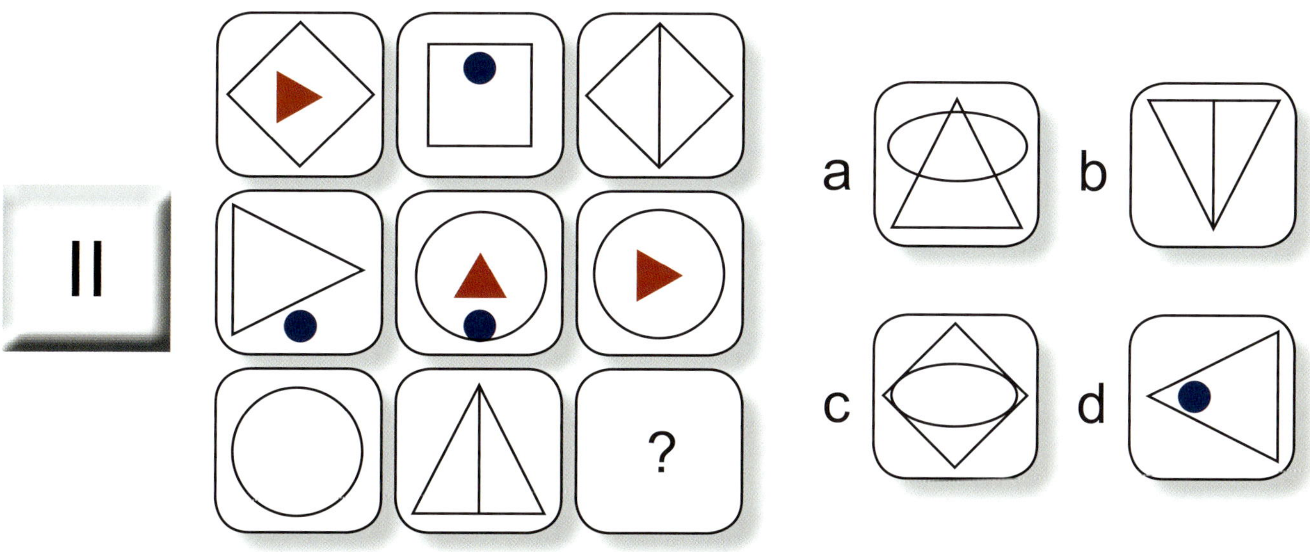

211 Mittel zum Zweck

Welchen Zweck hat das jeweils vorgegebene Mittel?

I

→ Wärme
a) tauen
b) Sonne
c) Isolierung

II

→ Airbag
a) Stoß
b) Unfall
c) Dämpfung

III

→ Bügeln
a) Glätte
b) Hitze
c) Hausarbeit

IV

→ Fuß
a) Bein
b) gehen
c) Gelenk

212 Zahleneier

Welche der zur Auswahl stehenden Zahlen vervollständigen jeweils die Eier mit den fehlenden Werten?

I

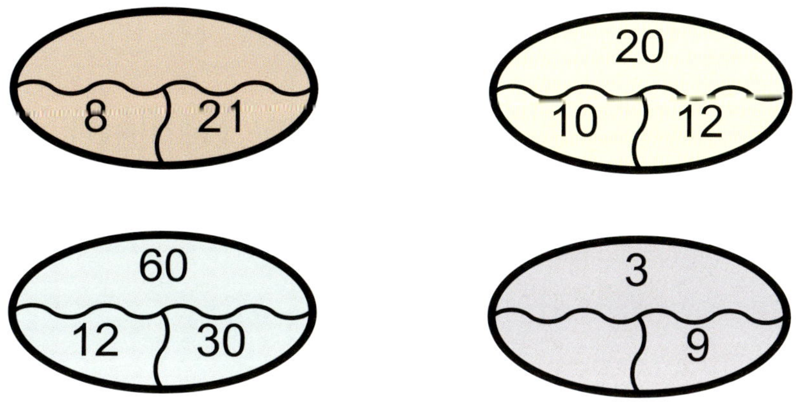

a) 16/14 b) 26/14 c) 28/2 d) 18/6

II

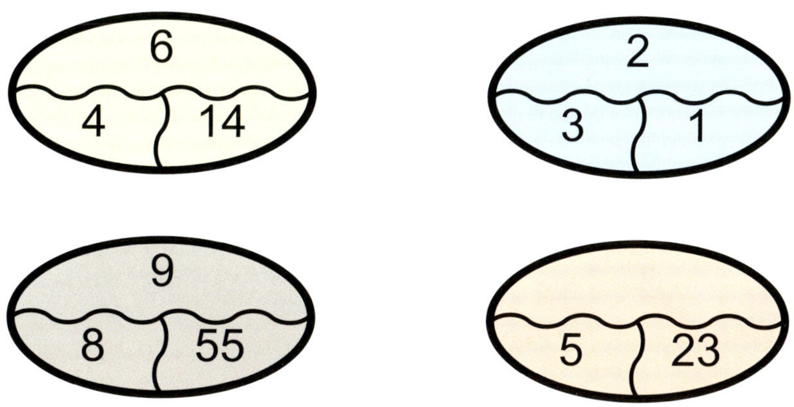

a) 5 b) 7 c) 8 d) 10

213 Drei Zahlentische

Für welche Zahlen stehen die Fragezeichen?

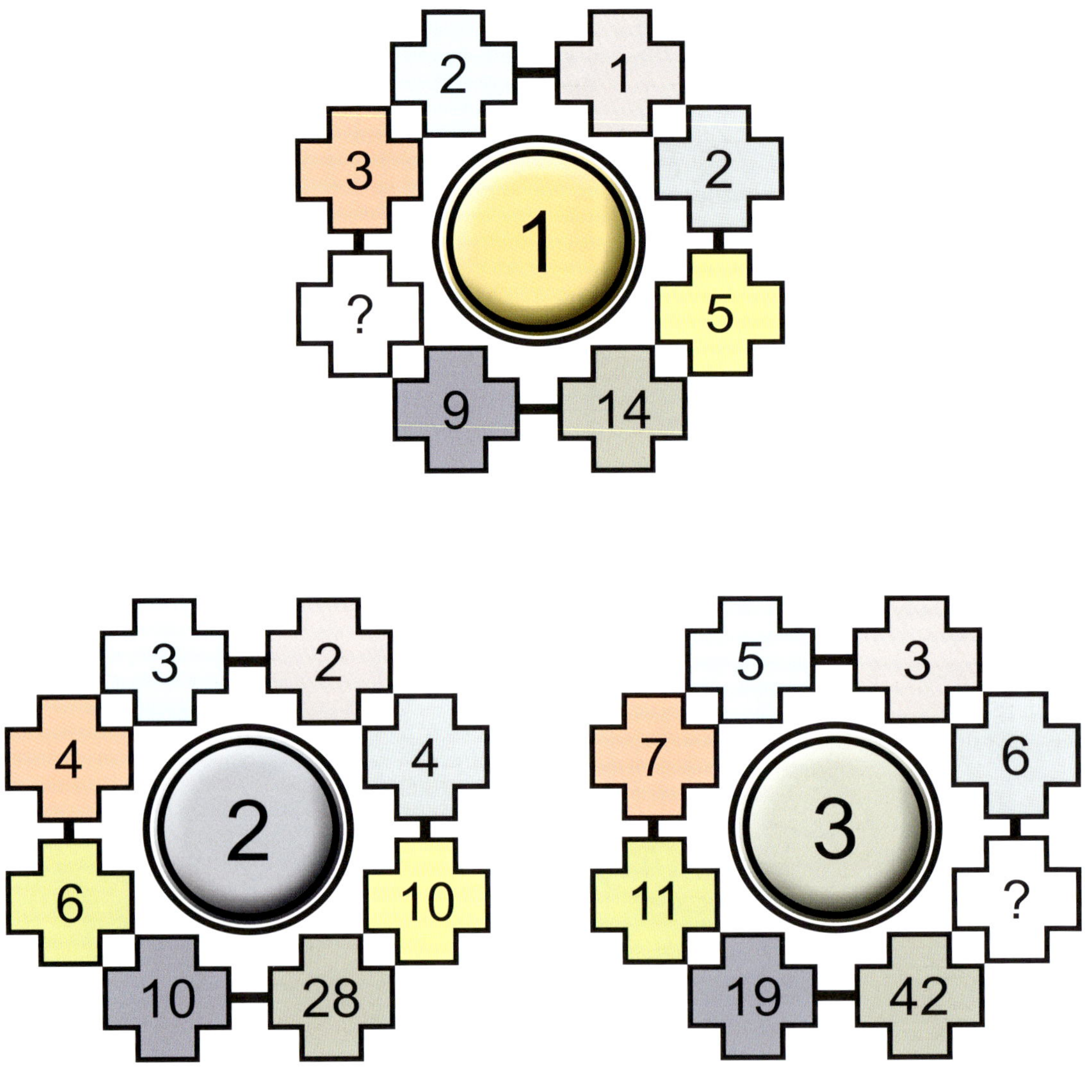

a) 5/20 b) 6/18 c) 4/13 d) 5/15

214 Formensprache

Welche Buchstabenfolgen sind unten einzutragen?

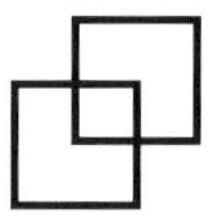 BENZ

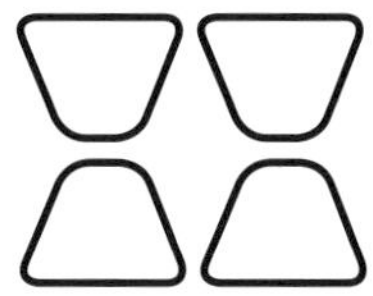 KTÖF

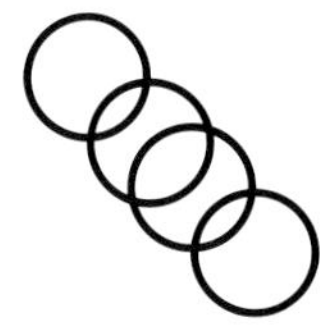 DTJZ

 UEXZ

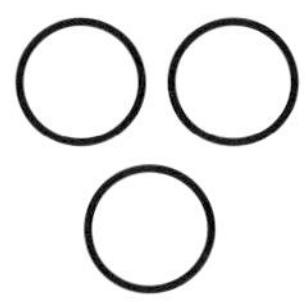 DWPF

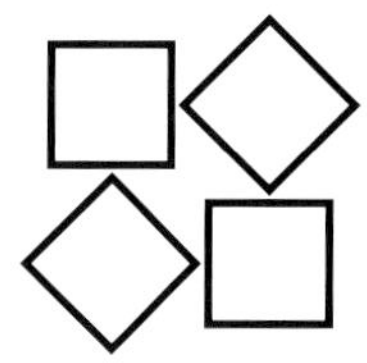 BTRF

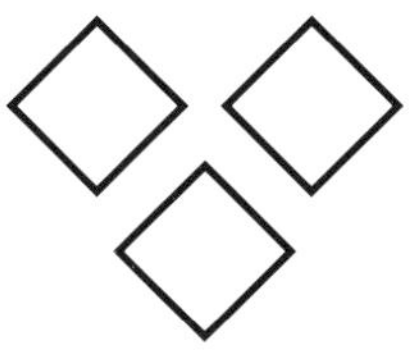 BWYF

 UEIF

 UGHZ

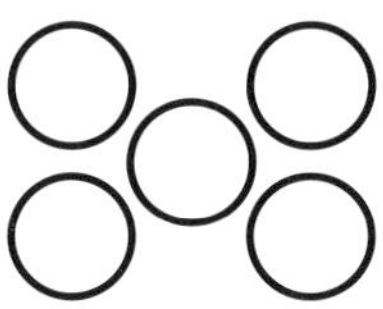 DGQF

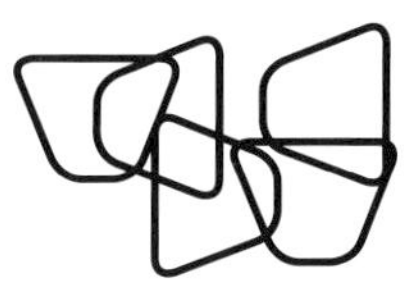 KGOZ

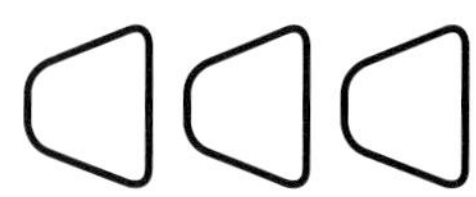 KWMF

a)  ______

b) 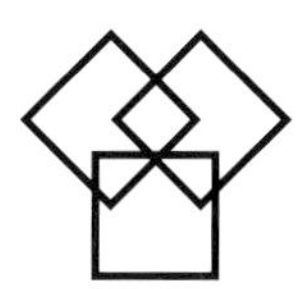 ______

c)  ______

d)  ______

215 Formenfolge

Welche Figur passt?

I

a b c d

II

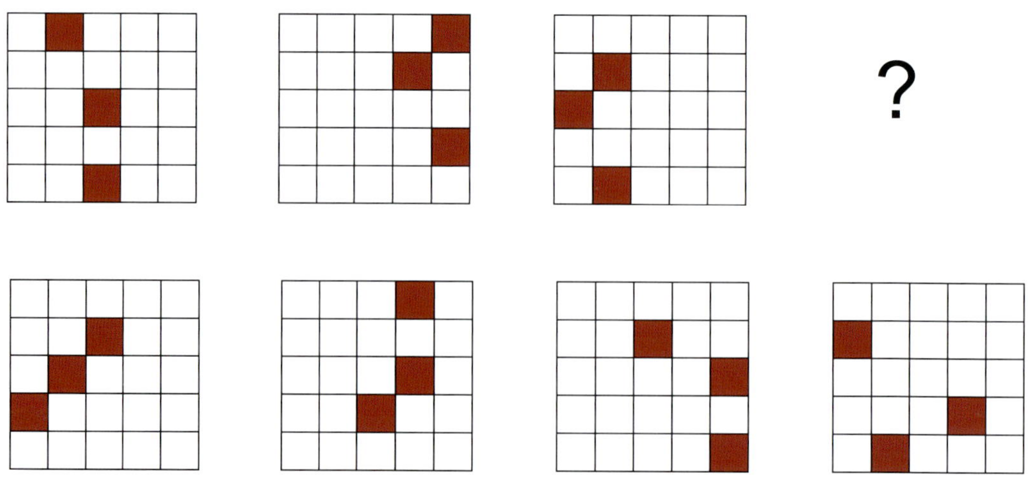

a b c d

216 Zahlentorte

Fügen Sie die fehlenden Zahlen ein.

I

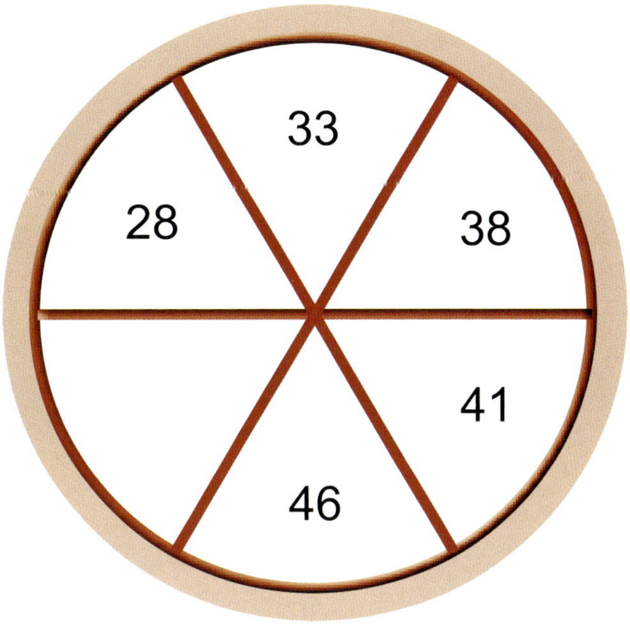

a) 23

b) 25

c) 51

d) 53

II

a) 5

b) 7

c) 12

d) 16

4
2
6

IQ Abschlusstest

Herzlichen Glückwunsch! Sie haben sich durch dieses Buch gearbeitet – und dabei hoffentlich auch viel Vergnügen gehabt. Sie haben eine Menge unterschiedlichster, aber auch typischer IQ-Test-Aufgaben kennen- und lösen gelernt. Nun sind Sie sicher gespannt, ob es sich gelohnt hat und Sie bei einem Test besser abschneiden würden.

Dafür machen Sie bitte den folgenden Abschlusstest. Er ist wie der Einstiegstest aufgebaut, allerdings mit völlig neuen Aufgaben. Auch hier müssen Sie unbedingt die 20-Minuten-Grenze beachten. Schaffen Sie sich erneut ein geeignetes räumliches und zeitliches Umfeld; seien Sie konzentriert und möglichst nicht nervös. Wir wünschen Ihnen nun viel Erfolg dabei! Sehr wahrscheinlich werden Sie sich aufgrund der Vorbereitung, die dieses Buch bietet, verbessert haben.

Zeit: 20 Minuten

Erreichte Punktzahl: ______ richtig gelöste Aufgaben

Datum: ___.___.______

1

Beobachten Sie die Veränderungen in der oberen Würfelreihe. Nach welchem Muster verläuft sie? Einer der Würfel unter a bis d passt an die Stelle des Fragezeichens. Welcher?

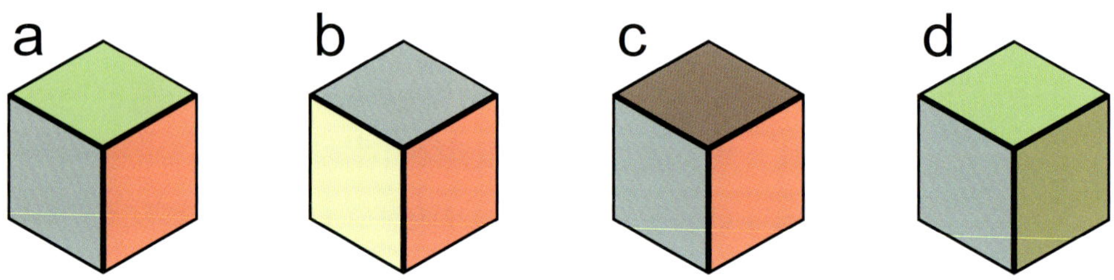

2

Gleiche Symbole stehen für die gleiche Zahl. Tragen Sie die fehlende Zahl in das leere Kästchen ein.

3

Welche zwei Formulierungen haben eine ähnliche Bedeutung?

a) seine Nase überall hineinstecken
b) jemandem eins überziehen
c) zur Tagesordnung übergehen
d) das Fass zum Überlaufen bringen
e) den Bogen überspannen

4

Was müsste an der Stelle des Fragezeichens stehen?

a) b) c)

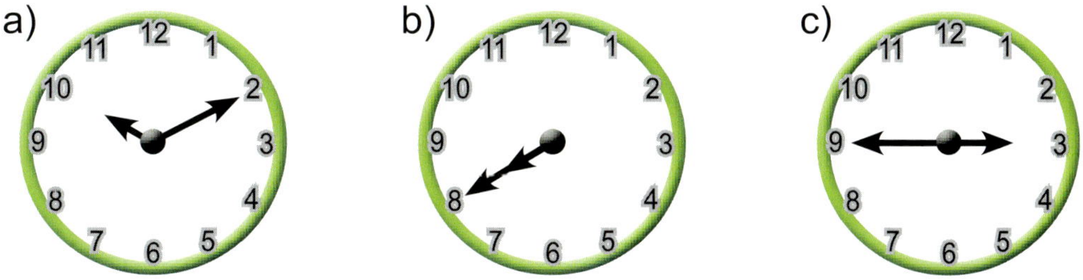

5

Welche Buchstaben stehen hinter den Symbolen?

♎♌R♏
♏♌♎ER
♌♏♎ST
W♌♎E♏
M♌♎M♌

♎ =

♏ =

♌ =

6

Beantworten Sie diese Frage.

Drei Fensterputzer reinigen drei Fenster in fünf Minuten. Wie viele Fenster reinigen sechs Fensterputzer in zehn Minuten?

Antwort: Fenster

7

Mit welcher der zur Auswahl stehenden Grafiken geht die Reihe weiter?

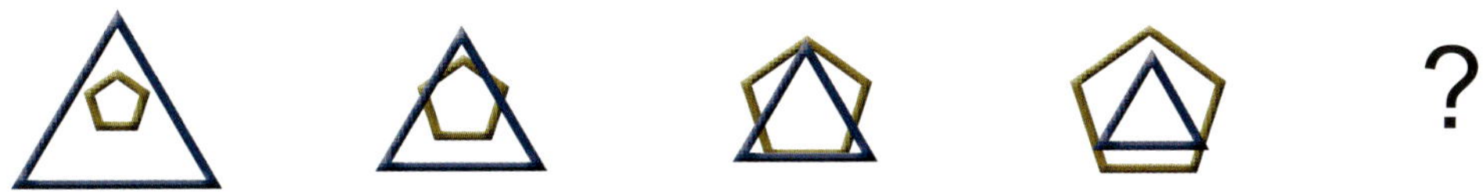

a b c d e

8

Mit welchem Wortanfang können alle diese Wortenden beginnen?

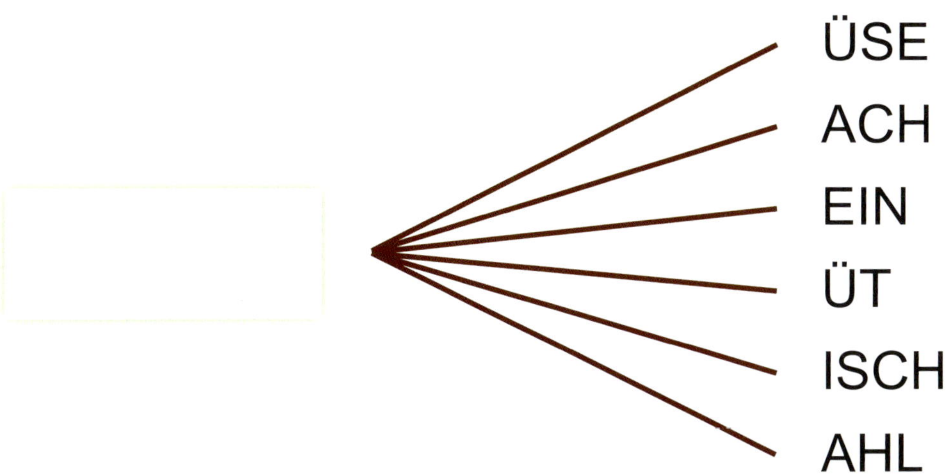

9

Welche Darstellung fällt aus der Reihe?

a b c d e f

10

Welcher Begriff drückt am treffendsten das Gegenteil vom vorgegebenen Wort aus?

beauftragen

a) durchführen b) beantragen
c) anfragen d) anbieten

11

Welche Satzalternative ist wahr?

Eine Mutter hat immer ...

a) eine Tochter b) einen Mann c) eine Schwester
d) ein Baby e) ein Kind f) einen Sohn

12

Tragen Sie die fehlende Zahl ein.

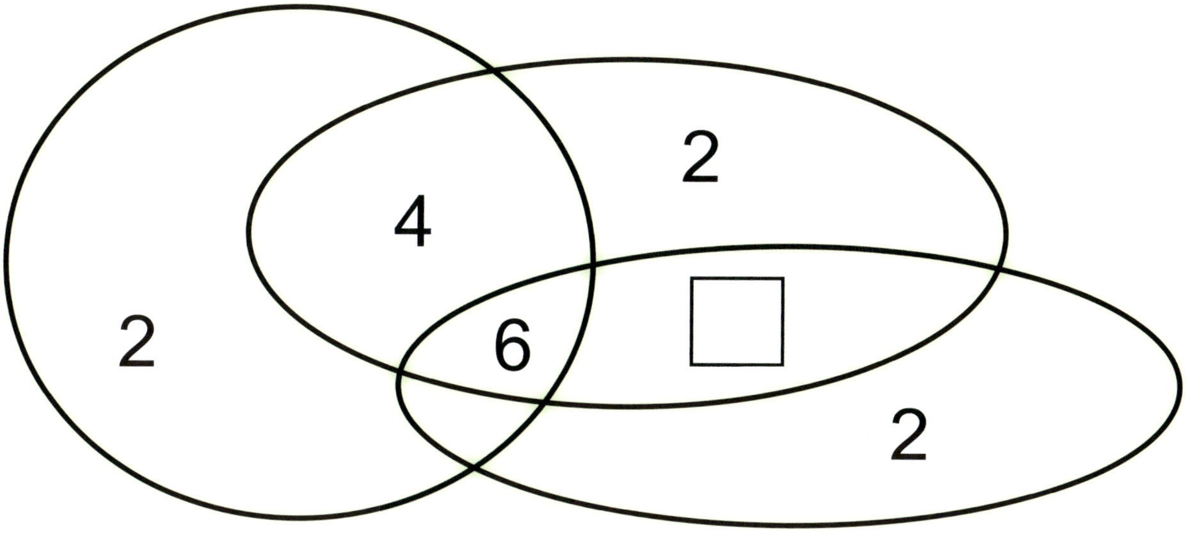

13

Links und rechts des Gleichheitszeichens sollen sich zwei Grafikpaare gegenüberstehen, die analoge Verhältnisse aufweisen. Welche Grafik (a bis e) ersetzt demnach das Fragezeichen?

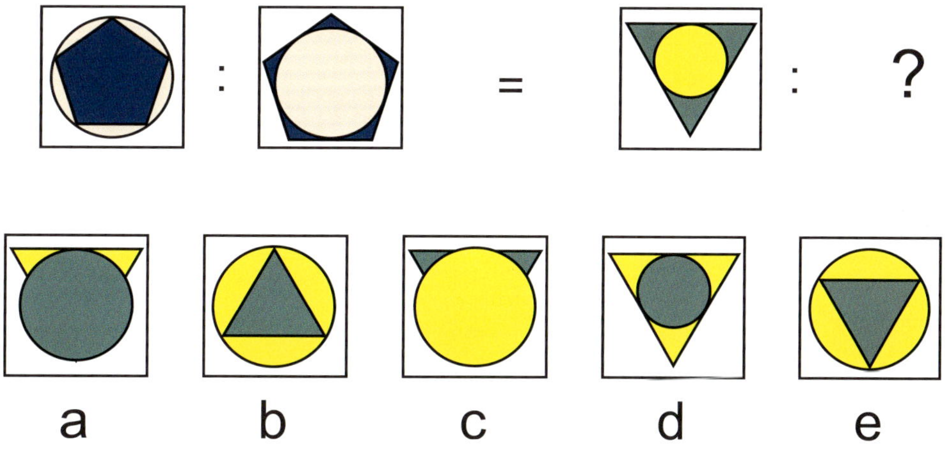

14

Setzen Sie den gesuchten redensartlichen Ausdruck ein.

Wer mutig einen gefährlichen Menschen aufsucht, der ________ ________ in ________ ________ des ________.

15

Welcher der drei Würfel a bis c könnte aus der Abwicklung links gefaltet worden sein?

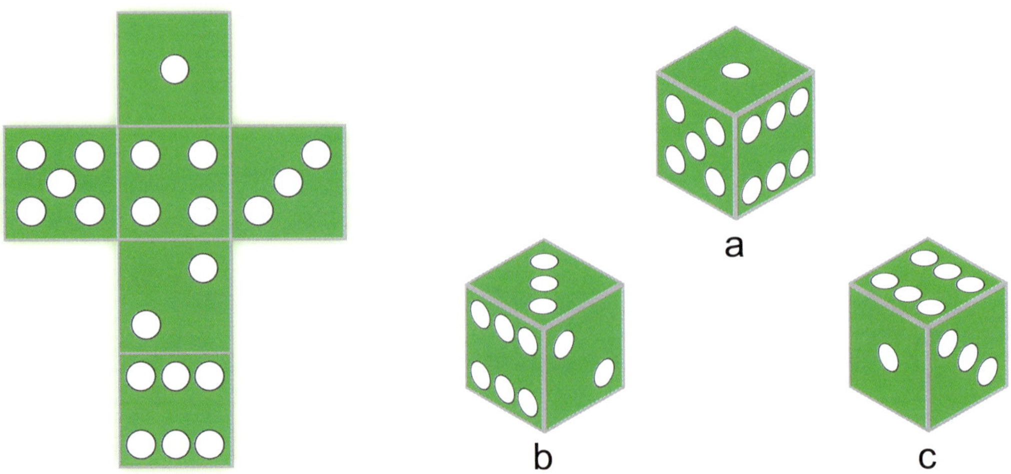

16

Welche Zahl vervollständigt das System?

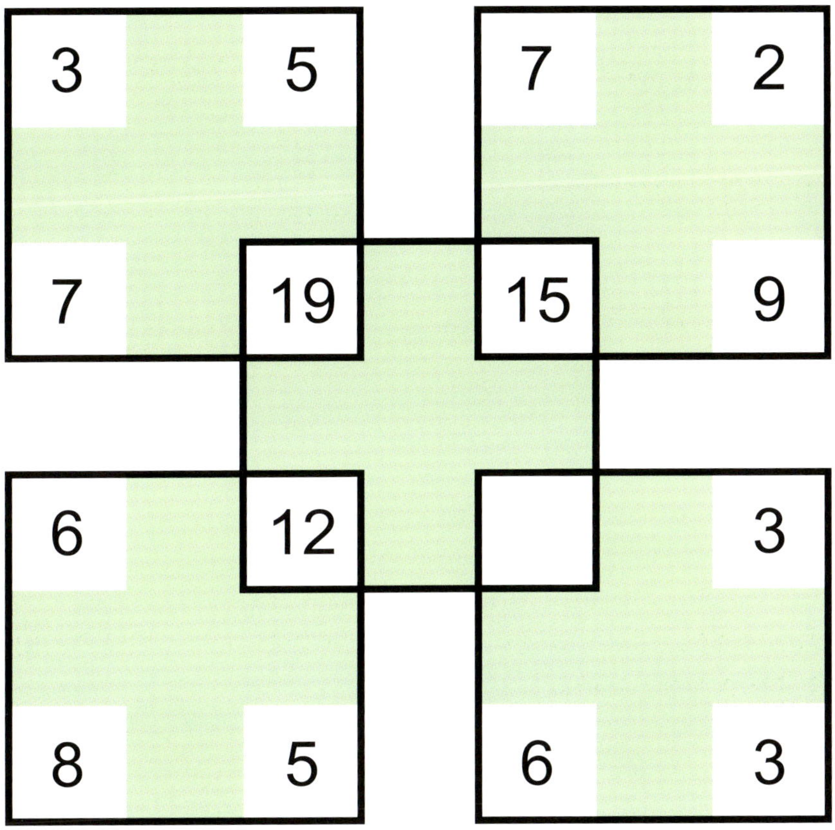

a) 8

b) 18

c) 16

d) 22

17

Tragen Sie das fehlende Wort in die Klammer ein.

PF + (______________) = Lebewesen

Waffe

18

Welche der Grafiken a bis d ersetzt das Fragezeichen?

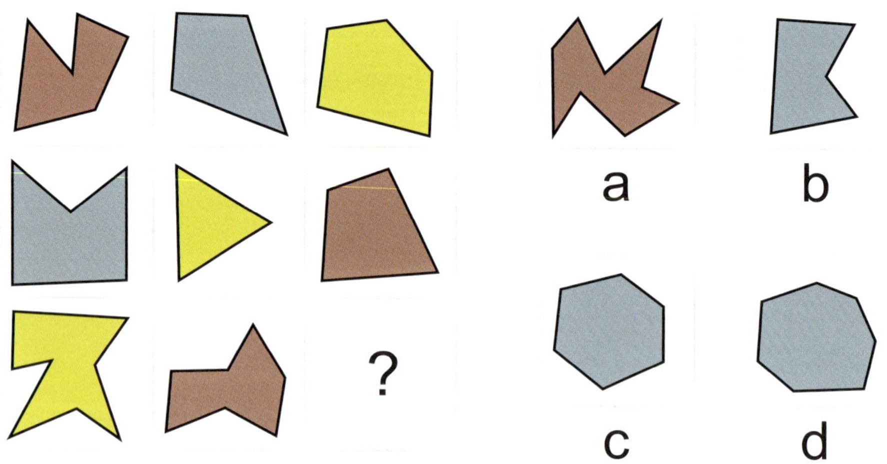

19

Welche Grafik ist die richtige Ergänzung?

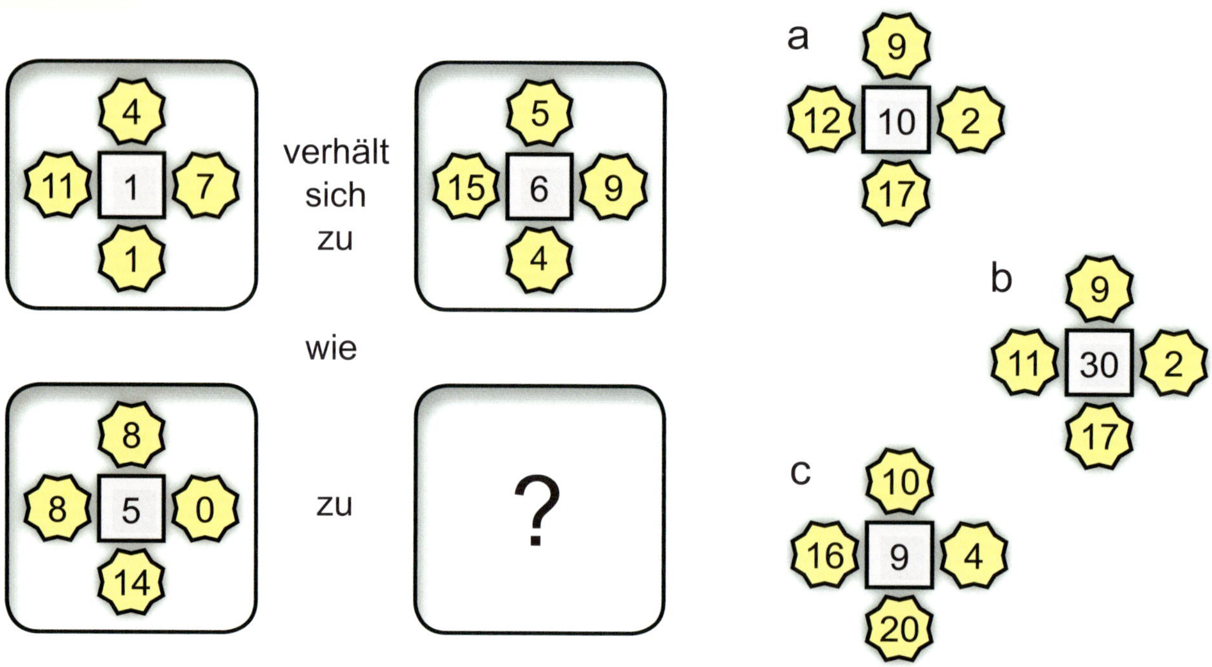

20 Finden Sie den logisch richtigen nächsten Satz bzw. führen Sie den Satz logisch richtig fort.

Emil arbeitet als Friseur und stammt aus Gera, Stefan ist gebürtiger Ulmer und momentan als Töpfer tätig, und ...

a) Kellner Jans Heimat ist Ludwigshafen.

b) Martina arbeitet am liebsten in New York als Opernsängerin.

c) Vera wurde in Warschau als Tochter einer Beamtin geboren.

d) Karl ist Lehrer und wohnt in Nürnberg.

21 Welche ist die fehlende Zahl?

–2	4	6
11		–4
2	5	3

a) 7

b) 3

c) –1

d) 6

22

Welche der Zahlen neben a bis d passt ins leere Feld?

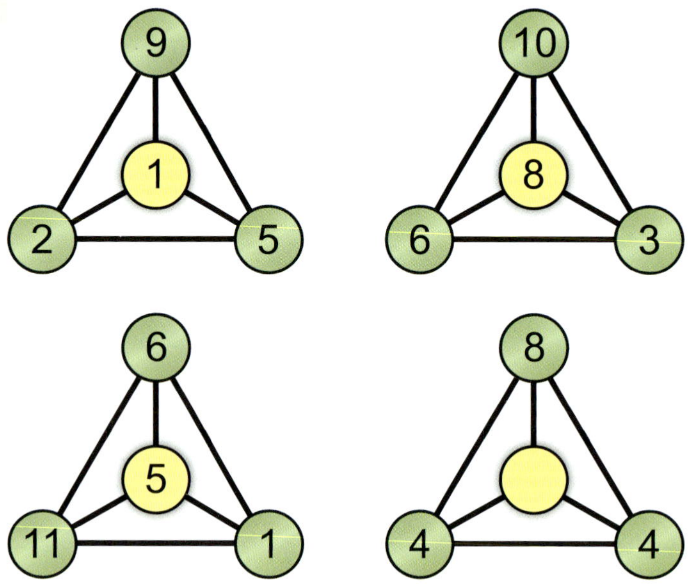

a) 6

b) 7

c) 8

d) 9

23

Links und rechts des Gleichheitszeichens sollen sich Grafikpaare gegenüberstehen, die in einem analogen Verhältnis zueinander stehen.
Welche Grafik (a bis e) ersetzt das Fragezeichen?

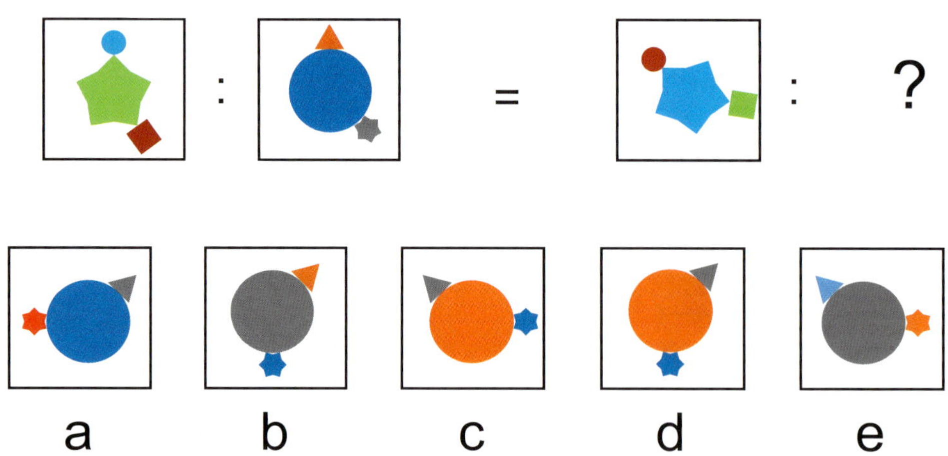

24

Welche der Grafiken a bis d ersetzt das Fragezeichen?

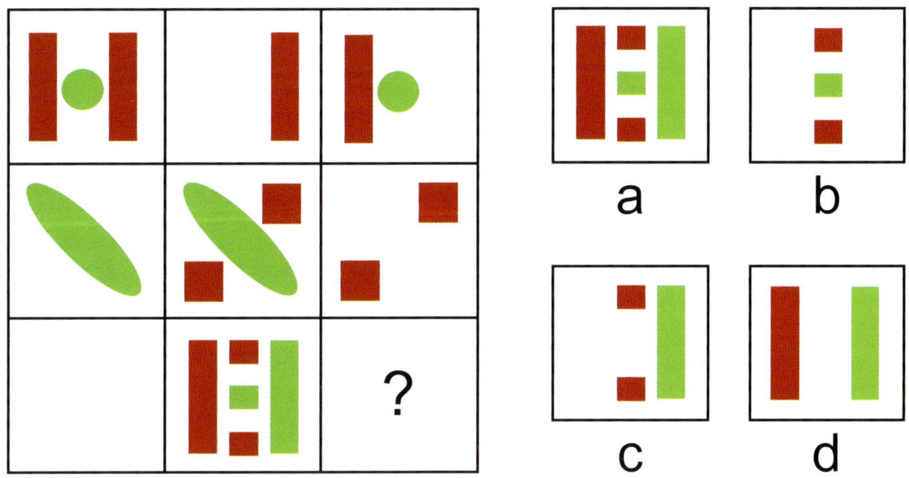

25

Bei den folgenden Wortfragmenten fehlen am Ende bzw. am Anfang dieselben Buchstaben. Ergänzen Sie sie!

PLA _ _ _ TO

26

Tragen Sie die fehlende Zahl ein.

1	1	2	4	5	15	16	

27

Finden Sie ein Wort, das den gemeinsamen Oberbegriff zu den beiden vorgegebenen Wörtern bildet.

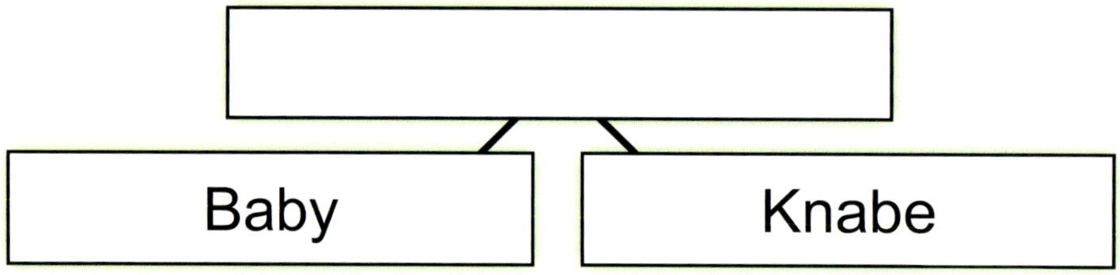

28

Mit welcher der zur Auswahl stehenden Grafiken geht die Reihe weiter?

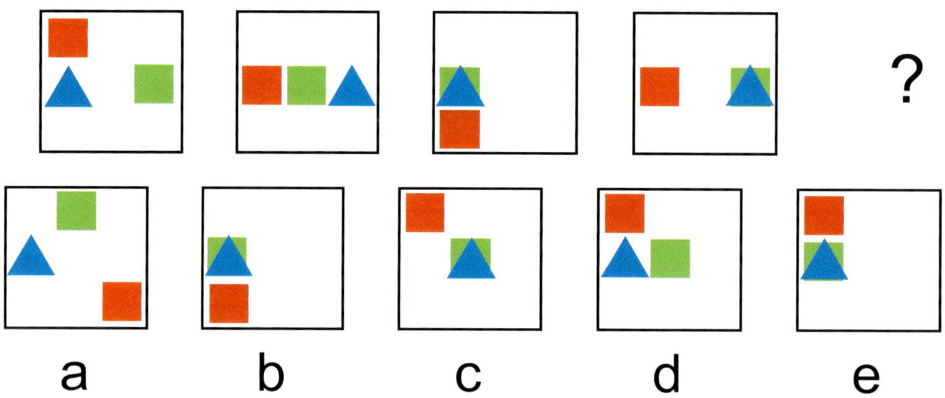

29

In der Mitte fehlt ein Brückenwort, mit dem das erste Wort endet und das zweite beginnt. Ergänzen Sie es.

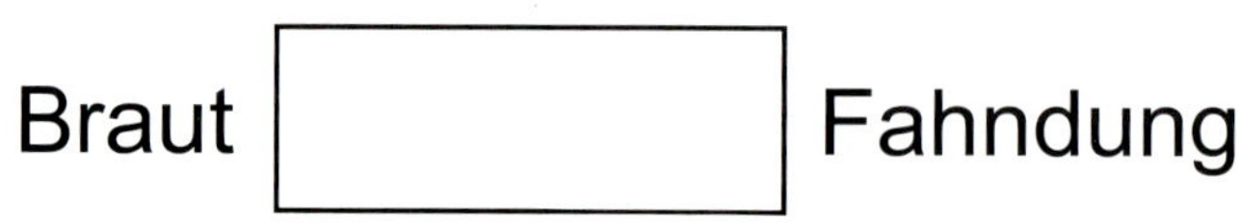

30

Welches Zahlentripel passt?

18	9	14	7	12	
32	16	20	10	14	
28	14	20	10	16	

	a	b	c	d
	6	5	6	6
	8	7	8	7
	9	8	8	8

31

Welcher Begriff passt?

Chaos	Ordnung
Zorn	?

a) Wut

b) Gleichmut

c) Toleranz

d) Liebe

32

Finden Sie die beiden zusammengehörenden Begriffe.

a) Leute	b) Paar
c) Mannschaft	d) Ensemble
e) Sextett	f) Menge

33

Welche Zahl eignet sich als vierte im Bunde?

a) 131 b) 2842 c) 79 d) 6805

34

Welches Paar setzt die Reihe fort?

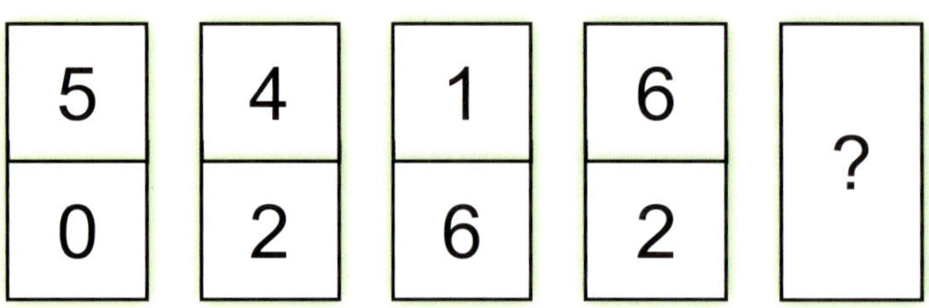

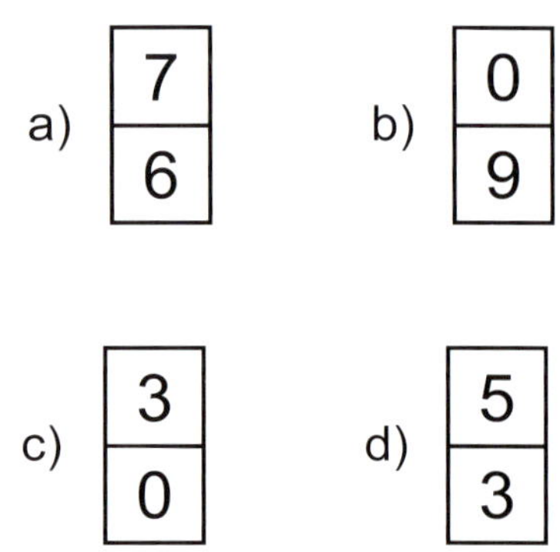

35 Ordnen Sie jede der unteren Grafiken 1 bis 4 der jeweils passenden Gruppe zu.

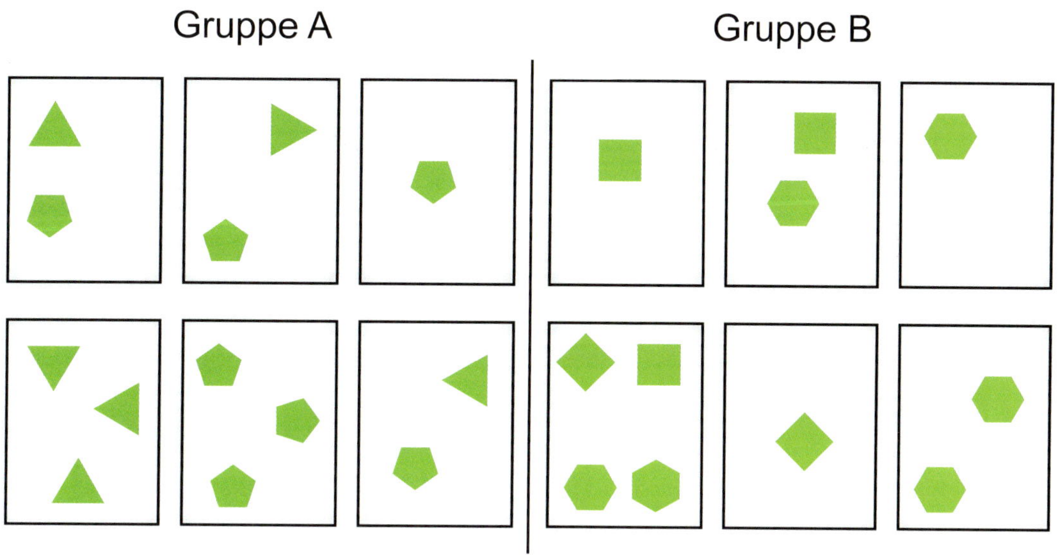

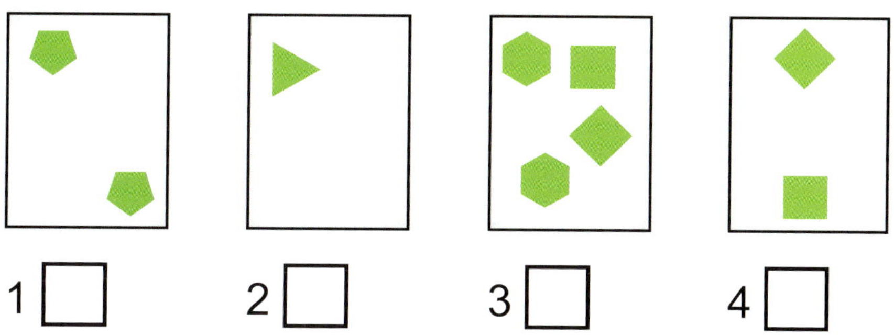

36 Tragen Sie in die vier leeren Felder die Rechensymbole **+**, **–**, **x** oder **:** ein, sodass das Ergebnis am Ende stimmt. Rechnen Sie dabei der Reihe nach ohne Beachtung der Regel „Punktrechnung vor Strichrechnung".

5		5		5		5	=	11

37

Ersetzen Sie das Fragezeichen.

38

Welche Alternative passt ins leere Feld?

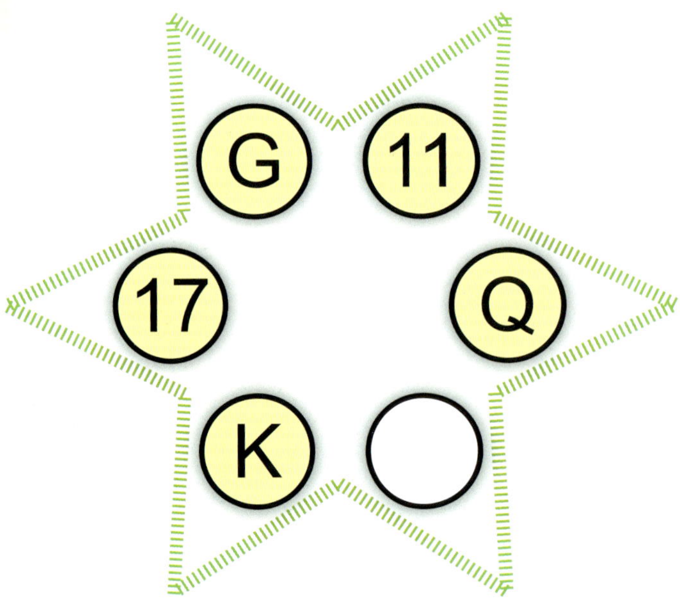

a) 14
b) 8
c) 7
d) N

39

Welche Zahl fehlt?

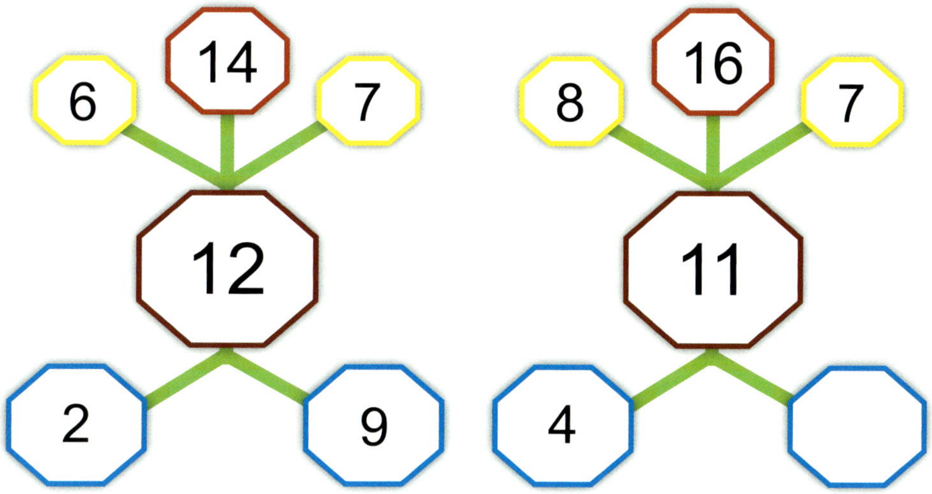

a) 5

b) 6

c) 9

d) 11

40

Welche Ansicht setzt die Reihe fort? (Jede Würfelseite enthält ein anderes Motiv.)

a) b) c) d)

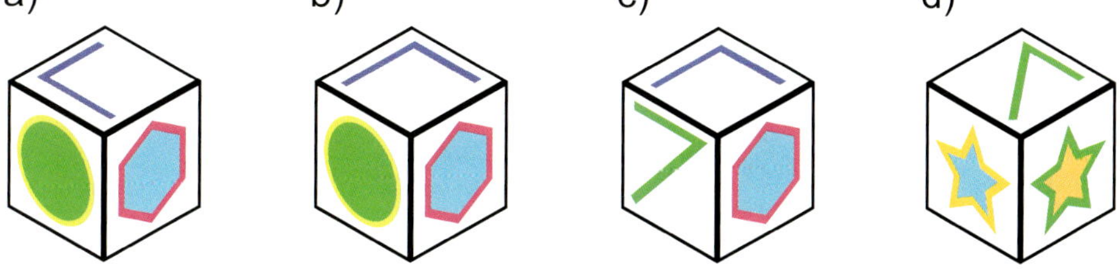

41 Welche Figur passt nicht dazu?

a b c d e

42 Nach welchem Wochentag wird gefragt?

Welcher Tag war 3 Tage
vor morgen, wenn es 4 Tage nach
vorgestern 16 Tage vor
einem Montag war?

☐ Mo ☐ Di ☐ Mi ☐ Do ☐ Fr ☐ Sa ☐ So

43 Welche Alternative passt?

Eine Torte enthält oft …

a) BSARA b) JWEUL

c) EEISN d) ENASH

44 Welche ist die fehlende Grafik?

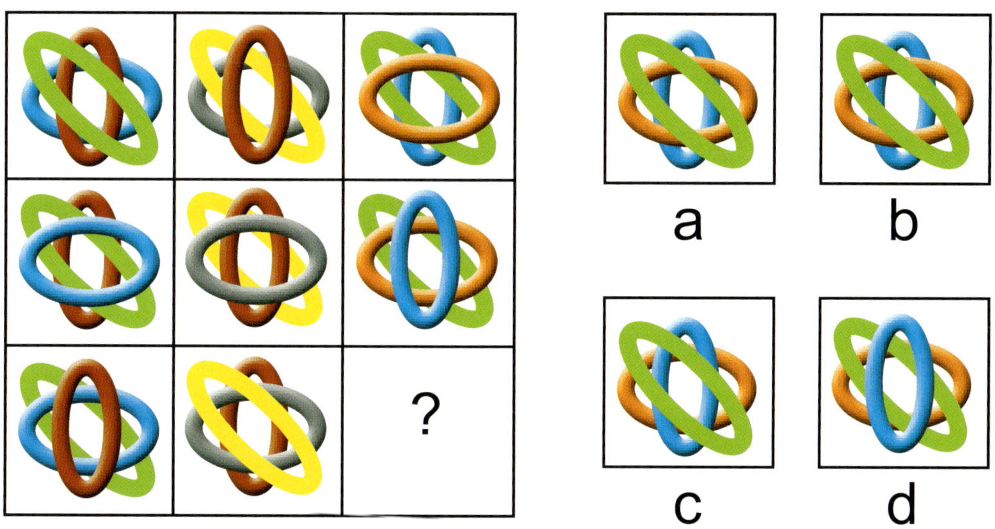

Testende. Tragen Sie auf der ersten Seite dieses Kapitels die Anzahl der richtig gelösten Aufgaben als Punktzahl ein.

Lösungen

Wichtiger Hinweis:
Zu jeder Aufgabe wird nur eine Lösung angegeben. Wir schließen die Möglichkeit gleichwertiger Lösungen jedoch nicht aus. Offizielle IQ-Test-Aufgaben durchlaufen eine Vielzahl an Tests, bei denen sich Aufgaben mit Mehrfachlösungen herauskristallisieren. Diese werden dann verworfen, oder es werden mehrere Lösungen als richtig eingestuft. Davon betroffen sind fast ausschließlich Wortschatz- bzw. Sprachaufgaben. Falls Sie also bei einer Sprachaufgabe eine Lösung finden, die nicht mit der im Lösungsteil dieses Buchs übereinstimmt, könnte diese dennoch richtig sein. Wir bitten um Verständnis, dass wir trotz aller Sorgfalt solche Fälle in diesem Trainingsbuch nicht ausschließen können.

Lösungen Einstiegstest

1

Lösung: d
Der Würfel wird abwechselnd horizontal entgegen dem Uhrzeigersinn und vertikal entgegen dem Uhrzeigersinn gedreht.

2

Lösung: 31
 = 7,  = 8,  = 9

3

Lösung: a + e

4

Lösung: a
Der kleine Zeiger wandert jeweils um fünf Stunden weiter, der große Zeiger wandert jeweils um neun Stunden weiter.

5

Lösung:  = B,  = R,  = D
(DRIBBELN, BRAND, DRÜBEN, BORD, ABREDE)

6

Lösung: 16 Bienen

7

Lösung: e
Der rote Stern wandert immer von oben nach unten. Der blaue Stern wandert die Diagonale hin und her. Das grüne Quadrat wandert entgegen dem Uhrzeigersinn den Rand entlang.

8

Lösung: BIL

9

Lösung: f
Darstellung f ist als einzige im Vergleich zu den anderen gespiegelt.

10

Lösung: c

11

Lösung: c

12

Lösung: 2
Die Zahlen stehen für die Anzahl der Flächen, die den Bereich, in dem sich die jeweilige Zahl befindet, bedecken.

13

Lösung: c
Die Grafiken rechts des Gleichheitszeichens sind im Vergleich zu den linken um 90° entgegen dem Uhrzeigersinn gedreht und

dann horizontal gespiegelt (andere Dreh- und Spiegelmanöver mit demselben Effekt sind möglich).

14

Lösung: ..., der geht ins Buch der Geschichte ein.

15

Lösung: a

16

Lösung: 6
Die Summe aus den jeweils drei Zahlen in den Außenfeldern eines Quadranten beträgt das Quadrat der Zahl im betreffenden Innenfeld.

17

Lösung: K + INDER = KINDER

18

Lösung: c
Jede Zeile und jede Spalte enthält genau ein blaues Dreieck und ein rotes Viereck. Des Weiteren sind in jeder Zeile und Spalte genau fünf kleine Kreise enthalten.

19

Lösung: a
Die Zahlen in den Sternen halbieren sich auf der rechten Seite. Im zentralen Quadrat verdoppeln sie sich.

20

Lösung: c
Sie bestellen am liebsten aus möglichst ähnlicher Nahrungsquelle: Teig, Fisch bzw. Geflügel.

21

Lösung: d
In jeder Zeile und Spalte stehen genau eine einstellige, eine zweistellige und eine dreistellige Zahl.

22

Lösung: a

oben + links unten = Mitte + rechts unten

23

Lösung: d
Die linke Grafik wird um 50 % nach oben gestaucht; dann wird eine Kopie davon nach unten gespiegelt.

24

Lösung: c
Die Grafik dreht sich von links nach rechts betrachtet im ersten Schritt um 45° entgegen dem Uhrzeigersinn, im zweiten Schritt um 90° entgegen dem Uhrzeigersinn.

25

Lösung: RAL
(sakral und Rallye)

26

Lösung: 8
(+ 1, + 2, + 3, + 1, + 2, + 3 usw.)

27

Lösung: Gefäß

28

Lösung: c
Die Anzahl der Quadrate nimmt von links nach rechts um je 1 ab, die Anzahl der Kreise nimmt um je 1 zu.

29

Lösung: Suppe

30

Lösung: a
Die Summen aus den je

drei Zahlen eines Tripels erhöhen sich immer um 1.

31

Lösung: b
Die Begriffspaare drücken eine Steigerung aus.

32

Lösung: a und d
Widerwille und Abscheu haben oft eine ähnliche Bedeutung.

33

Lösung: a
Die Gruppe enthält ausschließlich Dreien und Vieren.

34

Lösung: d
Die Zahlen in den unteren Hälften verdoppeln sich. Die Zahlen in den oberen Hälften sind die Quersummen der Zahlen darunter.

35

Lösung: 1B, 2A, 3A, 4A
Die Kästen in Gruppe A enthalten immer 5 Elemente, die in Gruppe B 6 Elemente.

36

Lösung: (4 x 4 – 4) : 4 = 3

37

Lösung: c
In jeder Spalte verringert sich die Anzahl der blauen Kästchen von oben um je 1, wobei die anderen farbigen Felder an ihrer Position bleiben.

38

Lösung: a
Bei C beginnend, folgen im Uhrzeigersinn abwechselnd Zahlen und Buchstabenwerte (entsprechend der Position im Alphabet) aufeinander.

39

Lösung: b
linke Hand x rechter Fuß = Kopf,
linker Fuß x Bauch = rechte Hand (immer aus Betrachtersicht)

40

Lösung: a
Der Würfel dreht sich abwechselnd horizontal um 90° im Uhrzeigersinn und dann vertikal um 90° im Uhrzeigersinn.

41

Lösung: e
Bei jedem Schritt ändert sich bei genau einem Figurteil die Farbe. Nur in e ändern sich zwei Teile („Kopf“ und „linkes Ohr“).

42

Lösung: Mittwoch
4 Tage nach einem Samstag ist Mittwoch, und das ist 11 Tage (entspricht 11 – 7 = 4 Tage) vor morgen. Morgen ist also 4 Tage nach Mittwoch, nämlich Sonntag. Vorgestern war somit ein Donnerstag, und 6 Tage danach ist Mittwoch.

43

Lösung: a (Lotto, Brett, Lunge, Kanal)

44

Lösung: d
In der zweiten Spalte sind die Symbole im Vergleich zur ersten (linken) Spalte um 90° im Uhrzeigersinn gedreht worden. In der dritten Spalte sind die Symbole horizontal gespiegelt.

Lösungen Übungen I

001

I: c

Von oben betrachtet, wird der Würfel immer um eine Vierteldrehung im Uhrzeigersinn gedreht.

II: a

Der Würfel wird immer vertikal um eine Vierteldrehung im Uhrzeigersinn gedreht. Die Blickrichtung ist dabei von vorne rechts auf die rote Fläche.

002

I: 16

 = 3,  = 7

II: 19

 = 4,  = 5

003

I: Kreis

II: Hase, Nacht

III: Tasche

004

I: 6

Die Gruppe besteht aus geraden Zahlen.

I: 700

Die Gruppe besteht aus dreistelligen Zahlen.

005

I: c

In jeder Zeile und Spalte sind je eine blaue, eine gelbe und eine rote Kugel enthalten.

II: e

In jeder Zeile und Spalte sind je ein grünes, ein graues und ein rotes Element enthalten. Gleiches gilt für die drei Formen Kreis, Quadrat und Dreieck.

006

I: b, II: e, III: b, IV: c

Das Prinzip ist immer dasselbe: Eine Figur je Reihe ist im Vergleich zu den anderen nicht nur gedreht, sondern auch gespiegelt.

007

I: 9

Unten links steht jeweils die Summe aus den anderen drei Zahlen.

II: 3

Die Summe aus den Zahlen in der Mitte und oben ist gleich der Summe aus den unteren beiden Zahlen.

008

I: C

II: D

009

I: a + e

II: c + d

III: b + d

010

I: 10 Meter

II: 5 Stunden

011

I: c

Kalb, Wahl, Grün, Maul

II: a

Paar, Qual, Löwe, Fass

III: d

Ofen, Tuch, Kamm, Glas

012

I: b

Der Farbton wird immer kräftiger.

II: c

Das Dreieck wird immer kleiner. Seine Spitze zeigt abwechselnd nach oben und nach unten.

013

1A, 2B, 3B, 4A

Gruppe A hat nur runde Formen, Gruppe B rechteckige.

014

I: c
II: a

015

Lösung: b
Die Punktzahl der jeweils oberen Steinhälften erhöht sich von links nach rechts um je 1. In den unteren Steinhälften verringert sie sich um je 1.

016

I: d
II: b
III: c

017

I: a
Von links nach rechts macht das Element bei jedem Schritt eine 45°-Drehung (eine halbe Vierteldrehung) entgegen dem Uhrzeigersinn.
II: f
Spaltenweise von oben nach unten gelesen, wandert der grüne Kreis immer um eine Kurve nach unten. Der rote Kreis wandert immer um eine Kurve nach oben. An einem Ende angekommen, geht es am anderen Ende der Schlange weiter.

018

I: b
Die Zeitsprünge betragen immer 3 Stunden und 20 Minuten.
II: c
Der Stundenzeiger wandert immer um 2 Stunden zurück, der Minutenzeiger um 10 Minuten vor.

019

I: BEET (jeweils die ersten beiden Buchstaben)
II: PAAR (jeweils die letzten beiden Buchstaben)
III: MEHR (jeweils der zweite und dritte Buchstabe)
IV: NEPP (jeweils der dritte und vierte Buchstabe)

020

I: a
Die Zahlentripel enthalten abwechselnd ausschließlich gerade bzw. ungerade Zahlen.
II: c
Die Tripel bilden hier drei horizontale Zahlenreihen. In der oberen und mittleren lautet die Regel jeweils „immer + 2“, in der unteren „immer + 3“.

021

Lösung: c
Das System weist fünf Quadrate mit je vier Zahlen in den Ecken auf. In jedem dieser Quadrate verläuft eine Zahlenreihe im Uhrzeigersinn, die links oben beginnt. In Quadrat 1 herrscht die Rechenregel „immer plus 1“, in Quadrat 2 „immer plus 2“, in Quadrat 3 „immer plus 3“, in Quadrat 4 „immer plus 4“ und in Quadrat 5 „immer plus 5“.

022

I: b
II: d
III: c

023

I: TER
II: KLA

024

Lösung: a
In den vier Sternen werden die Zahlen verdoppelt. Im zentralen Quadrat verdreifacht sich die Zahl.

025

I: EILE

II: ZELLE
III: TIER
IV: EITER

026

I: 2
Jede Zahl steht für die Anzahl der den betroffenen Bereich abdeckenden Ovale.
II: 2
Jede Zahl steht für die Anzahl der den betroffenen Bereich abdeckenden Flächen.

027

Lösung: b
Gewichtsbeispiele:
 = 1,  = 2,  = 3

028

I: DAT
II: MA
III: ANE
IV: S

029

I: c
Nur c hat fünf Haare.
II: e
e hat als Einziger beide Ohren oben. a/d und b/c sind jeweils spiegelbildliche Zwillinge.
III: d
Nur d hält die Nase nach oben.

030

I: Dienstag
II: Freitag
III: Donnerstag

031

I: b
Hier verlaufen zwei Reihen zickzackförmig: Die eine Reihe beginnt links oben und hat die Regel „immer plus 2“, die andere beginnt links unten hat die Regel „immer plus 3“.
II: c
Die Summen beider Zahlen sind immer 13.

032

I: c
Die Hintergrundfarbe wird immer heller. Die Figuren in den Kästen weisen eine immer um 1 höhere Anzahl an Ecken auf.
II: c
Es kommt abwechselnd ein braunes Quadrat und ein gelber Kreis hinzu.

033

Lösung: d
Jeder der vier Quadranten enthält eine Gruppe von vier im Alphabet jeweils nachfolgenden Buchstaben.

034

I: Obst
II: Gefühl
III: Straßenfahrzeug
IV: Möbelstück

035

I: c
Im Zentrum stehen die Summen der außen befindlichen Zahlenpaare.
II: b
In den Ecken im Innern stehen die Produkte aus den beiden jeweils außen gegenüberliegenden Zahlen.

036

I: c
Von rechts nach links und von unten nach oben erhöht sich die Anzahl der Punkte.
II: a
Die Anzahl der kleinen Kugeln erhöht sich im Uhrzeigersinn.

037

I: d
Immer plus 7.
II: a
Immer abwechselnd plus 3 und plus 4.
III: b
Immer abwechselnd mal 2

und minus 3.
IV: c
Immer in einem Schritt mal 2 minus 1.

038

I: a
Das Element dreht sich immer um 45° im Uhrzeigersinn. Bei jedem Schritt kommt ein kurzer Querstrich hinzu.
II: c
Bei jedem Schritt wird ein weiteres Feld dunkel, während es zwischen oben und unten hin- und herwechselt.

039

I: 5 Flächen
II: 8 Flächen

040

I: Fabrik
II: Brot
III: Glas
IV: Haus
V: Regen

041

I: c
Ein minderjähriger Mann ist ein Junge, eine minderjährige Frau ist ein Mädchen.
II: b
Eine Tanne ist ein Baum, eine Tulpe eine Blume.
III: c
Das Gegenteil von finden ist verlieren, das Gegenteil von arbeiten ist spielen.

042

I: a
Die Summe der Zahlen in „Händen", „Füßen" und „Kopf" steht im Bauch.
II: b
Der Kopf enthält das Produkt aus den Zahlen in den Füßen, der Bauch das Produkt der Zahlen in den Händen.

043

I: af
Ein Kamm hat fast ausschließlich mit Haarpflege zu tun. Der Bezug zwischen diesen beiden Begriffen ist am stärksten.
II: bc
Tisch und Stuhl sind Möbelstücke, die meist gemeinsam ihren Zweck erfüllen. Daher weisen diese beiden Begriffe die stärkste Zusammengehörigkeit auf.
III: cf
Eine Wiese besteht fast ausschließlich aus Gras. Die Zusammengehörigkeit dieser beiden Begriffe ist am stärksten.

044

I: c
II: c

045

Lösung: d
Im Zentrum steht immer die um 3 reduzierte Summe aus den äußeren 4 Zahlen.

046

I: richtig
II: falsch
III: falsch
IV: richtig

047

Lösung: b
In den inneren Dreiecken steht immer die Differenz aus den beiden äußeren Zahlen.

048

I: c
Jede der drei Zahlen 1, 2 und 3 wie auch jede der drei Farben Rot, Dunkelblau und Braun ist in jeder Zeile und Spalte genau einmal enthalten.
II: a
Jede Form (Quadrat, Rechteck, Stern, Dreieck und Kreis) ist in jeder Zeile und Spalte genau einmal enthalten.

049

I: a (kein Blechbläser)
II: b (kein Werkzeug)
III: d (kein Gefühl des Ärgers)
IV: b (kein Kontinent)

050

I: c
Die Summe aller drei Zahlen ist immer 8.
II: a
Oben steht jeweils das Produkt aus den beiden darunterliegenden Zahlen.

051

Lösung: a
Von Anordnung 1 bis 3 erhöhen sich die Zahlenwerte auf identischen Positionen immer um 3.

052

Lösung: c
Die Anordnung zeigt die Reihe der Formen von innen nach außen.

053

I: a
II: b

054

I: a
Im Uhrzeigersinn verläuft eine Zahlenreihe nach dem Muster „immer plus 4".
II: c
Es stehen sich immer zwei Zahlen gegenüber, von denen eine das Dreifache der anderen ist.

Lösungen Übungen II

055

I: d
Von oben betrachtet, dreht sich der Würfel immer um eine Vierteldrehung im Uhrzeigersinn.
II: b
Von rechts vorne betrachtet, macht der Würfel immer eine Vierteldrehung entgegen dem Uhrzeigersinn.

056

I: 19
 = 1,  = 4, = 5
II: 28
 = 3,  = 7,  = 11

057

I: schlägt, Faust
II: Kloß, Hals
III: Perlen, Säue

058

I: 56
Die Gruppe beinhaltet zweistellige Vielfache von 7.
I: 43
Die Gruppe enthält Zahlen zwischen 30 und 50.

059

I: d
Die Pfeile drehen sich von links nach rechts immer um eine Vierteldrehung entgegen dem Uhrzeigersinn. In jeder Zeile und Spalte gibt es je einen Pfeil mit einfacher, doppelter und dreifacher Linie. Gleiches gilt für die Farben Rot, Violett und Blau.
II: d
Jede Zeile enthält drei identische Figuren. Je einer der drei Teilbereiche ist dabei schwarz verdeckt.

060

I: e
II: b
III: c
IV: a
Das Prinzip ist immer dasselbe: Eine Figur pro Reihe ist im Vergleich zu den anderen nicht nur gedreht, sondern auch gespiegelt.

061

I: 2
Das Produkt aus den unteren beiden Zahlen ist gleich der Summe aus Mitte und Spitze.
II: 6
Die Differenz aus den Zahlen oben und links unten ist gleich der Differenz aus den Zahlen in der Mitte und rechts unten.

062

I: B
II: D

063

I: b + e
II: a + b
III: c + e

064

I: 12 Puppen
II: in 9 Tagen

065

I: a
Kamel, Dogge, Spitz, Pudel
II: b
Unfug, Humor, Thema, Hirte
III: c
Truhe, Pfand, Blatt, Stadt

066

I: d
Die Anordnung der drei Kreise dreht sich immer um eine Vierteldrehung entgegen dem Uhrzeigersinn. Gleichzeitig wechselt das schwarze Feld zwischen den beiden Endkreisen hin und her.
II: a
Der Pfeil dreht sich immer um eineinhalb Vierteldrehungen (135°) im Uhrzeigersinn. Sein Strich wechselt zwischen einfach und doppelt.

067

1B, 2B, 3A, 4A
Die Formen in Gruppe A haben eine ungerade Anzahl an Ecken; die Formen in Gruppe B haben eine gerade Eckenanzahl.

068

I: b
II: c

069

Lösung: c
Die Punktzahl innerhalb der ganzen Steine verringert sich von links nach rechts immer um 2.

070

I: a
II: d
III: b

071

I: a
In der oberen Zeile drehen sich die Elemente immer um 180°, in der zweiten Zeile um 90° und in der dritten Zeile immer um 45°.
II: a
Für jede Spalte gilt, dass alle drei Felder entweder ein oder zwei rote Elemente enthalten.

072

I: b
Die Summe aus Stunden- und Minutenzahl ist immer 16.
II: a
Stunden- und Minutenzeiger wandern gemeinsam jeweils um fünf Ziffernfelder weiter.

073

I: STET (jeweils der zweit- und drittletzte Buchstabe rückwärts)
II: ESEL (jeweils der dritt- und viertletzte Buchstabe rückwärts)

III: ETUI (jeweils der drittletzte und letzte Buchstabe)
IV: FLUR (jeweils der vierte und zweite Buchstabe)

074

I: c
Es finden ausschließlich die Zahlen 3, 8 und 9 Verwendung.
II: a
In der mittleren Ebene verläuft eine Reihe nach der Regel „jede Zahl ist die Summe der beiden Zahlen links neben ihr“. Die Zahlen darüber bzw. darunter sind jeweils um 2 kleiner bzw. größer.

075

Lösung: a
Addieren Sie die drei äußeren Zahlen eines Quadranten und tragen Sie das Ergebnis in der Mitte ein, jedoch um eine Position entgegen dem Uhrzeigersinn versetzt.

076

I: c
II: a
III: b

077

I: A
II: BE
III: TOR
IV: FEN

078

Lösung: a
Die äußeren Zahlen links werden mit den Faktoren 1 bis 4 multipliziert und je um eine Stelle im Uhrzeigersinn weiter eingetragen. Die Zahl in der Mitte verändert sich um den Faktor 5.

079

I: TIEFE
II: BLAG
III: ROM
IV: ATOM

080

I: 0
Jede Zahl steht für die Anzahl der den betroffenen Bereich abdeckenden Formen.
II: 2
Jede Zahl steht für die Anzahl der den betroffenen Bereich abdeckenden Flächen.

081

Lösung: b
Gewichtsbeispiele:
 = 3,  = 4,  = 5

082

I: ENGE
II: UT
III: TOR
IV: FEN

083

I: c
Auf ein nettes folgt ein finsteres Gesicht und umgekehrt; nur c fällt aus der Reihe.
II: d
Die anderen Gesichter bilden Zwillingspaare aus identischen Gesichtern: a + c, b + e.
III: e
Alle anderen lächeln.

084

I: Dienstag
II: Sonntag
III: Mittwoch

085

I: b
Die Summen aus beiden Zahlen verringern sich immer um 2.
II: c
Die obere wie auch die untere Reihe folgen dem Rhythmus „immer die nächsthöhere Zahl abwechselnd addieren und subtrahieren“.

086

I: d

Es ändert immer genau ein Element bzw. Merkmal seine Farbe.
II: c
Die Pfeilspitze und der Querstrich wandern schrittweise zum anderen Ende. Dabei dreht sich das Gebilde jeweils um 90° entgegen dem Uhrzeigersinn.

087

Lösung: a
Oben und unten stehen sich Buchstaben gegenüber, die im Alphabet aufeinanderfolgen.

088

I: Journalist
II: Frau
III: Augenfarbe
IV: Huftier

089

I: a
Die Zahlen im Innern sind jeweils die um 2 reduzierte Summe aus den beiden benachbarten äußeren Zahlen.
II: c
In den Ecken im Innern stehen die verdoppelten Produkte aus den beiden jeweils außen benachbarten Zahlen.

090

I: c
In den Ecken stehen die Differenzen aus den Zahlen der beiden angrenzenden Felder.
II: d
In den Ecken steht das Produkt aus den Zahlen der beiden angrenzenden Felder.

091

I: c
Immer im Rhythmus plus 1, plus 2, plus 3.
II: b
Immer im Rhythmus plus 3, minus 7, plus 2.
III: d
Immer abwechselnd mal 3 und minus 5.
IV: a
Immer die nächsthöhere Zahl abwechselnd multiplizieren und subtrahieren.

092

I: d
Das Element wird vertikal (also um seine horizontale Mittelachse) gespiegelt.
II: c
Das Element links oben wandert nach rechts oben, das Element rechts oben wandert nach links unten, das Element links unten wandert nach links oben, und das Element rechts unten bleibt dort.

093

I: 14 Flächen
II: 20 Flächen

094

I: Kuchen
II: Wurst
III: Fall
IV: Schatz
V: Fuß

095

I: c
Finger ist Teil der Hand; Ohr ist Teil des Kopfs.
II: b
Reich drückt etwas Gegenteiliges von bedürftig aus; Gleiches gilt für schwach und kraftvoll.
III: c
Ein Löffel ist ein gebräuchliches Besteckteil für Kaffee, eine Gabel ein gebräuchliches Besteckteil für Kuchen.

096

I: b
Im Bauch steht die um 2 erhöhte Summe aus allen anderen Zahlen.
II: b

In jedem Männchen ergeben die zwei übereinander stehenden Zahlen die gleichen Summen.

097

I: ad (Gelenke)
II: cf (Baumteile)
III: ae (Greifvögel)

098

I: b
II: c

099

Lösung: a
Das Produkt aus oberer und linker Zahl ist gleich der Summe aus unterer und rechter Zahl. In der Mitte steht diese Zahl um 5 erhöht.

100

I: falsch
II: richtig
III: falsch
IV: falsch

101

Lösung: b
Die Summe aus den je zwei äußeren Zahlen befindet sich im Innern um zwei Felder im Uhrzeigersinn versetzt.

102

I: a
Der rote Balken ist entweder links, in der Mitte oder rechts. Im oberen Bereich befinden sich ein, zwei oder drei braune Kreise. In der Mittelebene der Kästchen zählt man in jeder Zeile und Spalte fünf braune Kreise.
II: b
Es gibt in jeder Zeile und Spalte je ein weißes, orangefarbenes und graues Gesicht, je ein blaues linkes Auge, je ein rotes rechtes Auge, je ein gelbes, grünes und rotes Toupet und je einen schwarzen Mund.

103

I: d (keine künstlerische Tätigkeit)
II: a (kein Handwerker)
III: a (kein Lebewesen)
IV: c (nicht verbindend)

104

I: a
Die Summe aller drei Zahlen ergeben immer das Quadrat einer natürlichen Zahl.
II: c
Unten rechts steht immer die um 1 erhöhte Differenz aus den anderen beiden Zahlen.

105

Lösung: c
In den linken Hälften der Anordnungen verdoppeln sich die Zahlen jeweils. In den rechten verringern sie sich immer um 10.

106

Lösung: c
Die Anordnung zeigt die Reihe der Formen von außen nach innen.

107

I: d 

II: b 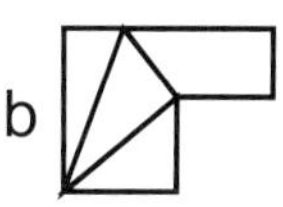

108

I: b
Je zwei benachbarte Zahlen ergeben die Summe 18.
II: d
Das Produkt der jeweils beiden sich gegenüberliegenden Zahlen ist immer 24.

Lösungen Übungen III

109

I: c

Der Würfel wird abwechselnd um eine Vierteldrehung nach vorne rechts und – von oben betrachtet – um eine Vierteldrehung entgegen dem Uhrzeigersinn gedreht.

II: a

Der Würfel wird abwechselnd um eine Vierteldrehung nach hinten rechts und – von oben betrachtet – um eine Vierteldrehung im Uhrzeigersinn gedreht.

110

I: 16

▸ = 2, ▴ = 3, ▾ = 4,
◂◂ = 5

II: 22

✕ = 1,  = 7, 🚭 = 8,
 = 13

111

I: (Schieß-)Pulver, erfunden
II: schneidet, Tischtuch
III: Buch, Siegeln

112

I: 833

Es entstehen drei Zahlenpaare, die jeweils die Summe 1000 bilden.

I: 53

Die Gruppe enthält ausschließlich Primzahlen (Zahlen, die nur durch 1 und sich selbst ganzzahlig teilbar sind).

113

I: c

Die Anzahl der horizontalen Linien nimmt von oben nach unten um je 1 zu. Bezüglich der Anzahl der vertikalen Linien steht im unteren Kästchen jeweils die Summe aus den beiden darüberliegenden.

II: f

In jeder Zeile und Spalte ist je ein Dreieck, dessen Spitze nach oben, unten bzw. nach links zeigt. Ebenso ist je ein Dreieck gelblich, gräulich bzw. rötlich. Der kleine Diagonalstrich oben wandert schrittweise nach links. Außerdem enthält jede Spalte und Zeile insgesamt drei kleine Pfeile.

114

I: c
II: a
III: e
IV: b

Das Prinzip ist immer: Eine Figur pro Reihe ist im Vergleich zu den anderen nicht nur gedreht, sondern auch gespiegelt.

115

I: 8

Das Produkt aus den Zahlen in der Spitze und unten rechts ist gleich der Differenz aus Mitte und unten links.

II: 13

Unten links steht die Quersumme der Summe aus den anderen drei Zahlen.

116

I: D
II: C

117

I: a + e (potenziell Unheil bringend)
II: c + e (Ende, Entscheidung steht fest)
III: b + c (seine Meinung anpassen)

118

I: 24 Zentimeter
II: 48 Tafeln Schokolade

119

I: b

Taille, Schelm, Askese, Spange
II: d
Presse, salopp, Akzent, Clique
III: a
Unlust, Himmel, Grenze, Modell

120

I: c
Der rote Kreis wechselt zwischen unten und oben hin und her. Das Dreieck wandert immer um ein Feld im Uhrzeigersinn weiter. Seine Spitze zeigt dabei immer nach außen. Die Anzahl der diagonalen Striche nimmt immer um 1 zu.
II: d
Das braune Feld oben ganz links wandert immer um ein Kästchen nach rechts. Das zweite braune Feld (1. Zeile, 2. Spalte) wandert immer um eine Zeile nach unten. Gleiches gilt für das nächste braune Feld (1. Zeile, 3. Spalte). Das vierte braune Feld wandert diagonal nach links unten.

121

1A, 2B, 3A, 4B
Alle Felder enthalten entweder ausschließlich Elemente mit gerader Eckenanzahl oder ausschließlich Elemente mit ungerader Eckenanzahl. In Gruppe A enthalten Felder, die eine gerade Anzahl an Elementen aufweisen, ausschließlich Elemente mit gerader Eckenanzahl und Felder mit ungerader Elementenanzahl Elemente mit ungeraden Eckenanzahl.
In Gruppe B gilt diese Regel umgekehrt.

122

I: a
II: c

123

Lösung: c
In der oberen Zeile enthält der mittlere Stein die Summe aus den beiden anderen Steinen; in der mittleren Zeile enthält der linke Stein diese Summe, und in der unteren Zeile zeigt der rechte Stein die Summe aus den anderen beiden Steinen.

124

I: b
II: b
III: d

125

I: e
Jede Anordnung kommt dreimal vor.
II: f
Jeder Groß- und jeder Kleinbuchstabe kommt in jeder Spalte und Zeile genau einmal vor. Dieses Prinzip ist trotz des geschwärzten Felds erkennbar.

126

I: b
Der Minutenzeiger wandert um eine zufällige Anzahl Ziffernfelder weiter (innerhalb der 12-Stunden-Anzeige). Parallel dazu wandert der Stundenzeiger die doppelte Anzahl an Ziffernfeldern weiter.
II: b
Die Summe aus beiden Ziffernanzeigen erhöht sich immer um 1.

127

I: TASTE
Vom linken Wort bilden die letzten drei Buchstaben den fünften, zweiten und ersten Buchstaben. Vom rechten Wort bilden die vorletzten beiden Buchstaben den dritten und zweiten Buchstaben.

II: SCHON
Jeweils der dritt- und viertletzte Buchstabe rückwärts.
III: PREIS
Vom linken Wort der drittletzte, der zweitletzte und der viertletzte Buchstabe. Von rechten Wort der sechstletzte und viertletzte Buchstabe.

128

I: a
Die Summe in jedem Zahlentripel ist 20.
II: d
Die Summen der Zahlentripel ergeben eine Reihe der Quadrate der aufsteigenden natürlichen Zahlen 4, 5, 6, 7, 8 und 9.

129

Lösung: a
Im ersten Quadranten befinden sich ausschließlich Vielfache von 5, im zweiten Quadranten Vielfache von 6, im dritten Quadranten Vielfache von 7 und im vierten Quadranten Vielfache von 8.

130

I: b
II: c
III: d

131

I: CKEN
II: KIE

132

Lösung: c
Die Zahlen in der linken und rechten Anordnung weisen die Verhältnisse 1/2, 1/3, 1/4, 1/5 und 1/6 zueinander auf.

133

I: STALL
II: ERDE
III: GIER
IV: REIS

134

I: 21
Jede Zahl steht für die Anzahl der Ecken aller den betroffenen Bereich abdeckenden Formen.
II: 2
Zählen Sie alle Ecken der diesen Bereich überdeckenden Formen und bilden Sie daraus die Quersumme.

135

Lösung: a
Gewichtsbeispiele:
 = 2,  = 3, ■ = 5,
 = 6

136

I: ERT
II: MENT
III: BAT
IV: DIO

137

I: a
Das Dreieck zeigt immer zum Herzen.
II: d
Bei allen anderen Anordnungen stehen sich sternförmige Elemente diagonal gegenüber.
III: e
Enthält als Einzige keine Zahl.

138

I: Donnerstag
Von gestern bis übermorgen vergehen 3 Tage. Von heute bis zum nächsten Montag vergehen doppelt so viele, also 6 Tage. Heute ist damit Sonntag, morgen Montag und 4 Tage davor Donnerstag.
II: Montag
Wenn der 18. Tag ein Mittwoch ist, dann ist der 7. Tag, 11 Tage davor, ein Samstag. 5 Tage danach, Donnerstag, war es 13 Tage vor gestern. Gestern

war also Mittwoch. Morgen ist somit Freitag und 3 Tage darauf ein Montag.
III: Montag

139

I: a
Die obere Zahlenreihe folgt der Regel „plus 1, mal 1, plus 2, mal 2, plus 3, mal 3" usw. In der unteren Reihe lässt sich beobachten, dass die jeweilige Zahl die Summe aus den beiden links davon stehenden oberen Zahlen ist (was bei den ersten beiden Zahlen nicht zu erkennen ist).
II: b
Die obere Reihe wird von aufsteigenden Primzahlen gebildet. Die darunterstehenden Zahlen sind die Quersummen.

140

I: b
Das Prinzip ist eine Form, die sich mit einer ununterbrochenen Linie zeichnen lässt.
II: b
Das vorne sichtbare (kleinste) Element kommt immer nach hinten. Die Größen werden immer so angepasst, dass das jeweils hintere Element das darüberliegende bündig umfasst. Abwechselnd ist das hinterste und vorderste Element braun.

141

Lösung: d
Jeder Buchstabe steht für seine rechnerische Position im Alphabet. Die rechnerischen Differenzen der beiden Buchstabenpaare einer Zeile sind immer gleich.

142

I: Eigentumsdelikt
II: Halsteil
III: Streichinstrument
IV: Wasserfahrzeug

143

I: c
In jeder der je zwei zentralen Zeilen und Spalten bilden die äußeren und inneren Zahlenpaare die gleiche Differenz (Spalte: 32 – 4 = 37 – 9. Zeile: 37 – 35 = 4 – 2).
II: a
In den Ecken stehen die Quadratzahlen der Differenzen, die sich aus den beiden angrenzenden äußeren Feldern ergeben. (Die zweite rechnerische Möglichkeit – 1 – steht nicht zur Auswahl.)

144

I: d
Jede Spalte weist neun gelbe Punkte auf.
II: b
Die Anordnung wird abwechselnd um 90° im Uhrzeigersinn gedreht und in Verlaufsrichtung gespiegelt.

145

I: d
Bei jedem Schritt wird die links danebenstehende Zahl addiert.
(Anmerkung: Auf diesem Prinzip basiert die berühmte Fibonacci-Folge.)
II: c
Jede Zahl ist das um 1 reduzierte Quadrat der Zahl links daneben.
III: d
Quadrate der aufsteigenden Reihe der Primzahlen.
(Anmerkung: Primzahlen sind nur durch 1 und sich selbst teilbar. In schwierigen Tests könnten Sie darauf stoßen.)
IV: a
Es sind die Quersummen der Quadratzahlen der

aufsteigenden Reihe natürlicher Zahlen.
(Anmerkung: Auch an Quersummen – eine Quersumme ist die Summe der Ziffern einer Zahl – sollte bei schwierigen Tests immer gedacht werden.)

146

I: c
Das rote Ei wandert um drei Ecken im Uhrzeigersinn weiter und dreht sich dabei um 90°. Der rote Strich wandert um eine Ecke im Uhrzeigersinn weiter.
II: b
Die Grafik wird auf der rechten Seite um 45° im Uhrzeigersinn gedreht. Das untere Innenelement behält dabei seine Ausrichtung.

147

I: 36 Flächen
II: 42 Flächen

148

I: Schlüssel
II: Träne
III: Seife
IV: Fahrt
V: Bauch

149

I: b
Ein Lenkrad ist ähnlich geformt wie ein Kreisel (rund). Ein Bildschirm ist ähnlich geformt wie ein Fußballfeld (rechteckig).
II: c
Gas wird über Rohre geleitet, Strom über Kabel.
III: c
Im Allgemeinen impliziert „witzig" etwas mehr Intelligenz als „lustig". Eine Diskussion ist im Allgemeinen eine intelligente Form eines Gesprächs.

150

I: a
Das Produkt der Zahlen in den Händen minus Kopf ist gleich dem Produkt aus Füßen minus Bauch.
II: c
Die Summe aus den vier Extremitäten ist gleich dem Produkt aus Kopf und Bauch.

151

I: ce
II: ae
III: bf

152

I: a
II: c

153

Lösung: a
In der Mitte steht immer die Quersumme der Summe aus den äußeren vier Zahlen. Mit der fehlenden 13 resultiert die Summe 38, deren Quersumme 11 ist.

154

I: falsch
II: richtig
III: falsch

155

Lösung: a
Beginnen Sie im oberen Kuchenstück und wandern Sie rechts herum. Die Summen aller jeweils drei Zahlen erhöhen sich schrittweise um 2.

156

I: c
Insgesamt existieren drei unterschiedliche Rahmenformen: Dreieck, Viereck und Fünfeck. Innerhalb dieser Rahmenformen addieren sich die darin enthaltenen Elemente zweier Grafiken zu einer dritten.
II: a
Jedes Element hat den Wert 1. In der oberen Zeile

steht damit immer die Summe aus den beiden darunterliegenden Kästchen.

157

I: c
II: b
III: a
IV: c

158

I: b
Die jeweils unteren beiden Zahlen sind immer Primzahlen. Die obere Zahl ist immer die Quersumme der Summe aus den unteren beiden Zahlen.
II: c
Die Zahl links unten ist immer die verdoppelte Differenz aus den anderen beiden Zahlen.

159

Lösung: c
Von Anordnung 1 nach 3 werden die Zahlen im Uhrzeigersinn mit der nächsthöheren Zahl multipliziert.
Betrachten Sie Anordnung 1. Beginnen wir bei der 2 rechts oben und multiplizieren wir sie mit 2; das Ergebnis steht in Anordnung 2 an gleicher Position. Eine weitere Multiplikation mit 2 ergibt die 8 in Anordnung 3.
Als nächste Zahl folgt die 6. Sie wird nun zweimal mit 3 multipliziert. Dies ergibt in den Anordnungen 2 und 3 die Zahlen 18 und 54 in derselben Position.
Es geht nun weiter mit der Zahl 4 in der oberen Anordnung. Sie wird mit 4 multipliziert usw.

160

Lösung: a
Die Anordnung zeigt die Reihe der Formen von innen nach außen.

161

I: b 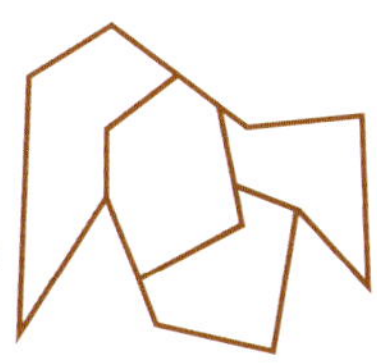

II: d 

162

I: b
Bei der 3 beginnend, verläuft im Uhrzeigersinn eine Zahlenreihe nach der Regel: Mit „plus 4" beginnend immer die nächsthöhere Zahl addieren.
II: a
Die Summe zweier sich gegenüberliegender Zahlen ist immer eine Primzahl.

Lösungen Übungen IV

163

I: a
Der Würfel wird in einem Schritt um eine Vierteldrehung nach vorne rechts und – von oben betrachtet – um eine Vierteldrehung im Uhrzeigersinn gedreht.
II: d
Der Würfel wird in einem Schritt um eine Vierteldrehung nach hinten rechts und – von oben betrachtet – um eine Vierteldrehung entgegen dem Uhrzeigersinn gedreht.

164

I: 90
 = 12,  = 22,  = 4,
 = 47,  = 9
II: 92
 = 4,  = 12,  = 23,
 = 38,  = 53

165

I: ..., lässt sich nicht von der Hand weisen.
II: ..., der hebt einen Stein gegen ihn auf.
III: ..., der geht den Weg allen Fleisches.

166

I: 139
Die Zahlen lassen sich zu einer Reihe ordnen, in der alle Werte im Abstand von 17 aufeinander folgen.
I: 74
Die Gruppe enthält ausschließlich um 10 erhöhte Quadratzahlen natürlicher Zahlen.

167

I: 2
II: 3
III: 6

168

I: b
II: a
III: c
IV: e
Das Prinzip ist immer: Eine Figur je Reihe ist im Vergleich zu den anderen nicht nur gedreht, sondern auch gespiegelt.

169

I: 3
Die Differenz zwischen den Zahlen unten rechts und in der Mitte multipliziert mit der Zahl oben ist gleich der Zahl links unten. (Die andere rechnerische Möglichkeit, 7, steht nicht zur Auswahl.
II: 2
In der Mitte steht die Quersumme des Produkts aus den äußeren drei Zahlen. Nur mit der 2 als drittem Faktor resultiert eine Zahl mit der Quersumme 11.

170

I: A
II: C

171

I: c (Stichwort: Ehrlichkeit)
II: c (Stichwort: suchen)
III: e (Stichwort: Bescheidenheit)

172

Nur 5 quadratische Papierstücke werden benötigt.

173

I: c
Feldhase, Fahrplan, Handkuss, Hypothek
II: a
Batterie, Quartett, Substanz, Handwerk
III: d
Herkunft, Stimmung, Diplomat, Naturell

174

I: d
Die Reihe enthält ausschließlich Formen mit einer ungeraden Anzahl an Ecken.
II: c
Der graue Kreis wandert im Uhrzeigersinn um eine ansteigende Anzahl an Ecken weiter. Das braune Dreieck wandert entgegen dem Uhrzeigersinn um je ein Feld weiter und kann dabei seine Form verändern. Jeder Kasten enthält zwei horizontal ausgerichtete rote Striche und eine wachsende Anzahl an senkrechten Strichen. Dabei kann in jedem Kasten genau eine Überschneidung dieser Striche beobachtet werden.

175

1B, 2B, 3A, 4A

In Gruppe A gibt es immer genauso viele Striche, wie es unterschiedliche Flächenformen gibt. In Gruppe B gibt es immer genauso viele Striche, wie es unterschiedliche Farben bei den Flächenformen gibt.

176

I: b
Im Urlaub wird oft eine Reise unternommen, während einer Krankheit oft ein Arztbesuch.
II: a
Kauen ist im mechanischen Sinn dem Quetschen ähnlich; ebenso ist das Beißen mechanisch betrachtet vergleichbar mit einem Stechen.
III: c
Ausgesuchte Geräusche werden von Instrumenten erzeugt, die ein Orchester bilden. Ausgesuchte Gerüche werden von Riechstoffen erzeugt, die ein Parfüm bilden.

177

Lösung: c
In der linken Spalte enthält der mittlere Stein das Produkt aus den Punktzahlen der anderen beiden Steine. In der mittleren Spalte ist das Produkt im oberen Stein, was sich erst erschließt, nachdem man erkennt, dass sich in der rechten Spalte das Produkt im unteren Stein befindet.

178

I: c
II: a
III: b

179

I: a
Je drei Grafiken haben 2, 3 bzw. 4 Knickpunkte.
II: b
Es ist eine Veränderung von oben nach unten nachvollziehbar. Die Symbole in der mittleren Zeile bestimmen, um wie viele Kästchen das jeweilige Zeichen in der oberen Zeile im Uhrzeigersinn wandert bis es unten ankommt. Peperoni: 1 Stelle (das Bildchen an der entsprechenden Stelle wandert um 1 Stelle im Uhrzeigersinn). Katze: 2 Positionen. Flugzeug: 3 Positionen. Satellit: 2 Positionen.

180

I: a
Die Summen der jeweils beiden angezeigten Zahlen bilden eine bei 7 beginnende, aufsteigende Reihe von Primzahlen (7, 11, 13 und 17). Rechnerisch kämen auch andere Muster in Betracht, die entsprechenden Lösungen stehen jedoch nicht zur Auswahl.
II: a
Der Stundenzeiger wandert um eine zufällige Anzahl an Ziffernpositionen weiter. Der Minutenzeiger wandert um die dreifache Strecke weiter als der Stundenzeiger.

181

Lösung: c
Die Kugeln folgen einer Bahn, wie wir es von Billardkugeln kennen.

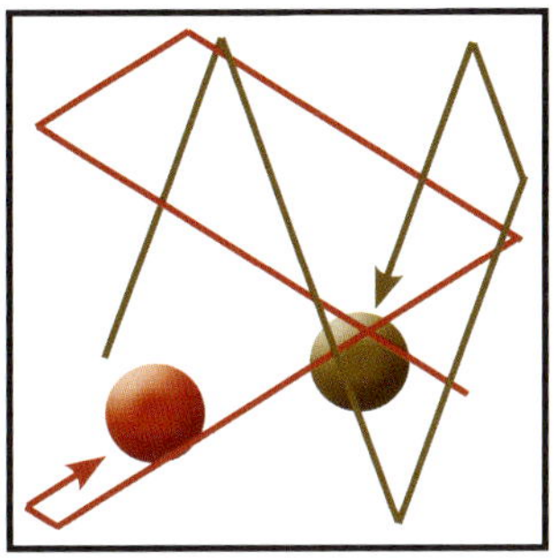

182

I: b
In der oberen Reihe stehen zufällige Zahlen. Treppenförmig nach unten rechts

entwickeln sich diese nach dem Muster: 1. Stufe abwärts: plus 9, 2. Stufe abwärts: minus 13.
II: c
In der mittleren Zeile verläuft eine Reihe nach dem Muster: abwechselnd plus 11 und minus 8. Diese Zahlen sind gleichfalls die Quersumme der Differenz aus den beiden Zahlen darüber und darunter.

183

Lösung: a
Betrachten Sie die je drei äußeren Zahlen eines Quadranten. Diese entwickeln sich immer im Uhrzeigersinn nach dem Prinzip Multiplikation und Subtraktion. Vom Quadranten 1 bis zum Quadranten 4 entwickelt sich dieses Rechenprinzip von „mal 3 minus 5" über „mal 4 minus 6" und „mal 5 minus 7" zu „mal 6 minus 8" (Faktoren und Subtrahenden erhöhen sich immer um 1). Nehmen Sie von diesen je drei Zahlen die Summe und davon die Quersumme und setzen Sie diese in das gegenüberliegende innere Kästchen.

184

I: b
II: c
III: a

185

I: HN
II: EI

186

Lösung: b
Die gesamte aus fünf Zahlen bestehende Anordnung wird um die Rechenoperation „mal 3 minus 7" erweitert und anschließend um eine Vierteldrehung im Uhrzeigersinn gedreht.

187

I: AMPEL
II: EHRE
III: LAMA
IV: RILLE

188

I: 8
Es gibt drei Formen (mit einem durchgehend geschwungenen Linienverlauf ohne Ecken). Zählen Sie bei jeder Form, wie oft die Randkurve ihre Richtung ändert, also die Punkte oder auch Bereiche, in denen aus einer Rechtskurve eine Linkskurve wird und umgekehrt. (Die Zählrichtung ist ohne Auswirkung aufs Ergebnis.) Das Ergebnis dieser Zählung ist der Wert der jeweiligen Form. Die Zahlen geben die Summe der Werte an, in deren Formen sie sich befinden.
II: 52
Das Wirrwarr enthält vier Figuren: ein Dreieck, ein Oval und zwei unregelmäßige Formen. Geben Sie jeder Ecke drei Punkte und jeder Kurve ohne Richtungswechsel einen Punkt. Die Summe dieser Punkte ist der Wert einer Figur. Die Zahlen geben die Summe aller Werte an, in deren Formen sie sich befinden. Das Dreieck beispielsweise bekommt neun Punkte, das Oval einen.

189

Lösung: a
Gewichtsbeispiel:
 = 2,  = 3,  = 7,
 = 8,  = 9

190

I: AMPF
II: LEGE
III: ERO
IV: RADIES

191

I: a

Der eine blaue Kreis wandert rechts herum immer um eine Ecke weiter – immer der durchgehenden Linie folgend. Der andere blaue Kreis wandert links herum eine ansteigende Anzahl an Ecken weiter. Das Dreieck wandert rechts herum immer um eine Ecke weiter, wobei es sich immer um eine Vierteldrehung im Uhrzeigersinn dreht. Das Oval wandert links herum um je zwei Ecken weiter und dreht sich um eine steigende Anzahl an Vierteldrehungen.

192

I: Mittwoch

X war 41 Tage vor einem Samstag, also an einem Sonntag. Y war 4 Tage später, also an einem Donnerstag. Sophias Geburtstag war 9 + 16 Tage früher, folglich an einem Sonntag. 34 Tage darauf, an einem Samstag, war es gestern. Vorgestern war somit Freitag und 33 Tage später ein Mittwoch.

II: Samstag

Der Einstellungstest ist 17 Tage nach einem Samstag, also an einem Dienstag. Der Tag X war 81 Tage früher, also an einem Freitag. Y folgt 30 Tage darauf, das ist also ein Sonntag. Und 11 Tage zuvor, mittwochs also, war die Hochzeit. 19 Tage später ist ein Montag, und der ist in 2 Tagen. Heute ist folglich ein Samstag.

193

I: 18

Multiplizieren Sie alle drei Zahlen der rechten Spalte mit den drei Zahlen der unteren Zeile und tragen Sie die Ergebnisse der Größe nach sortiert in die übrigen Felder ein.

II: 6

Addieren Sie immer Zeilen- und Spaltennummer (entsprechend ihrer Aufzählung von links nach rechts bzw. von oben nach unten).

194

I: b

Schrittweise Vierteldrehung im Uhrzeigersinn. Dabei wird ein weiterer Strich hinzugefügt, der den zuvor geteilten Bereich abermals teilt.

II: b

Der rote Kreis, der anfangs links oben ist, entwickelt sich gemäß einem wachsenden Quadrat und wandert links herum von einer Ecke zur nächsten. Der rote Kreis, der anfangs rechts oben ist, wächst in der oberen Zeile zu einer geraden Kette an.

195

Lösung: S

Eine alphabetische Reihe beginnt rechts unten und verläuft spaltenweise immer von unten nach oben. Dabei werden bei jedem Schritt eine, drei bzw. fünf Stellen übersprungen, also A-(B)-C-(D, E, F)-G-(H, I, J, K, L)-M-(N)-O usw.

196

I: Grundrechenart

II: Behälter

III: Grußform

IV: Mischwesen

197

I: b

Zwei nebeneinanderliegende Zahlen im Innern ergeben jeweils ein zweistelliges Produkt. Die beiden Ziffern dieses

Produkts stehen links und rechts bzw. oben und unten in den äußeren Feldern.
II: a
Vier sich diagonal gegenüberliegende Zahlenpaare ergeben vier Produkte. Die Quersummen dieser vier Produkte stehen in den inneren Feldern.

198

I: c
Die Summe zweier sich gegenüberliegender Felder (bezogen auf den Mittelpunkt) ist immer 13.
II: b
In den Ecken steht immer die um 2 reduzierte Differenz aus den beiden angrenzenden Mittelfeldern.

199

I: a
Es handelt sich um die Anfangsbuchstaben der Zahlwörter.
II: c
Die entscheidende Hilfestellung ist die Lösungsauswahl. Die sinnvollste Ergänzung bildet das F, wodurch eine Reihe der Anfangsbuchstaben der Wochentage ersichtlich wird.
III: b
Schreiben Sie die Zahlwörter aus und zählen Sie die Anzahlen der Buchstaben.
IV: b
Bei der Reihe handelt es sich um die Quersummen der Tagesanzahlen der einzelnen Monate (ohne Schaltjahr).

200

I: b
Es stehen zwei Formenpaare nebeneinander, die zwei gemeinsame Eigenschaften vorweisen: 1. Ein analoger Farbwechsel. 2. Das innere Element wechselt seine Ausrichtung von vertikal zu horizontal bzw. umgekehrt.
II: a
Je zwei Darstellungen (die linken beiden und die rechten beiden – wenn man sich das gefragte Objekt hinzudenkt) zeigen denselben Körper aus der Draufsicht bzw. der Seitenansicht.

201

Lösung: d
Körper d ist im Vergleich zu den anderen etwas verformt und gespiegelt.

202

I: b
Die Figuren sind sowohl horizontal als auch vertikal spiegelsymmetrisch.
II: c
Aus den Figuren lassen sich Würfel falten.

203

I: a
Eine Karikatur ist die überspitzte Form eines Porträts. Ebenso ist die Parodie die überspitzte Form der Nachahmung.
II: c
Ein Architekt entwickelt Idee, Plan, Details usw. für ein Gebäude. Dasselbe gilt für einen Autor, der das Drehbuch (vgl. Bauplan) für einen Film schreibt.
III: b
Die Überschrift steht über dem Artikel und kündigt den Inhalt an. Dasselbe gilt für den Betreff bei einer E-Mail.

204

I: b
Im Kopf steht das Produkt aus den anderen fünf Zahlen.
II: a
Im Kopf steht die Quersumme des Produkts aus

den Zahlen in den Füßen. Im Bauch steht die Quersumme des Produkts aus den Zahlen in den Händen.

205

I: c, d,   II: c, e,   III: a, d

206

I: b
Der Würfel dreht sich abwechselnd je eine Vierteldrehung von vorne betrachtet rechts herum und von oben betrachtet rechts herum.
II: c
Der Würfel wird bei jedem Schritt eine Vierteldrehung links herum gedreht (von vorne betrachtet) und eine Vierteldrehung nach hinten gekippt.

207

Lösung: d
Linke Zahl mal untere Zahl plus rechte Zahl minus obere Zahl ist gleich der Zahl in der Mitte.

208

I: a) u, b) w, c) f, d) w, e) u
II: a) u, b) u, c) w, d) w, e) u

209

Lösung: b
Die Summe der jeweils insgesamt vier äußeren sich gegenüberliegenden Zahlen ist immer gleich der Summe der jeweils beiden inneren Zahlen (in beiden betroffenen „Tortenstücken").

210

I: c
Die farbgleichen Kästchen bilden jeweils von oben nach unten eine Reihe, in der sich die darin verlaufende Wellenlinie lückenlos fortsetzt.
II: b
Jedes Formelement (Quadrat, gr. Dreieck, gr. Kreis, gerader Strich, kl. rotes Dreieck, kl. blauer Kreis) ist genau dreimal, teilweise gedreht, enthalten.

211

I: a
II: c
III: a
IV: b

212

I: c
Oben steht immer das Produkt aus der halbierten Zahl links unten und einem Drittel der Zahl rechts unten.
II: b
Nehmen Sie die Zahlen oben und links unten und subtrahieren Sie deren Summe von deren Produkt. Das Ergebnis steht rechts unten.

213

Lösung: d
Die linken und rechten Tischhälften enthalten jeweils eine Zahlenreihe von oben nach unten verlaufend. In den linken Hälften gilt die Regel „immer mal 2 minus Tischnummer", in den rechten Hälften „immer mal 3 minus Tischnummer".

214

Lösung: a) KE_F, b) BW_Z, c) DT_Z, d) UT_Z
Der erste Buchstabe wird bestimmt von der Form:
□ = B, ○ = D, △ = U, ▽ = K
Der zweite Buchstabe wird bestimmt durch die Anzahl der Elemente:
2 = E, 3 = W, 4 = T, 5 = G
Der dritte Buchstabe ist zufällig.
Der vierte Buchstabe wird dadurch bestimmt, ob Überschneidungen existieren: ja = Z, nein = F

215

I: c

Die Anordnung macht je eine Vierteldrehung im Uhrzeigersinn. Das jeweils oben liegende Dreieck wird dabei nach hinten gelegt.

II: b

Die roten Felder wandern immer zwei Felder nach rechts und eins nach unten (in einem Schritt). Ganz rechts bzw. unten angekommen, geht es ganz links bzw. oben wieder weiter.

216

I: c

Die Summe zweier sich vertikal gegenüberstehender Zahlen ist immer 79.

II: b

Oben bei der 4 beginnend, verläuft im Dreierabstand im Uhrzeigersinn eine Zahlenreihe nach dem Muster „abwechselnd mal 2 und minus 3".

Lösungen Abschlusstest

1

Lösung: a

Der Würfel dreht sich jeweils um 90° entgegen dem Uhrzeigersinn (Perspektive ist von rechts auf die rote Würfelseite).

2

Lösung: 21

🚍 = 3, ✧ = 5, 🐈 = 6

3

Lösung: d + e

4

Lösung: b

Die Summe der jeweils beiden gezeigten Zahlen ist immer 16.

5

Lösung: ♎ = G, ♏ = N, ♌ = A

(GARN, NAGER, ANGST, WAGEN, MAGMA)

6

Lösung: 12 Fenster

7

Lösung: b

Das Dreieck wird immer kleiner, das Fünfeck immer größer.

8

Lösung: GEM

9

Lösung: e

Darstellung e ist als einzige im Vergleich zu den anderen gespiegelt.

10

Lösung: a

11

Lösung: e

12

Lösung: 4

Zählen Sie die Anzahl der Flächen, in denen sich die jeweilige Zahl befindet, und verdoppeln Sie das Ergebnis.

13

Lösung: e

Jede Grafik enthält zwei Elemente, von denen sich dasjenige im Vordergrund innerhalb der Grenzen des anderen Elements befindet. Links und rechts des Doppelpunkts sind diese Rollen vertauscht. Was links im Vordergrund ist, ist rechts im Hintergrund. Die Größen passen sich an, die Farben werden beibehalten.

14

Lösung: ..., der wagt sich in die Höhle des Löwen.

15

Lösung: c

16

Lösung: 18
In den vier Innenfeldern stehen die Summen der jeweils drei äußeren Zahlen eines Quadranten, und zwar um eine Position im Uhrzeigersinn versetzt.

17

Lösung: PF + LANZE = PFLANZE

18

Lösung: c
Jede Zeile enthält drei Elemente, deren jeweilige Anzahl an Ecken aufeinanderfolgen. Jede Reihe und jede Spalte enthält genau je ein rötliches, ein bläuliches und ein gelbliches Element.

19

Lösung: a
Die Zahlen in den oberen Sternen erhöhen sich um 1, in den rechten Sternen um 2, in den unteren Sternen um 3, in den linken Sternen um 4 und in der Mitte um 5.

20

Lösung: a
Die Anfangsbuchstaben des Vornamens, des Berufs und der Geburtsstadt folgen alphabetisch aufeinander.

21

Lösung: a
In der mittleren Spalte stehen die Summen der Zahlen rechts und links daneben.

22

Lösung: c
In der Spitze befindet sich das um die Zahl in der Mitte reduzierte Produkt aus den unteren beiden Werten.

23

Lösung: c
Die Grafiken werden um 45° entgegen dem Uhrzeigersinn gedreht. Die Farben ändern sich nach folgendem System: Kopfelement -> Rumpfelement, Rumpfelement -> Fußelement, Fußelement -> Kopfelement

24

Lösung: a
In jeder Zeile werden die Elemente zweier Felder addiert und in einem dritten Kästchen dargestellt.

25

Lösung: NET
(Planet und netto)

26

Lösung: 64
(x 1, + 1, x 2, + 1, x 3, + 1, x 4 usw.)

27

Lösung: Kind

28

Lösung: d
Das grüne Quadrat wandert von rechts nach links (und beginnt wieder von rechts), das rote Quadrat wandert von oben nach unten und zurück, und das Dreieck wechselt zwischen linker und rechter Seite hin und her.

29

Lösung: Schleier, Ring

30

Lösung: d
Auf der oberen Ebene läuft eine Reihe nach dem Muster „abwechselnd durch 2 und plus 5“, auf der mittleren ist das Muster „abwechselnd durch 2 und plus 4“, und in der unteren kann man den Rhythmus „durch 2 und plus 6“ erkennen.

31

Lösung: b
Die Begriffspaare drücken das Gegenteil voneinander aus.

32

Lösung: b und e
Aus „Paar“ und „Sextett“ lässt sich auf die genaue Anzahl der Personen schließen.

33

Lösung: b
Es handelt sich um gerade Zahlen.

34

Lösung: b
Die Summe beider Zahlen erhöht sich immer um 1.

35

Lösung: 1A, 2A, 3B, 4B
In Gruppe A haben die Elemente eine gerade Anzahl an Ecken, in Gruppe B eine ungerade.

36

Lösung: 5 : 5 + 5 + 5 = 11

37

Lösung: a
Jedes der drei Bildmotive und jede der drei Farben ist insgesamt je dreimal enthalten.

38

Lösung: c
Nehmen Sie für die Buchstaben die Werte entsprechend ihrer Position im Alphabet. Die sich jeweils gegenüberliegenden Buchstaben-Zahlen-Paare sind dann identisch.

39

Lösung: b
Hände + 1 = Kopf,
Füße + 1 = Bauch

40

Lösung: b
Der Würfel dreht sich abwechselnd vertikal um 90° im Uhrzeigersinn und dann horizontal um 90° entgegen dem Uhrzeigersinn.

41

Lösung: d
Figur d ist die einzige, deren Teile in der „Kopfzeile“ und in der „Rumpfzeile“ je zweimal enthalten sind.

42

Lösung: Dienstag
16 Tage – auf die Woche bezogen dasselbe wie 2 Tage – vor einem Montag war ein Samstag; und dieser Samstag war 4 Tage nach vorgestern, also war vorgestern ein Dienstag. Morgen ist demnach Freitag, und 3 Tage davor war ein Dienstag.

43

Lösung: d (Hasen und Hanse sind lösungsuntauglich)
Basar, Juwel, Eisen, Sahne

44

Lösung: c
Von oben nach unten entwickeln sich die Grafiken derart, dass das jeweils unterste Element nach oben kommt.